Errico Malatesta
Anarchistische Interventionen

UNRAST

KLASSIKER der Sozialrevolte 23

In allen Zeiten wurden Texte geschrieben, die wir heute als *Klassiker der Sozialrevolte* bezeichnen wollen. Darunter zählen wir historische Texte aus Sozialen Bewegungen bzw. aus dem Kontext sozialer Revolutionen - von den Frühsozialisten der Französischen Revolution bis zur APO der 60er Jahre dieses Jahrhunderts.

Der UNRAST Verlag wird in dieser Reihe eine umfangreiche Sammlung von Texten herausgeben, um damit ein Stück der eigenen Sozialgeschichte zu bewahren.

Errico Malatesta

Anarchistische Interventionen

Ausgewählte Schriften (1892-1931)

Herausgegeben, eingeleitet und mit Anmerkungen versehen von Philippe Kellermann

UNRAST

Klassiker der Sozialrevolte 23

Bibliographische Information Der Deutschen Bibliothek:
Die Deutsche Bibliothek verzeichnet diese Publikation in der Deutschen Nationalbibliografie; detaillierte bibliographische Daten sind im Internet über http://dnb.de abrufbar.

Malatesta – Anarchistische Interventionen
2. Auflage, Juli 2024
Band 23 der Reihe »Klassiker der Sozialrevolte«
hrsg. von Jörn Essig-Gutschmidt
ISBN 978-3-89771-921-7

kontakt@unrast-verlag.de | www.unrast-verlag.de
Mitglied in der *assoziation Linker Verlage* (aLiVe)
Umschlag: Unrast Verlag
Satz: Unrast Verlag
Druck: Custom Printing, Warschau

INHALT

Einleitung

> »Wir alle sind gezwungen, im Widerspruch zu unseren Ideen zu leben. Ausnahmslos. Wir sind jedoch Anarchisten und Sozialisten, weil wir darunter leiden und versuchen, diesen Widerspruch so weit wie möglich zu minimieren. Wenn wir uns einfach an die gesellschaftlichen Verhältnisse anpassen, geht diese Dimension verloren und wir werden zu ganz normalen Bürgern; zu Bürgern ohne Geld vielleicht, aber nichtsdestotrotz zu Bürgern in unserem Denken und Handeln.«
>
> *Errico Malatesta*

»Ich wurde ihm«, so erinnert sich der anarchistische Historiker Max Nettlau, »als jemand mit antiquarischen Neigungen auf anarchistischem Gebiet vorgestellt. Die Lage war etwas sonderbar, denn für die andern, wahrscheinlich auch für sich selbst, war Malatesta damals ein junger Mann von 35 Jahren, während er für mich (...) eine der größten Antiquitäten in der internationalen anarchistischen Bewegung war, die ich hätte finden können« (Nettlau 1922: 101). Und tatsächlich: Als der Jüngling Nettlau eines Tages in London 1889 auf Errico Malatesta traf, hatte dieser schon ein äußerst bewegtes Leben hinter sich, wenngleich, wie noch zu zeigen sein wird, dieser Zeitabschnitt lediglich als Auftakt seines lebenslänglichen Wirkens betrachtet werden kann.
Im Dezember 1853 in der Nähe der Kleinstadt Capua, im Süden der italienischen Halbinsel in eine Mittelklassefamilie geboren, erlebt Malatesta den Prozess der des Öfteren äußerst blutig verlaufenden italienischen Staatsbildung hautnah mit, wie sie von König Victor Emanuel II. vorangetrieben wird. Früh bewegt er sich in einem bürgerlich-republikanischen Milieu, geprägt von der Allgegenwart von republikanischen Verschwörergruppen und der Glorie großer Namen wie Giuseppe Mazzini (1805-1872) und Giuseppe Garibaldi (1807-1882). Auch der junge Medizinstudent beginnt, wie so viele in dem Land – über deren Einwohner der Anarchist Bakunin noch 1866 klagte, dass diesen »ach! die sozia-

len Ideen fast ganz unbekannt« seien (Bakunin 1866: 703) –, als idealistischer Republikaner. Der Begriff der Republik, so erinnert sich Malatesta später, habe für ihn schlicht »das Reich der Gleichheit, Liebe und des Wohlstandes« verkörpert (in: Turcato 2014: 18). Beliebt machte man sich damit in einer Monarchie jedenfalls nicht, und als Republikaner sah der junge Errico zum ersten Mal ein Gefängnis von innen. Max Nettlau hat vermutet, dass Malatesta schon früh »einen eigenen Republikanismus« vertreten habe, einen, »der von Anfang an den Wunsch nach *sozialer Gerechtigkeit* einschloß, und (...) er dann die dieses Ideal vertretene Partei und Theorie suchte« (Nettlau 1922: 13). Gefunden hat er jedenfalls eine solche »Partei« und »Theorie« schließlich in der aufkommenden anarchistischen Bewegung, bzw. der Etablierung des italienischen Zweiges der Internationalen Arbeiter-Assoziation, die – vor allem durch das Wirken Bakunins geprägt – »von Anbeginn an sozialistisch, anarchistisch, revolutionär und infolgedessen antiparlamentarisch« war (Malatesta 1928: 26), wie Malatesta selbst rückblickend betont. In Eilgeschwindigkeit findet er, der, gewissermaßen als »italienischer *Narodniki*« (Carl Levy), ins Volk ging, sich sofort in den scharfen Auseinandersetzungen innerhalb der Internationale wieder, wie sie nach dem Deutsch-Französischen Krieg (1870/71) zwischen den »Marxianern« und den »Antiautoriären« ausgetragen wurden, eine Auseinandersetzung, in der sich die italienische Föderation mit am vehementesten gegen den von Marx dominierten Generalrat wandte.[1]

Im Rausch eines selbst gegenwärtige Historiker erstaunenden Wachstums der gerade erst gegründeten Internationale – und in einem Land, das von heftigen, bisweilen bürgerkriegsähnlichen Zuständen geprägt ist – nimmt Malatesta als führende Figur an den Aufstandsversuchen von 1874 und 1877 teil.[2] Begründeten

1 Siehe hierzu: Wolfgang Eckhardt (Hg.): Michael Bakunin. Konflikt mit Marx. Teil 2: Texte und Briefe ab 1871. Ausgewählte Schriften. Band 6. Berlin: Karin Kramer Verlag, 2011.

2 Nettlau verweist in diesem Zusammenhang auf einen »grundlegende[n] Unterschied zwischen den Insurrektionsversuchen von 1874 und 1877. 1874 wurde eine allgemeine Erhebung erwartet, von einigen wenigstens,

diese Aktionen Malatestas Ruf als Revolutionär und gelten bisweilen als Geburtsstunde der »Propaganda der Tat« (allerdings einer kollektiv ausgerichteten), so wird Malatesta selbst eher spöttisch über die jugendliche Naivität berichten, die er und seine Genossen an den Tag gelegt hätten: »Wir setzten unsere Hoffnungen auf die allgemeine Unzufriedenheit, und da das Elend der Massen wirklich unerträglich war, glaubten wir, daß es genügen würde, ein Beispiel zu geben, mit der Waffe in der Hand zu rufen: Nieder mit den Herren!, um die Arbeitermassen dazu zu bringen, sich auf die Bourgeoisie zu stürzen und Grund und Boden, Fabriken und alles, was sie mit ihrer Arbeit produziert hatten und was ihnen genommen worden war, in Besitz zu nehmen. Außerdem hatten wir einen mystischen Glauben an die Kraft des Volkes, an seine Fähigkeit, an seine egalitären und libertären Neigungen.« (Malatesta 1928: 29)

Die 1870er Jahre sind für ihn nicht nur Jahre des Scheiterns, denn die Aufstandsversuche misslingen sämtlich, sie sind auch Jahre der Verfolgung und der Haft. Sie sind zugleich aber auch Jahre der zunehmenden Popularität, des Bekanntmachen des Anarchismus, nicht zuletzt durch die wirkungsmächtigen Verteidigungsreden anlässlich der zahlreichen Prozesse. Jedoch brechen sich auch erste Missliebigkeiten innerhalb der Bewegung Bahn und die Abkehr des beliebten und wichtigen Mitglieds der Internationale, Andrea Costa (1851-1910), der sich zu einer auf Wahlbeteiligung setzenden Strategie hinwendet, sorgt für einige Irritationen.

In den Jahren nach der faktischen Zerschlagung der italienischen Föderation der Internationale teilen sich die Anarchisten fortan in solche, die ins Ausland oder ins Exil zu gehen gezwungen sind, und jene, die den Versuch machen, geheim in Italien aktiv zu bleiben. Malatesta, der nach den Ereignissen von 1877 verhaftet und im darauffolgenden Jahr aus der Haft entlassen wird, überlässt

---

und die Beispiele von Garibaldi in Sizilien und Neapel, der spanischen Revolution von 1868 und der Pariser Kommune waren in aller Gedächtnis. 1877 war das Ziel, vor allem wirkungsvolle sozialistische Propaganda durch ein der Landbevölkerung gegebenes Beispiel, da man diese durch andere Mittel nicht erreichen konnte.« (Nettlau 1922: 70)

in seinem Heimatort an ihn vererbte Häuser ihren Bewohnern und wendet sich der italienischen Kolonie in Alexandria zu. Der Wunsch einer Rückkehr nach Italien wird ihm jedoch versagt, da man jemanden wie ihn nicht im Königreich haben wolle, sodass nun die erste Periode seines langen Exillebens beginnt. »Bis dahin«, so Max Nettlau, »hatte ihn ein internationalistisches Wanderleben weniger angezogen als andere; von allen Reisen kehrt er stets bald nach Neapel zurück und ist dort tätig, und er wäre in Italien geblieben, wenn es irgend möglich gewesen wäre« (Nettlau 1922: 76). Anfang 1879 gelangt er - über Frankreich - nach Genf, wo er nicht nur die sich veränderten Zustände innerhalb der alten Internationale bemerkt, sondern auch den künftigen Star-Theoretiker des kommunistischen Anarchismus, Peter Kropotkin, kennenlernt. Die Grundlagen dieses kommunistischen Anarchismus - in erster Linie in Abgrenzung zum kollektivistischen Anarchismus, wie er mit Bakunin in Verbindung gebracht wird[3] - hatten jedoch die Italiener schon selbst zuvor gelegt (Kongress von Florenz 1876[4]). 1885 wendet er sich nach Südamerika, wo er lang anhaltende und tiefe Beziehungen zu den spanischen Anarchisten eingeht und an der sich etablierenden

3 Zu den verschiedenen ökonomischen Konzeptionen im Anarchismus, siehe seinen Text »Einige Betrachtungen über die Eigentumsverhältnisse nach der Revolution« (1929) in diesem Band.

4 Um einen Eindruck zu vermitteln, unter welchen Zuständen man zu jener Zeit agierte, sei der Verlauf dieses »Kongresses« – von Nettlau nach der Darstellung des Teilnehmers Carlo Cafiero geschildert: »Am Abend des 20. in Florenz angekommen, hören die aus Neapel Kommenden schon von der Verhaftung von Costa und der Korrespondenz-Kommission (...) und der polizeilichen Besetzung des Kongreßlokals, aber die Dokumente sind gerettet. Sofort, um Mitternacht, bei strömendem Regen, geht es in die Berge, und nach acht Stunden gelangt man in das kleine Dorf Tosi am Kamm der Appenninen. Eine Stunde später waren vier Kommissionen eingesetzt, am Abend des 21. begann der Kongreß; aber die Nachrichten weiterer Verhaftungen und daß sich die Polizei nähere, veranlaßten den Kongreß, sich weiterzubegeben in den innersten Teil eines großen Waldes. Da war nicht viel Zeit zu Reden, aber die Geschäfte wurden erledigt, und der Kongreß schloß am 22. in einem anderen Wald, von wo sich alle nach verschiedenen Richtungen hin entfernten.« (Nettlau 1922: 67f.)

Gewerkschaftsbewegung beteiligt ist. Einige Jahre später finden wir ihn in London wieder, eine der Hauptstädte des Exils für politisch Verfolgte. Seinen Lebensunterhalt verdient er im Übrigen all die Jahre über - bis an sein Lebensende - als einfacher Arbeiter, z.B. als Elektriker und Mechaniker. Und es war nicht zuletzt der Umstand, dass er dem alten Aufruf Bakunins[5] in ganzer Hinsicht gefolgt und treu geblieben ist, der seine immense Popularität im Anarchismus und in großen Teilen - vor allem - des italienischen Volks begründet hat.

Die Londoner Zeit ist auch eine Zeit theoretisch-strategischer Debatten, in die Malatesta sofort eingreift, wenn er sie nicht sogar initiiert. Allem voran steht die Gewaltfrage im Raum, denn die 1890er Jahre sind die Hochzeit der berühmtesten anarchistischen Attentate, es sind jene Jahre, die den Ruf des Anarchisten als Bombenleger im öffentlichen Bewusstsein fest verankern. Malatesta, der nicht nur selbst mit der Waffe in der Hand gekämpft hatte - und auch sein weiteres Leben lang niemals die revolutionäre Gewaltanwendung kategorisch verneint hat -, wendet sich nichtsdestotrotz oder vielmehr gerade deswegen scharf gegen die Attentatsstrategie und warnt grundsätzlich vor den Gefahren jeder Gewaltausübung: »Die gewaltsame Revolte kommt bestimmt, und sie kann dem gegenwärtigen System den Todesstoß geben; aber wenn es keine Revolutionäre gibt, die in diesem Prozess unseren Idealen gemäß handeln und damit ein Gleichgewicht schaffen, wird die Revolte sich selbst zerstören. Hass produziert

5 Bakunin hatte beispielsweise in seinem Aufruf »Einige Worte an meine jungen Brüder in Russland« geschrieben: »Freunde, verlasset also in Bälde diese der Vernichtung anheim fallende Welt! Verlasset diese Universitäten, diese Akademien, diese Schulen, von denen man Euch jetzt wegjagt und in denen man Euch nur *vom Volke zu trennen* gesucht hat. *Geht unter das Volk!* Da muß Eure Laufbahn, Euer Leben und Eure Wissenschaft sein! Lernt inmitten dieser Massen, deren Hände rau durch Arbeit, *wie* Ihr der Volkssache dienen müßt. Und denket daran, Brüder, daß die studierende Jugend weder Herr noch Beschützer, noch Wohltäter, noch Diktator des Volkes sein darf, sondern einzig der *Beistand* seiner freiwilligen Emanzipation, der *einigende* und *ordnende* Mittelpunkt der Volkskräfte.« (Bakunin 1869: 37f.)

nicht Liebe und schafft keine neue Welt. Eine Revolution des Hasses wird entweder vollständig scheitern oder in neuer Unterdrückung enden« (hier: S. 27). Es sind dies Vorstellungen, an denen er stets festhalten wird - so z.B. im Zusammenhang mit den »anarchistischen« Raubüberfällen der Bonnot-Bande[6] oder in seiner Kritik am Bolschewismus, bzw. der Faszination die dieser bisweilen auslöste[7].

Außerdem brodeln die Auseinandersetzungen zwischen kollektivistischen und kommunistischen Anarchisten - wobei es Malatesta, als einer der Begründer des kommunistischen Anarchismus ist, der hier schon früh eine vermittelnde Position einnimmt[8], die quer steht zum Dogmatismus, wie er diese Debatten zumeist kennzeichnet. Setzt sich in diesen Auseinandersetzungen auch eine rigide Auslegung des kommunistischen Anarchismus durch, bleibt der kollektivistische Anarchismus vor allem in Spanien lebendig und dorthin zieht es Malatesta denn auch zu einer breit angelegten Diskussionstour über diese Fragen, wobei gleichzeitig geheime Netzwerke für erwartete revolutionäre Kämpfe gebildet, gefestigt und miteinander in Verbindung gebracht werden sollten.

Schließlich ist es ihm ein weiteres zentrales Anliegen, sich wieder auf die Notwendigkeit ernsthafter Organisierung zu besinnen - und sowohl mit individualistischen als auch kommunistischen Organisationsgegnern trägt Malatesta bisweilen heftige Auseinandersetzungen aus.[9] Die Organisationsfrage wird ihn über

---

6 Siehe die Broschüre »Der individualistische Amoralismus und die Anarchie« (1913/1914) in diesem Band

7 Siehe den Artikel »Revolutionärer Terror« (1924) in diesem Band.

8 Siehe hierzu seine Artikel »Our Plans (Union between Communists and Collectivists« (1889), in: Davide Turcato (Hg.): The Method of Freedom. Oakland: AK Press, 2014: 95-99 und »Einige Betrachtungen über die Eigentumsverhältnisse nach der Revolution« (1929) in diesem Band.

9 Die größte, mit Malatestas Positionen konkurrierende italienische Gruppe war wohl der Kreis um und die Anhänger des insurrektionalistischen, anarchokommunistischen Anarchisten Luigi Galleani. Siehe in diesem Zusammenhang auch den Artikel »Zerstörung – und was kommt dann?« (1926) in diesem Band.

Jahrzehnte hinweg in Debatten verfolgen, und stets wird er betonen: »Der fundamentale Irrtum der Anarchisten, die Gegner der Organisation sind, ist der Glaube, dass ein Organisieren ohne Autorität nicht möglich sei« (hier: S. 51), während vielmehr gelte: »Abgesehen vom gewalttätigen Zwang, von dem in unserem Fall nicht die Rede sein kann, besteht in kleinen wie in großen Gesellschaften der Ursprung und die Rechtfertigung der Autorität in der fehlenden gesellschaftlichen Organisation.« (Hier: S. 58) Umso ärgerlicher muss es für den aufgrund dieser Haltung auch immer wieder als autoritär denunzierten Malatesta gewesen sein, als in den 1920er Jahren eine Gruppe Anarchisten auf den Plan trat, die, ihm zufolge, tatsächlich eine autoritäre Organisationsstruktur zu gründen versuchten. »Anstatt bei den Anarchisten ein größeres Verlangen zu wecken, sich zu organisieren, scheint meiner Meinung nach der Entwurf absichtlich dazu gemacht, die Vorurteile derjenigen Genossen zu bekräftigen, die glauben, dass sich zu organisieren bedeute, sich Chefs unterzuordnen und einem autoritären, zentralistischen Organismus beizutreten, der jegliche freie Initiative erstickt. Tatsächlich werden im Entwurf genau jene Vorstellungen formuliert, die einige beharrlich allen als Organisatoren bezeichneten Anarchisten zuschreiben - entgegen der offensichtlichen Wahrheit und trotz unserer Proteste.« (Hier: S. 204)

Vor allem aber ist Malatesta besorgt - und auch das wird er in gewisser Hinsicht immer bleiben -, dass der Anarchismus seinen Bezug zur Masse, zum Volk verliert und es sich in selbstgewählter, avantgardistischer Isolation gemütlich macht: »[V]or allem müssen wir unter die Menschen gehen: Das ist der Weg zur Rettung unserer Sache« (hier: S. 33). Schon früh - die misslungen Aufstandsversuche verarbeitend und von Streikbewegungen beeinflusst[10] - wendet sich Malatesta der Gewerkschaftsbewegung zu - und als der revolutionäre Syndikalismus Anfang des 20.Jahrhunderts seinen Siegeszug antritt und viele Anarchisten

10 Davide Turcato hat in diesem Zusammenhang darauf hingewiesen, dass die Wirkung des großen Londoner Dockarbeiterstreiks (1889) und die in London kennengelernten Taktiken des Neuen Unionismus auf Malatesta schwer überschätzt werden können (vgl. Turcato 2012: 43).

mit sich reißt wird Malatesta mit Recht sagen können: »Der Syndikalismus, oder genauer, die Arbeiterbewegung (...) hat in mir immer einen entschlossenen, aber keineswegs blinden Verteidiger gehabt. Ich sah in ihr ein Betätigungsfeld, das für unsere revolutionäre Propaganda besonders geeignet war, und zugleich einen Berührungspunkt zwischen den Massen und uns. Ich brauche darauf nicht näher einzugehen. Man muss mir zubilligen, dass ich nie einer jener intellektuellen Anarchisten gewesen bin, die sich, als die alte Internationale aufgelöst wurde, freiwillig in den Elfenbeinturm der reinen Spekulationen zurückgezogen haben; dass ich nicht aufgehört habe, diese hochmütige Mentalität der Absonderung überall, wo ich ihr begegnet bin, in Italien, Frankreich, England und anderswo, zu bekämpfen und die Genossen wieder auf jenen Weg zurückzudrängen, den die Syndikalisten in Verkennung einer ruhmreichen Vergangenheit den *neuen* nennen, den aber schon die ersten Anarchisten in der Internationale erkannt und befolgt hatten. Ich wünsche mir heute, ebenso wie ich es in der Vergangenheit getan habe, dass die Anarchisten an der Arbeiterbewegung teilnehmen. (...) Ich bin also für eine möglichst aktive Beteiligung an der Arbeiterbewegung. Aber ich vertrete vor allem die Interessen unserer Propaganda, deren Betätigungsfeld dadurch erheblich ausgeweitet würde.« (Hier: S. 85ff.) Wo er früher drängen musste, die Arbeiterbewegung nicht zu vergessen, sieht er sich nun gezwungen, die Anarchisten zu warnen, nicht ihren spezifischen Charakter als Anarchisten zu verlieren, indem man den Anarchismus mit der Gewerkschaftsbewegung gleichsetzt: »Die Syndikalisten dagegen neigen dazu, aus dem Mittel ein Ziel zu machen und den Teil für das Ganze zu halten. So kommt es, dass der Syndikalismus in den Köpfen einiger unserer Genossen allmählich zu einer neuen Doktrin wird und den Anarchismus in seiner Existenz bedroht.« (Hier: S. 87)[11]

---

11 Siehe hierzu u.a seinen Artikel »Syndikalismus und Anarchismus« (1922) in diesem Band, von dem Max Nettlau schrieb, dass dieser »kristallklar seine Ansicht vom Wert und von den Grenzen des Syndikalismus« wiedergebe und »in jede Sammlung seiner Schriften« gehöre (Nettlau 1922: 115f.).

Zum Jahrhundertwechsel wendet sich Malatesta nach Nordamerika, wo er die Leitung der *Questione Sociale* übernimmt, kurz zuvor hatte er noch für eine gemeinsame Front aller antimonarchistischen Kräfte zum Sturz des savoyischen Königshauses geworben.[12] Schnell kehrt er wieder nach London zurück, wo er bleibt, bis sich 1913 die Möglichkeit ergibt, klandestin nach Italien zu gehen. Nach langen Jahren der Abwesenheit betritt er wieder italienischen Boden, lässt sich in Ancona nieder, ist aber unermüdlich aktiv. Italien erlebt kurz darauf die sogenannte ›Rote Woche‹: »In manchen Kreisen kursiert die Legende, ich sei der Organisator der ›roten Woche‹ von 1914 gewesen. Für mich eine große, aber leider unverdiente Ehre! Die ›rote Woche‹ war keine vorbereitete und gewollte Bewegung, sondern die spontane Reaktion einer stolzen Bevölkerung auf eine törichte und blutige Provokation, die von der Staatsgewalt ausgegangen ist.« (zit.n. Brunello/Paola 2003: 130) Aber, wie (nicht nur) Nettlau bemerkte: »[E]s schien, wie wenn die vierzig Jahre früher, 1874, von Bakunin, Costa und ihren Genossen vorbereitete allgemeine Bewegung gerade dieser Gegenden (...) so lange unterirdisch geglüht habe und nun plötzlich mit hellen Flammen ausgebrochen sei; wo waren alle andern von 1874? Aber Malatesta war wie damals an Ort und Stelle; aus den sechs von Castel del Monte [die Gruppe der Aufständischen 1874] waren 1915 Legionen geworden – und doch war auch diese Anstrengung noch nicht groß genug, und die Bewegung unterlag.« (Nettlau 1922: 135) Malatesta flüchtet zurück nach London, ist aber hoffnungsfroh, da die Ereignisse die Stimmung des italienischen Volkes gezeigt hätten, und so, »womit wir in der nahen Zukunft rechnen können« (in: Turcato 2014: 377). Doch erst einmal wirft der nun beginnende Erste Weltkrieg seine Schatten auch auf die anarchistische Bewegung, da sich führende Figuren – vor allem Malatestas alter Freund Peter Kropotkin – für die Unterstützung der Entente gegen das Deutsche Reich aussprechen. Malatesta bleibt (wie viele andere)

12 Siehe seine Broschüre »Against the Monarchy (Appeal to all forwardlookin men)« (1899), in: Davide Turcato (Hg.): The Method of Freedom. Oakland: AK Press, 2014: 269-276.

auf seinem, dem klassisch-anarchistischen Standpunkt, verurteilt alle beteiligten Staaten und betont: »Es mag sein, dass die gegenwärtigen Ereignisse gezeigt haben, dass nationale Gefühle lebendiger, Gefühle internationaler Bruderschaft hingegen schwächer verwurzelt sind, als wir dachten; aber das sollte ein Grund mehr sein, unsere antipatriotische Propaganda zu verstärken, anstatt sie aufzugeben.« (Hier: S. 113f.)[13]

Nach Ende des Krieges bemüht sich der in einer äußerst angespannten Situation befindliche italienische Staat Malatestas Rückkehr nach Italien so weit es geht zu verhindern – die Furcht vor dem charismatischen Anarchisten ist zu groß. Tatsächlich wird dieser bei der dann Ende Dezember 1919 schließlich erfolgreichen, heimlichen Rückkehr von frenetischen Menschenmassen empfangen und bisweilen als der »Lenin von Italien« begrüßt. Wie Nettlau meint, seien damals »die alte Garibaldilegende und die neue Leninlegende zusammengeflossen und viele aus dem Volk« hätten »in Malatesta den sozialistischen Garibaldi oder italienischen Lenin zu sehen« gemeint (Nettlau 1922: 149). Malatesta, mittlerweile im Übrigen schon stattliche 66 Jahre alt, lag nun aber nichts ferner als die Rolle eines Führers, geschweige denn, eines Lenins spielen zu wollen. Was aber nicht heißt, dass er nicht aktiv ist. Im Gegenteil: Unermüdlich greift er in die stattfindenden, revolutionären Charakter annehmenden Kämpfe (*biennio rosso*) ein, deren Hauptgebiete jene sind, wo die anarchistische Bewegung ihre Basen hatte. Er plädiert für einen gemeinsamen Kampf der Linken[14] und bemüht sich, die Ereignisse voranzutreiben: »Die Besetzung der Fabriken und der Ländereien lag vollkommen auf unserer programmatischen Linie und stimmte vollkommen mit der ›reinen Lehre‹ überein. (...) Mit unserer Presse (...) und unserem persönlichen Einsatz in den Fabriken haben wir alles getan, was wir konnten, damit sich

13 Siehe in diesem Zusammenhang seine Texte »Anarchisten haben ihre Prinzipien vergessen« (1914) und »Anarchisten als Regierungsbefürworter« (1916) in diesem Band.

14 Siehe seinen Aufruf »Vereinigte proletarische Front« (1920) in diesem Band.

die Bewegung verstärkte und verallgemeinerte. Wir warnten die Arbeiter davor, was mit ihnen geschehen würde, falls sie die Fabriken aufgeben; leider sind wir gute Wahrsager gewesen. (...) Als D'Aragona und Giolitti mit Duldung der Sozialistischen Partei, die damals unter der Leitung der Kommunisten stand, die Pose der Arbeiterkontrolle verabredet hatten, schrien wir Verrat und opferten uns in den Fabriken auf, um die Arbeiter vor dem widerwärtigen Betrug zu warnen. Aber kaum erging die Anordnung des Gewerkschaftsbundes, die Fabriken zu verlassen, gehorchten die Arbeiter, obgleich sie über wirkungsvolle militärische Mittel zum Widerstand verfügt hätten, dieselben Arbeiter, die uns stets mit Begeisterung aufgenommen, nach uns verlangt und unserem Aufruf zugestimmt hatten, Widerstand bis zum äußersten zu leisten.« (zit.n. Brunello/Paola 2003: 147f.) Malatesta wird im Oktober 1920 verhaftet und unter schweren Bedingungen bis Mitte 1921 inhaftiert. Währendessen bereitet sich der Siegeszug des italienischen Faschismus unter dem ehemaligen Sozialisten Mussolini vor. Wohl aus Furcht wird der alte, angesehene Malatesta nicht vom sich etablierenden faschistischen System verhaftet, dafür aber unter Bewachung gestellt, die sich mehr und mehr zu einem de facto Hausarrest ausweitet, durch den der greise Malatesta von seiner Umwelt und seinen Genossen zu isolieren versucht wird. In solch schwierigen Umständen lebend, gelingt es Malatesta anfangs jedoch noch – »unter tausend Schwierigkeiten« (zit.n. Brunello/Paola 2003: 176), eine Zeitschrift herauszugeben: die zwischen 1924 und 1926 erscheinende *Pensiero e Volontà*. Wenngleich für Malatesta eine schwierige Zeit, haben diese letzten Lebensjahre zumindest für die Nachwelt etwas Erfreuliches: Malatesta war nun in der Situation, sich eingehender mit all den theoretischen Themen beschäftigen zu können, die ihm seit über 50 Jahren am Herzen lagen. Und das Ergebnis waren, so Davide Turcato, ein paar der »aufschlussreichsten Artikel der anarchistischen Literatur aller Zeiten« (Turcato 2014: 443).

1932 stirbt Malatesta in Rom, sein Begräbnis findet unter Polizeiaufsicht statt, wer sich dem Grab näherte, musste seine Personalien zeigen. Begraben sei er, so seine Lebensgefährtin Elena Melli,

»auf dem Gemeindefriedhof mitten unter dem einfachen und entrechteten Volk (...), mitten unter dem Volk, mit dem er gelebt, bei dem er sein ganzes Leben verbracht und dem er auch sein Leben gewidmet hat« (zit.n. Brunello/Paola 2003: 130).

Wusste Bakunin, konnte Bakunin wissen, wen er da vor sich hatte, als er jenem kaum 20jährigen Jüngling bei sich das Bett machte, als dieser 1872 bei ihm eintraf? Zumindest hätte sich der alte Revolutionär keinen würdigeren »Schüler« wünschen können, denn wohl kaum einer hat die elementaren Grundsätze einer anarchistischen »Ästhetik der Existenz« (Michel Foucault) so exemplarisch verkörpert wie er, der - zumindest in dieser Hinsicht - »letzte Bakunist«.

* * *

Dafür, dass dieses Buch zustande kommen konnte, hat der Herausgeber vielen helfenden Händen zu danken. Zuallererst Jürgen Mümken, der so freundlich war, eine Menge der vorliegenden Texte einzuscannen - und mir auf diesem Wege Unmengen an Arbeit erspart hat. Dann den Übersetzern und Übersetzerinnen: Elke Gehweiler, Gabriel Kuhn, Felix Kurz, Tina Duespohl, Sebastian Kalicha (nichts ist verloren!) und - vor allem - meinem Rettungssanitäter Michael Halfbrodt. Hanna Mittelstädt danke ich ganz herzlich für die Abdruckgenehmigung des Textes »Ein Anarchist mit sich selbst konfrontiert. Zum Interview mit Hermann Sandomirsky«; Dank auch an Bernd Kramer, dass ich die im Karin Kramer Verlag erschienen Malatesta-Artikel verwenden konnte. Robert Graham, Verfasser einer umfangreichen - und interessanten - Textanthologie zum Anarchismus - war so freundlich, mir die eingescannten Originale dreier hier in Übersetzung vorliegender Artikel zu schicken; wie auch Davide Turcato Erwähnung finden muss, der eine wunderbare Textanthologie von Malatesta in englischer Sprache herausgebracht hat, welche mir in vielerlei Hinsicht hilfreich war. Schließlich sei Marianne Enckell vom CIRA noch für interessante Hinweise gedankt.

Literatur

Bakunin, Michael (1866): Brief an Herzen und Ogarjow (Juli 1866), in: ders.: Staatlichkeit und Anarchie und andere Schriften. Herausgeben von Horst Stuke. Frankfurt am Main: Ullstein Verlag, 1972: 702-718.

Bakunin, Michael (1869): Einige Worte an meine jungen Brüder in Russland, in: ders./Serge Netschajew: Worte an die Jugend/Prinzipien der Revolution. Berlin: Karin Kramer Verlag, 1984: 29-39.

Brunello, Piero/Paola, Pietro di (Hg. 2003): Errico Malatesta. Ungeschriebene Autobiographie. Hamburg: Edition Nautilus, 2009.

Levy, Carl (1989): Italian Anarchism (1870-1926), in: David Goodway (Hg.): For Anarchism. History, Theory, and Practice. London/New York: Routledge: 25-78.

Levy, Carl (1999): Gramsci and the Anarchists. Oxford/New York: Berg.

Malatesta, Errico (1928): Vorwort zu ›Bakunin und die Internationale in Italien‹ von Max Nettlau, in: ders.: Gesammelte Schriften. Band 2. Berlin: Karin Kramer Verlag, 1980: 17-32.

Nettlau, Max (1922): Die revolutionären Aktionen des italienischen Proletariats und die Rolle Errico Malatestas. Berlin: Karin Kramer Verlag, 1973.

Turcato, Davide (2012): Making Sense of Anarchism. Errico Malatesta's Experiments with Revolution, 1889-1900. New York: Palgrave Macmillan.

Turcato, Davide (Hg. 2014): The Method of Freedom. An Errico Malatesta Reader. Oakland: AK Press.

Philippe Kellermann, August 2014

Errico Malatesta

Anarchistische Interventionen

Ausgewählte Schriften (1892-1931)

Ein wenig Theorie (1892)[1]

Die Revolte grollt überall. Manchmal ist sie Ausdruck einer Idee, manchmal Resultat eines Bedürfnisses, in der Regel beides (bzw. eine Kombination sich wechselseitig bedingender und verstärkender Ideen und Bedürfnisse). Die Revolte richtet sich manchmal gegen die tatsächlichen Gründe unserer Misere und manchmal nicht, sie ist manchmal bewusst und manchmal instinktiv, sie ist manchmal menschlich und manchmal brutal, manchmal großzügig und manchmal egoistisch. In jedem Fall dehnt sie sich ständig aus.

Die Geschichte schreitet voran. Es nützt nichts, sich über die Wege zu beschweren, die sie geht. Diese Wege sind das Ergebnis einer langen Evolution. Gleichzeitig wird die Geschichte von Menschen gemacht. Wenn wir den Verlauf der Geschichte nicht gleichgültig und passiv beobachten, sondern die Ereignisse im Sinne unserer Ideale mitbestimmen wollen, müssen wir uns mit den Tatsachen, vor die sie uns stellt, auseinandersetzen und uns in den historischen Konflikten positionieren.

»Das Ziel heiligt die Mittel.«[2] Man hat sich oft gegen diese Maxime ausgesprochen, aber in Wirklichkeit bestimmt sie das Handeln der meisten von uns. Wobei es besser wäre zu sagen: »Jedes Ziel beinhaltet sein Mittel, denn die Moral liegt im Ziel, woraus sich das Mittel zwangsläufig ergibt.«

Wenn wir uns für ein Ziel entschieden haben oder gezwungen wurden, uns für eines zu entscheiden, dann besteht die Herausforderung darin, das Mittel zu finden, das uns den entsprechenden Umständen gemäß am sichersten und effektivsten zu diesem Ziel bringt. Ob wir das Ziel erreichen werden oder stattdessen der Sache des Feindes dienen, hängt neben unserer Willenskraft

---

1 Ursprünglich veröffentlicht unter dem Titel »Un peu de théorie« in der Zeitschrift *L'Endehors* (Paris, 21.August 1892). Der vorliegenden Übersetzung liegt die gleichnamige Broschüre von 1899 zugrunde, die in der, von Elisée Reclus verantworteten *Bibliothèque des »Temps Nouveaux«* erschien. Aus dem Französischen übersetzt von Gabriel Kuhn.

2 Taktischer Grundsatz, der gemeinhin dem Jesuitenorden (gegründet 1534) zugesprochen wird.

davon ab, ob wir diese Herausforderung annehmen. Das Geheimnis großer Menschen und Bewegungen ist es, das richtige Mittel zu finden, um Spuren in der Geschichte der Menschheit zu hinterlassen.

Das Ziel der Jesuiten und der Mystiker ist die Herrlichkeit Gottes. Das Ziel anderer ist die Macht ihres Konzerns. Alle Menschen mit solchen Zielen müssen versuchen, die Massen stumpfsinnig zu machen, sie zu terrorisieren, sie zu unterwerfen. Das Ziel der Jakobiner[3] und aller autoritären Parteien, die sich im Besitz der absoluten Wahrheit glauben, ist es, ihre Ideen den profanen Massen aufzuzwingen. Sie müssen daher versuchen, die Macht zu erobern, die Massen zu unterwerfen und die Menschheit dem Prokrustesbett ihrer Vorstellungen anzupassen.[4] Wir kämpfen nicht darum, den Platz der heutigen Ausbeuter und Unterdrücker einzunehmen. Genauso wenig kämpfen wir für den Triumph einer Abstraktion. Wir sind nicht wie der italienische Patriot, der meinte: »Wenn es Italien groß und glorreich macht, ist es egal, ob alle Italiener vor Hunger sterben.« Wir sind auch nicht wie der Genosse, der meinte, dass es akzeptabel sei, wenn drei Viertel der Menschheit sterben, wenn damit Freiheit und Glück für den Rest geschaffen wird.

Wir wollen das Wohlergehen der Menschen – aller Menschen, ohne Ausnahme. Wir wollen, dass jeder Mensch sich entwickeln und so glücklich wie möglich sein kann. Wir glauben nicht, dass einzelne Menschen oder Gruppen die Freiheit und das Glück anderer garantieren können, sondern dass alle Menschen die Bedingungen ihrer Freiheit selbst entdecken und erobern müssen. Wir

---

3 Die aus dem Jakobinerclub hervorgegangenen Akteure der Französischen Revolution. Assoziiert mit staatlichem Zentralismus und Terrorherrschaft stehen sie im Anarchismus paradigmatisch für *das* Gegenmodell zur eigenen, anarchistischen Revolutionsvorstellung.

4 Prokrustes ist eine Gestalt der Mythologie, der Reisenden ein Bett anbot, auf das er sie legte: Waren sie zu groß für das Bett, hackte er ihnen die Füße bzw. überschüssigen Gliedmaßen ab; waren sie zu klein, hämmerte und reckte er ihnen die Glieder auseinander. Als Redewendung meint »in ein Prokrustesbett zwingen«, jemanden/etwas gewaltsam in ein vorgefertigtes Schema zu pressen.

glauben, dass nur kompromisslose Solidarität den Wettbewerb, die Unterdrückung und die Ausbeutung beenden können und dass Solidarität nur das Resultat« einer freien Vereinbarung von Menschen, einer spontanen und bewussten Übereinstimmung von Interessen, sein kann.

Alles, was dabei hilft, das moralische und intellektuelle Niveau der Menschheit anzuheben, den Menschen ein Bewusstsein ihrer Rechte und Stärken zu verleihen und sie davon zu überzeugen, ihre Geschäfte selbst in die Hand zu nehmen, alles, was den Hass gegen die Unterdrückung schürt und die Liebe zwischen den Menschen stärkt, bringt uns unserem Ziel näher und ist daher gut. Im Gegensatz dazu ist alles, was dabei hilft, den gegenwärtigen Zustand zu bewahren, alles, was dazu führt, den Menschen gegen seinen Willen für die Realisierung eines Prinzips zu opfern, schlecht, da es unseren Zielen widerspricht. Wir müssen sorgfältig nachdenken, um die uns zur Verfügung stehenden Mittel so effektiv wie möglich einzusetzen.

Wir wollen den Triumph der Freiheit und der Liebe. Entsagen wir deshalb gewaltsamen Mitteln? Nein. Unsere Mittel sind die, die uns von den Umständen auferlegt und erlaubt werden. An sich wollen wir niemandem auch nur ein Haar ausreißen. Wir wollen alle Tränen trocknen und keine verursachen. Doch wir müssen in der Welt kämpfen, in der wir uns befinden. Ansonsten bleiben wir unproduktive Träumer.

Wir glauben fest daran, dass es eines Tages möglich sein wird, Gutes zu tun, ohne Böses tun zu müssen. Doch dieser Tag ist noch nicht gekommen. Selbst die reinsten und vorsichtigsten der Märtyrer, die sich aufgrund ihres Kampfes für das Gute auf dem Schafott wiederfinden, tun Böses, obwohl sie keinen aktiven Widerstand leisten und ihre Feinde selig sprechen wie der Christus der Legende.[5] Nicht nur tun sie sich selbst Böses an, sondern sie verursachen auch bittere Tränen unter all jenen, die sie lieben.

---

5 Anspielung auf die »Bergpredigt«, wo es unter anderem heißt: »Ihr wisst, dass es heißt: ›Auge um Auge, Zahn um Zahn.‹ Ich aber sage euch: Verzichtet auf Gegenwehr, wenn euch jemand Böses tut! Mehr noch: Wenn dich jemand auf die rechte Backe schlägt, dann halte auch die linke

Es geht in jeder Lebenssituation darum, die Handlung zu wählen, die so wenig Böses wie möglich impliziert; es geht darum, so wenig Böses und so viel Gutes wie möglich zu tun. Die Menschheit schleppt sich unter dem Gewicht der politischen und ökonomischen Unterdrückung dahin. Das ist beschwerlich. Sie wurde abgestumpft, degeneriert und taub gemacht; und nicht auf schonende Weise, sondern durch Armut, Sklaverei und Ignoranz.
Um diesen Zustand aufrechtzuerhalten, wurden ungeheure polizeiliche und militärische Apparate geschaffen, die allen Versuchen gesellschaftlicher Veränderung mit Gefängnisstrafen, Hinrichtungen und Massakern begegnen. Es gibt keine pazifistischen bzw. legalen Mittel, um dieser Situation zu entkommen. Das überrascht nicht, da das Gesetz der Ausdruck von Privilegien ist, die sich selbst schützen. Auf die physische Kraft, die uns im Wege steht, lässt sich nur mit physischer Kraft, das heißt, nur mit gewaltsamer Revolution, antworten.
Eine Revolution produziert viel Unglück und Leid. Das ist offensichtlich. Aber selbst wenn sie hundert Mal mehr Unglück und Leid produzieren würde, als sie es tut, wäre sie immer noch ein Segen im Vergleich zu dem, was wir heute durchmachen müssen. Wir wissen, dass in einer einzigen großen Schlacht mehr Menschen getötet werden als in der blutigsten Revolution. Wir wissen, dass jedes Jahr Millionen junger Kinder sterben, weil ihnen der Zugang zu nötiger Versorgung und Pflege fehlt. Wir wissen, dass Millionen von Proletariern aufgrund der Leiden, die ihnen auferlegt werden, einen frühen Tod finden. Wir wissen, dass die meisten Menschen ohne Freude und Hoffnung leben. Wir wissen, dass selbst die reichsten und mächtigsten Menschen weniger glücklich sind, als sie es in einer Gesellschaft von Gleichen wären. Wir wissen, dass all dies seit undenklicher Zeit so ist. Und wir wissen auch, dass es ohne Revolution noch viel länger so sein wird. Gleichzeitig kann eine einzige Revolution, die sich resolut den Gründen unserer Misere annimmt, der Menschheit für immer

hin.« (Matthäus 5, 38-39) Sowie: »Ihr wisst, dass es heißt: ›Liebe deinen Mitmenschen; hasse deinen Feind.‹ Ich aber sage euch: Liebt eure Feinde und betet für alle, die euch verfolgen.« (Matthäus 5, 43-44).

den Weg zum Glück öffnen. Möge diese Revolution kommen! Jeder Tag, mit dem sie sich verspätet, bedeutet enormes Leiden. Daher müssen wir alles tun, was in unserer Kraft steht, damit die Revolution so schnell wie möglich kommt und jede Form der Unterdrückung und Ausbeutung ihr Ende findet. Wir sind Revolutionäre, weil wir die Menschheit lieben. Es ist nicht unsere Schuld, wenn die Geschichte uns zu schmerzlichen Notwendigkeiten drängt.

Für uns Anarchisten - oder zumindest für die Anarchisten, die die Dinge so sehen wie wir (Wörter sind schließlich nur Konventionen) - ist jede individuelle oder kollektive Handlung, jeder Akt der Propaganda (in Wort oder Tat) gut, die uns der Revolution näher bringt und sicherstellt, dass die Revolution vom Bewusstsein der Massen getragen wird und damit zu universeller Befreiung führt. Es kann Revolutionen geben, die keinen solchen Charakter haben, aber das sind nicht die Revolutionen, die wir anstreben. Besonders wichtig ist, dass die Revolution ihre Mittel sorgfältig wählt; schließlich wird hier mit menschlichem Leben bezahlt.

Wir kennen die schrecklichen materiellen und moralischen Bedingungen, unter denen das Proletariat zu leben hat, gut genug, um die Handlungen des Hasses und der Rache, ja sogar der Verrücktheit zu verstehen, die sie produzieren. Wir verstehen, dass es Unterdrückte gibt, die nie etwas anderes kennengelernt haben als die Brutalität, mit der sie von den Bürgern behandelt wurden, nie etwas anderes als das Recht des Stärkeren, und die daher eines Tages, wenn sie sich stark genug fühlen, sagen: »Gut, machen wir es so wie sie!« Wir verstehen, dass Menschen, die an sich großzügig, aber moralisch nicht vorbereitet sind (was unter den gegenwärtigen Umständen kein Wunder ist), im Eifer des Kampfes das eigentliche Ziel aus den Augen verlieren, die Gewalt selbst als Ziel betrachten und sich zu grausamen Handlungen hinreißen lassen.

Aber es ist eine Sache, diese Handlungen zu verstehen und zu entschuldigen; eine andere ist es, sie zu propagieren. Es handelt sich nicht um Handlungen, die wir gutheißen oder empfehlen.

Wir müssen bestimmt und energisch sein, aber wir müssen auch versuchen, die Grenze der Notwendigkeit niemals zu überschreiten. Unser Vorbild ist der Chirurg, der die Haut durchschneidet, wenn es sein muss, aber immer darauf bedacht ist, unnötiges Leid zu vermeiden. Unser Handeln muss immer von der Liebe zu den Menschen, *allen* Menschen, geleitet werden.

Wir denken, dass dieses Gefühl der Liebe die moralische Basis bzw. die Seele unseres Handelns sein muss. Wir denken, dass wir unser Ziel nur erreichen können, wenn wir die Revolution als großes Fest der Menschlichkeit, als Moment der Befreiung und Verbrüderung aller Menschen - egal welcher Klasse oder sozialen Gruppe - begreifen.

Die gewaltsame Revolte kommt bestimmt, und sie kann dem gegenwärtigen System den Todesstoß geben; aber wenn es keine Revolutionäre gibt, die in diesem Prozess unseren Idealen gemäß handeln und damit ein Gleichgewicht schaffen, wird die Revolte sich selbst zerstören.

Hass produziert nicht Liebe und schafft keine neue Welt. Eine Revolution des Hasses wird entweder vollständig scheitern oder in neuer Unterdrückung enden. Diese mag sich »anarchistisch« nennen, aber sie wird genauso anarchistisch sein wie die gegenwärtigen Regierungen »liberal« sind.

Unterdrückung bleibt Unterdrückung und reproduziert immer die Bedingungen weiterer Unterdrückung.

Die Aufgaben in der gegenwärtigen Situation (1894)[1]

Die Reaktion wird von allen Seiten auf uns losgelassen.[2] Aufgebracht von der Angst, ihre Privilegien zu verlieren, wird die *Bourgeoisie* alle Mittel der Repression einsetzen, um nicht nur die anarchistische und sozialistische, sondern jedwede fortschrittliche Bewegung niederzuhalten.

Es ist ziemlich sicher, dass sie jene Art von Gewalttaten[3], die als Vorwand für die gegenwärtige Reaktion dienen, nicht werden verhindern können; im Gegenteil, die Maßnahmen, die dem lebhaften Temperament mancher Menschen jedes andere Ventil nehmen, scheinen geradezu bewusst darauf angelegt zu sein, solche Gewalttaten noch häufiger zu provozieren.

Weniger gewiss ist es leider, dass es ihnen nicht gelingen wird, unsere Propaganda einzudämmen, indem sie die Verbreitung unserer Presse deutlich erschweren, viele unserer Genossen ins Gefängnis bringen und indem sie uns kein anderes Mittel revolutionärer Betätigung lassen als geheime Treffen, die für die Ausführung beschlossener Aktionen sehr sinnvoll sein mögen, aber ungeeignet sind, um in der Masse des Proletariats eine Idee zu verbreiten.

Es wäre ein Irrtum, wenn wir uns damit trösten würden, dass Verfolgung *immer* der Entwicklung der verfolgten Ideen förderlich ist. Das ist falsch, wie beinahe alle Verallgemeinerungen. Verfolgung kann den Sieg einer Sache befördern oder behindern, je

---

1 Ursprünglich veröffentlicht unter dem Titel »The Duties of the present Hour« in der Zeitschrift *Liberty* (London), Nummer 8 (August 1894). Aus dem Englischen übersetzt von Felix Kurz. Für die Zusendung des Original-Artikels hat der Herausgeber Robert Graham zu danken.

2 Malatesta spielt hier auf die damalige Repressionswelle gegen die anarchistische Bewegung an. Beredeten Ausdruck fand diese u.a. in den französischen Ausnahmegesetzen der Jahre 1893/94, den sogenannten »lois scélérates« (den »Schandgesetzen«).

3 Hier denkt Malatesta vor allem an die unter dem Begriff »Propaganda der Tat« bekannt gewordenen Anschläge von Anarchisten auf (zumeist) führende Repräsentanten der herrschenden Gesellschaft.

nach dem Kräfteverhältnis zwischen Verfolgern und Verfolgten; und die Geschichte bietet ebenso Beispiele dafür, dass sie eine Bewegung aufgehalten und zerstört, wie dafür, dass sie schließlich eine Revolution hervorgerufen hat.

Wir müssen also ohne Schwäche und Illusionen der Situation ins Auge blicken, in die uns die *Bourgeoisie* heute gebracht hat, und die Mittel untersuchen, mit denen wir dem Sturm widerstehen und den größtmöglichen Nutzen für unsere Sache aus ihm ziehen können.

Es gibt Genossen, die den Sieg unserer Ideen von einer Zunahme individueller Gewaltakte erwarten. Nun, wir mögen unterschiedlicher Meinung sein über den moralischen Wert und die praktischen Folgen individueller Taten im Allgemeinen und der einzelnen Akte im Besonderen, und in der Tat bestehen in dieser Frage voneinander abweichende und sogar entgegengesetzte Tendenzen unter den Anarchisten. Doch eines ist sicher: Mit ein paar Bomben und Messerstichen kann eine Gesellschaft wie die bürgerliche nicht gestürzt werden, denn sie beruht auf einer ungeheuren Menge privater Interessen und Vorurteile und wird, mehr als durch Waffengewalt, durch die Trägheit der Massen und ihre gewohnheitsmäßige Unterordnung aufrechterhalten.

Um eine Revolution, namentlich die anarchistische Revolution, herbeizuführen, bedarf es anderer Dinge. Es ist notwendig, dass sich die Menschen ihrer Rechte und ihrer Stärke bewusst sind; sie müssen bereit sein, zu kämpfen und ihre Angelegenheiten in die eigenen Hände zu nehmen. Es muss das ständige Anliegen der Revolutionäre sein, ihr gesamtes Wirken muss darauf zielen, dieses Bewusstsein unter den Massen hervorzubringen. Die herausragenden Taten einiger weniger Individuen mögen bei dieser Arbeit helfen, doch sie können sie nicht ersetzen, und in Wirklichkeit sind sie nur dann sinnvoll, wenn sie das Ergebnis einer kollektiven Veränderung im Bewusstsein der Massen sind und unter solchen Umständen durchgeführt werden, dass die Massen sie verstehen, gutheißen und einen Nutzen aus ihnen haben.

Wehe uns, wehe unserer Sache, wenn wir in Untätigkeit verharren und darauf warten, dass von Zeit zu Zeit Männer wie Caserio[4] und Vaillant[5], Pallas[6] und Berkman[7] ihr Leben für die Sache opfern und für ihren Mut bewundert werden! Wer die Emanzipation der Menschheit nicht von der beharrlichen und harmonischen Zusammenarbeit aller fortschrittlichen Menschen erwartet, sondern von heldenhaften Taten, zu denen es durch Zufall oder Glück kommt, der ist nicht besser beraten als derjenige, der sie vom Handeln eines klugen Gesetzgebers oder siegreichen Generals erwartet.

Denn es sind in jedem Fall nur sehr wenige Individuen, die solche Taten begehen. Und die anderen? Was tun wir, die große Mehrheit der Anarchisten, die keine Bomben wirft und keine Tyrannen tötet? Müssen wir uns damit bescheiden, die Toten zu preisen und geduldig darauf zu warten, dass andere hervortreten, um sich töten zu lassen? Es ist wichtig, dass wir uns auf eine für die breite Masse der Anarchisten geeignete Richtschnur des Han-

---

4 Sante Caserio (1873-1894): italienischer Anarchist. Tötete Anfang 1894 den französischen Präsidenten Sadi Carnot und wurde im August 1894 hingerichtet. Caserios Plädoyer vor Gericht in: Emma Goldman: Anarchismus und andere Essays (1911). Münster: Unrast Verlag, 2013: 81-83.

5 Auguste Vaillant (1861-1894): Französischer Anarchist, der 1893 eine Bombe in die französische Nationalversammlung warf, die jedoch niemanden tötete. Vaillant wurde 1894 hingerichtet. Vaillants Rede vor Gericht in: Emma Goldman: Anarchismus und andere Essays (1911). Münster: Unrast Verlag, 2013: 77-81.

6 Paulino Pallás (1862-1893): Spanischer Anarchist, der (erfolglos) versuchte während einer Militärparade den Generalkapitän Arsenio Martínez-Campos durch eine Bombe zu töten.

7 Alexander Berkman (1870-1936): Russisch-stämmiger Anarchist und bis zum Ersten Weltkrieg vor allem aktiv in der us-amerikanischen Bewegung. Sein misslungenes Attentat auf den Industriellen Frick (1892) brachte ihm 14 Jahre Gefängnis ein (ursprüngliches Urteil: 22 Jahre). Siehe hierzu: Alexander Berkman: Die Tat. Gefängniserinnerungen eines Anarchisten (1912). Münster: Unrast Verlag, 2001. Sein *ABC des Anarchismus* von 1929 (eigentlich: *Now and after: The ABC of Communist Anarchism*) ist einer der klassischen Einstiegstexte zum Anarchismus.

delns einigen – was Einzelne von außergewöhnlicher Tatkraft und Hingabe nicht daran hindern würde, ihre persönliche Courage und Opferbereitschaft in die Kämpfe einzubringen.

Was müssen wir in der gegenwärtigen Situation tun?

Allem voran müssen wir meines Erachtens so stark wie möglich Widerstand gegen die Gesetze leisten; ich würde beinahe sagen: wir müssen sie ignorieren.

Der Grad der Freiheit wie der Ausbeutung, unter der wir leben, hängt überhaupt nicht, oder nur in geringem Maß, vom Buchstaben des Gesetzes ab: Er hängt vor allem vom Widerstand ab, auf die die Gesetze stoßen. Man kann trotz der Existenz drakonischer Gesetze relativ frei sein, sofern die Gepflogenheiten ihrer Anwendung entgegenstehen; und kann man andererseits, trotz aller rechtlichen Garantien, mit aller Gewalt der Gnade der Polizei ausgeliefert sein, sofern diese meint, ungestraft kurzen Prozess mit den Freiheiten des Bürgers machen zu können.

In Italien löste die Regierung bisweilen Vereinigungen auf, in denen sie eine Gefahr für die Institutionen der Monarchie sah. Proteste und Aufschreie der Empörung waren die Folge, und wichtiger noch: die aufgelösten Vereinigungen wurden neu gegründet – der Regierung blieb nichts anderes übrig, als dies zuzulassen, und so scheiterten ihre Versuche, ihren Gegnern das Vereinigungsrecht zu nehmen, beständig. Nachdem sie diese Methode mehrere Male gegen die Internationale Arbeiter-Assoziation (die in Italien von Beginn an anarchistisch war) angewendet hatte, es ihr aber nicht gelang, die IAA zum Verschwinden zu bringen, begann sie deren Mitglieder als Angehörige einer kriminellen Vereinigung zu verfolgen.[8] Alle zu verfolgen war indes

---

8 Malatesta hat hier sicherlich auch seine eigenen Erfahrungen im Auge. Während seines Prozesses 1921 erklärte er rückblickend: »Ich möchte Sie eigentlich gar nicht damit langweilen, aber wenn Sie den Auszug aus meinem Strafregister näher anschauen, werden Sie eine Verurteilung finden, die einen schlechten Eindruck hinterläßt. Ich wurde 1883 wegen der Bildung einer verbrecherischen Vereinigung verurteilt. (...) Die besagte Vereinigung war die Internationale, die man heute die ruhmreiche nennt. Der Anlaß zu diesem Prozeß war das Anschlagen kleiner Plakate, die die Pariser Kommune hochleben ließen, eine Aktion,

unmöglich. Von Zeit zu Zeit kam es zu Festnahmen und Verurteilungen; die Angeklagten verteidigten offen ihre Ideen und das Recht, Vereinigungen zu ihrer Propagierung zu bilden; die Sektionen der Internationale setzten ihre Arbeit fort, und am Ende, wenngleich einige unter der Verfolgung persönlich litten - womit rechnen muss, wer gegen die bestehende Ordnung kämpft - scheiterten die Bestrebungen der Regierung und unsere Propaganda profitierte davon gewaltig. Doch dann begannen Anarchisten die Ansicht zu vertreten, durch die Bildung von Assoziationen biete man der Regierung eine Gelegenheit, kriminelle Vereinigungen zu verfolgen; sie führten die Auflösung der bestehenden Assoziation herbei und bekämpften alle Versuche, sie neu zu organisieren... und verzichteten auf diese Weise freiwillig auf das Recht auf Vereinigung. Dies verhinderte natürlich nicht eine einzige Verurteilung; im Gegenteil, heute werden Anarchisten, wenn sie sich zufällig im Café treffen - und sich vielleicht nicht einmal kennen -, der Bildung krimineller Vereinigungen angeklagt, nur weil sie Anarchisten sind.

Die Auswirkungen der gegen uns geschmiedeten neuen Gesetze werden in hohem Maß von unserer eigenen Haltung abhängen. Bieten wir lebhaften Widerstand auf, dann wird die öffentliche Meinung sie sofort als schamlose Verletzung allen Menschenrechts erkennen und sie werden dazu verurteilt sein, wieder rasch zu verschwinden oder ein toter Buchstabe zu bleiben. Richten wir uns dagegen unter ihnen ein, dann werden sie Teil der politischen Gepflogenheiten, und dies wird später die verheerende Folge nach sich ziehen, dem Kampf für politische Freiheiten - für

---

mit der die allermeisten von uns im übrigen gar nichts zu tun hatten. (...) Der Untersuchungsrichter nahm uns einzeln vor, prüfte uns, stellte unseren Lebenslauf zusammen und stufte uns als überaus ehrenwert ein, als rechtschaffene, fleißige und arbeitsame junge Männer. Kurz und gut, wenn man ihm so zuhörte, hätte man uns die Hostie gleich ohne die vorherige Beichte verabreichen können. Wir [die sieben Angeklagten] waren allesamt kleine Heilige, aber nur jeder einzeln, für sich: zusammengenommen bildeten wir eine Vereinigung von Verbrechern.« (Piero Brunello/ Pietro di Paola (Hg.): Errico Malatesta. Ungeschriebene Autobiographie. Hamburg: Edition Nautilus, 2009: 84-85)

Rede-, Presse-, Versammlungs- und Vereinsfreiheit – ein neues Gewicht zu geben und dadurch die soziale Frage mehr oder weniger aus dem Blick zu verlieren.
Wir sollen daran gehindert werden, unsere Ideen zu vertreten: Tun wir es trotzdem, und zwar mehr noch als je zuvor. Sie wollen selbst die Bezeichnung Anarchist verbieten: Erklären wir lautstark, dass wir Anarchisten sind. Man will uns das Vereinigungsrecht nehmen: Vereinigen wir uns, so gut wir können, und erklären wir, dass wir vereinigt sind und vereinigt sein wollen. Ein solches Vorgehen, dessen bin ich mir bewusst, ist in der gegenwärtigen Lage mit Schwierigkeiten verbunden und nur innerhalb der Grenzen und auf die Art und Weise möglich, die der gesunde Menschenverstand allen Einzelnen gemäß ihren unterschiedlichen Lebensumständen diktiert. Doch wir müssen uns immer vergegenwärtigen, dass die staatliche Unterdrückung keine andere Grenze kennt als den gegen sie aufgebotenen Widerstand.
Jene Sozialisten, die der Reaktion zu entgehen meinen, indem sie zu den Anarchisten auf Abstand gehen, beweisen damit nicht nur eine bornierte, mit den Zielen einer radikalen Umgestaltung des gesellschaftlichen Systems unvereinbare Sichtweise, sondern verraten dummerweise auch ihr eigenes Interesse. Sollten wir zerschlagen werden, werden sie sehr bald als nächste an der Reihe sein.
Doch vor allem müssen wir unter die Menschen gehen: Das ist der Weg zur Rettung unserer Sache.
Obwohl uns unsere Ideen verpflichten, alle Hoffnung in die Massen zu setzen – schließlich glauben wir nicht an die Möglichkeit, das Gute mit Gewalt zu erzwingen, und wollen nicht kommandiert werden –, haben wir alle Manifestationen des Volkslebens verachtet und vernachlässigt; wir haben uns kurzerhand mit dem Predigen abstrakter Theorien oder mit individuellen Akten der Revolte beschieden, und sind in Isolation geraten. Daher der mangelnde Erfolg dessen, was ich die erste Phase der anarchistischen Bewegung nennen möchte. Nach mehr als zwanzig Jahren Kampf und Propaganda, nach so viel Hingabe und so vielen Märtyrern, stehen wir heute beinahe wie Fremde den großen Volksbewegungen gegenüber, die Europa und Amerika erschüttern, und

befinden uns in einer Lage, in der die Hoffnung der Regierungen, uns durch einige polizeiliche Maßnahmen niederzuhalten, keineswegs rundweg absurd erscheint.

Fassen wir unsere Position zusammen.

Was wir schon immer hätten tun müssen, was das logische Ergebnis unserer Ideen ist und wozu uns unser Verständnis der Revolution und der Umgestaltung der Gesellschaft nötigt, nämlich unter den Menschen zu leben und sie durch aktive Teilnahme an ihren Kämpfen und ihrem Leiden für unsere Ideen zu gewinnen, das ist heute eine absolute Notwendigkeit geworden, die uns die Situation, in der wir leben müssen, aufzwingt. Unsere gewöhnlichen Propagandamittel - Presse, Versammlungen, Gruppen von mehr oder weniger überzeugten Anhängern unserer Ideen - werden wenigstens eine Zeit lang immer schwieriger einzusetzen sein. Nur in Vereinigungen der Arbeiter, in Streiks und kollektiven Revolten bietet sich uns ein unbestelltes Feld, auf dem wir Einfluss ausüben und unsere Ideen propagieren können. Doch wenn wir erfolgreich sein wollen, müssen wir bedenken, dass niemand über Nacht, nur weil er eine kämpferische Rede gehört hat, zum Anarchisten wird, und vor allem den Fehler vieler Genossen vermeiden, die sich mit Arbeitern, die noch keine vollkommenen Anarchisten sind, nicht assoziieren wollen, obwohl dies doch absolut notwendig ist, damit diese Anarchisten werden.

Anarchie und Gewalt (1894)[1]

Von Beginn an waren sich Anarchisten fast ausnahmslos einig darüber, dass die Umgestaltung der bestehenden Gesellschaft materielle Gewalt erfordert; während die anderen selbsternannten revolutionären Parteien sich in den Sumpf des Parlamentarismus begaben, wurde die anarchistische Idee in gewisser Weise gleichbedeutend mit bewaffnetem Aufstand und gewaltsamer Revolution.

Charakter und Ausmaß solcher Gewalt sind indessen vielleicht nicht hinreichend geklärt worden; wie in vielen anderen Fragen verbergen sich hinter unserem gemeinsamen Namen diesbezüglich ganz unterschiedliche Vorstellungen und Meinungen.

Tatsächlich haben die zahlreichen Gewaltakte, die in jüngster Zeit von Anarchisten und im Namen der Anarchie begangen wurden[2], bislang übersehene oder kaum geahnte Differenzen tiefgreifender Natur ans Licht gebracht.

Abgestoßen von der Brutalität und Sinnlosigkeit einiger dieser Taten haben sich manche Genossen gegen jedwede Gewalt ausgesprochen, sofern es sich nicht um individuelle Selbstverteidigung gegen einen direkten Angriff handelt. Das würde meines Erachtens bedeuten, auf jede revolutionäre Initiative zu verzichten und nur die unbedeutenden und oftmals unfreiwilligen Handlanger des Staates zu treffen, die Organisatoren und hauptsächlichen Nutznießer der staatlichen und kapitalistischen Ausbeutung aber in Frieden zu lassen.

Mitgerissen vom Rausch des Kampfes, verbittert angesichts der Ruchlosigkeit der herrschenden Klassen und sicherlich auch unter dem fortwirkenden Einfluss der alten jakobinischen Ideen, die für die politische Bildung der heutigen Generation prägend

1 Ursprünglich veröffentlicht unter dem Titel »Anarchy and Violence« in der Zeitschrift *Liberty* (London), Nummer 9 (September 1894) und Nummer 10 (Oktober 1894). Aus dem Englischen übersetzt von Felix Kurz. Für die Zusendung des Original-Artikels hat der Herausgeber Robert Graham zu danken.

2 Siehe Fußnote 3, S. 28.

gewesen sind, haben andere Genossen dagegen eilfertig jede Art von Gewalt akzeptiert, solange sie nur im Namen der Anarchie begangen wird; und sie haben damit kaum weniger beansprucht als das Recht über Leben und Tod derer, die keine, oder keine genau ihren Vorstellungen entsprechenden, Anarchisten sind.

Große Teile der Öffentlichkeit wiederum, denen solche Auseinandersetzungen unbekannt sind und die sich von der kapitalistischen Presse täuschen lassen, verbinden mit Anarchie nur Bomben und Dolche und betrachten Anarchisten gewöhnlich als blutrünstige, zerstörungswütige Bestien.

Es ist deshalb notwendig, dass wir uns zur Frage der Gewalt in aller Klarheit äußern und jeder entsprechend Stellung bezieht - notwendig sowohl im Interesse einer praktischen Zusammenarbeit all derer, die sich zum Anarchismus bekennen, wie auch im Interesse unserer allgemeinen Propaganda und unseres Wirkens in der Öffentlichkeit.

Es steht meines Erachtens außer Zweifel, dass die anarchistische Idee als Widersacherin staatlicher Herrschaft ihrer innersten Natur nach eine Ablehnung von Gewalt bedeutet, denn Gewalt ist das Wesen jedes autoritären Systems, die Handlungsweise jeder Regierung.

Anarchie ist Freiheit in Solidarität. Nur durch die Harmonisierung von Interessen, durch freiwillige Zusammenarbeit, durch Liebe, Respekt und gegenseitige Toleranz, durch Überzeugung, gutes Beispiel und den ansteckenden Charakter von Gutmütigkeit kann und muss sie den Sieg davontragen.

Wir sind Anarchisten, weil wir der Überzeugung sind, dass wir das gemeinsame Wohl aller - das Ziel all unserer Anstrengungen - allein durch eine freie Übereinkunft aller Menschen erreichen können, und nicht dadurch, dass der eine dem anderen gewaltsam seinen Willen aufzwingt.

In anderen Parteien gibt es gewiss Menschen, die den Interessen des Volkes nicht weniger aufrichtig verpflichtet sind als die Besten unter uns. Was uns als Anarchisten jedoch auszeichnet und von allen anderen unterscheidet, ist, dass wir uns nicht im Besitz einer absoluten Wahrheit wähnen; wir halten uns für weder unfehlbar

noch allwissend – was alle Gesetzgeber und politischen Kandidaten implizit zu sein vorgeben; und folglich halten wir uns nicht für berufen, die Menschen zu lenken und zu führen.
Wir sind die Partei der Freiheit *par excellence*, die Partei der freien Entfaltung, die Partei gesellschaftlichen Experimentierens.[3]
Gegen diese Freiheit, die wir für alle einfordern, gegen diese experimentelle Suche nach besseren Formen von Gesellschaft, sind jedoch eherne Schranken errichtet worden. Heerscharen von Soldaten und Polizisten stehen bereit, jeden zu massakrieren und ins Gefängnis zu werfen, der sich nicht demütig den von einer Handvoll Privilegierter zum eigenen Nutzen gemachten Gesetzen unterwirft. Und selbst wenn es keine Soldaten und Polizisten gäbe, die ökonomische Verfasstheit der Gesellschaft jedoch dieselbe bliebe, wäre Freiheit unmöglich; denn da die Mittel des Lebens von einer Minderheit kontrolliert werden, muss die große Masse der Menschen für diese Minderheit arbeiten und selbst in Armut und Erniedrigung verharren.
Die erste Maßnahme muss deshalb darin bestehen, die bewaffneten Kräfte abzuschaffen, die die bestehenden Institutionen schützen, und den Boden und alle anderen Produktionsmittel durch Enteignung ihrer heutigen Besitzer unter die Verfügung aller zu bringen. Das ist unseres Erachtens ohne Anwendung materieller Gewalt nicht machbar. Ohnehin führen uns die natürliche Entwicklung der ökonomischen Antagonismen, das erwachende Bewusstsein eines bedeutenden Teils des Proletariats, die beständig zunehmende Zahl der Arbeitslosen, der blinde Widerstand der herrschenden Klassen, kurzum: führt uns die gesamte gegenwärtige Entwicklung unausweichlich dem Ausbruch einer großen Revolution entgegen, deren Gewalt alles umstürzen wird und deren Vorboten bereits sichtbar sind. Diese Revolution wird eintreten, ob mit oder ohne uns; und die Existenz einer revolutionären

3 Der Begriff der Partei wird von Malatesta nicht in dem heute geläufigen Sinn gebraucht (parlamentarische Partei etc.) – was aus anarchistischer Sicht auch einen Widerspruch in sich darstellen würde –, sondern meint eine auf bestimmten Grundüberzeugungen basierende Interessen- und/oder Kampfgemeinschaft.

Partei, die sich der zu erreichenden Ziele bewusst ist, wird dazu beitragen, der Gewalt eine sinnvolle Richtung zu geben und ihre Exzesse durch die Wirkung eines hohen Ideals einzudämmen.

Deshalb sind wir Revolutionäre. In diesem Sinn, und innerhalb dieser Grenzen, steht Gewalt nicht im Widerspruch zu anarchistischen Prinzipien: Sie ist nicht Ergebnis freier Entscheidung, sondern wird uns notwendig aufgezwungen, wenn wir für missachtete, mit nackter Gewalt unterdrückte Rechte des Menschen einstehen.

Noch einmal: Als Anarchisten können wir keinen Drang zur Gewaltanwendung haben, sofern es nicht uns und andere gegen Unterdrückung zu verteidigen gilt. Dieses Recht auf Verteidigung aber machen wir geltend - und zwar uneingeschränkt, real und wirksam. Wir wollen imstande sein, die materiellen Werkzeuge auszuschalten, die uns verletzen, und sowohl die Hand, die sie führt, als auch den Kopf, der sie dirigiert, anzugreifen. Und wir wollen Zeitpunkt und Terrain unseres Kampfes selbst festlegen, um den Feind unter möglichst günstigen Bedingungen anzugreifen: ob er uns nun gerade tatsächlich herausfordert und attackiert oder aber im Vertrauen auf die Unterordnung des Volkes schlummert und die Hand sinken lässt. Denn in Wirklichkeit führt die Bourgeoisie einen permanenten Krieg gegen das Proletariat, da sie keinen Augenblick lang aufhört, es auszubeuten und zu knechten.

Unter den im Namen der Anarchie begangenen Taten gab es leider einige, die, obwohl nichts an ihnen anarchistisch ist, zu Unrecht mit anderen, offenkundig anarchistisch inspirierten Taten durcheinandergebracht worden sind.

Ich für meinen Teil protestiere gegen diese Vermengung von Taten, deren moralischer Wert und praktische Folgen vollkommen unterschiedlich sind.

Ungeachtet der Exkommunikation und Beleidigung durch bestimmte Leute halte ich es für wesentlich, den Unterschied zu erkennen zwischen der heldenhaften Tat eines Mannes, der im Glauben, Gutes zu bewirken, sein Leben opfert, und der fast schon unfreiwilligen Tat eines unglücklichen, von der Gesellschaft zur Verzweiflung getriebenen Mannes, oder auch der barbarischen Tat eines Mannes, dessen Leid ihn auf Abwege geführt hat und der von der uns alle umgebenden zivilisierten Barbarei infiziert wurde; zwischen der intelligenten Tat von einem, der zuvor den zu erwartenden Nutzen und Schaden für seine Sache abwägt, und der gedankenlosen Tat des blind Dreinschlagenden; zwischen der großmütigen Tat desjenigen, der Gefahren auf sich nimmt, um seinen Mitmenschen Leid zu ersparen, und der bürgerlichen Tat eines anderen, der zum eigenen Vorteil Leid über andere bringt; zwischen der anarchistischen Tat desjenigen, der die Hindernisse zerstören will, die der Umgestaltung der Gesellschaft auf Grundlage einer freien Übereinkunft aller im Wege stehen, und der autoritären Tat eines anderen, dessen Absicht es ist, die Menge für ihre Dummheit zu bestrafen, sie zu terrorisieren (was sie noch dümmer macht) und ihr die eigenen Ideen aufzuzwingen.

Die *Bourgeoisie* hat ganz gewiss kein Recht, die Gewalt ihrer Feinde zu beklagen, denn ihre gesamte Geschichte als Klasse ist eine Geschichte des Blutvergießens, und das Ausbeutungssystem, das ihr Lebensgesetz darstellt, produziert tagtäglich Hekatomben[4] unschuldiger Opfer. Auch die politischen Parteien sollten gewiss nicht über Gewalt klagen, nicht sie, die eine wie die andere Blut an den Händen kleben haben, das unnötig und allein in ihrem Interesse vergossen wurde; die die Jugend, Generation um Generation, im Kult der siegreichen Kraft aufgezogen haben; die wenn nicht gar Apologeten der Inquisition[5], dann doch begeisterte Anhänger jenes Roten Terrors sind, der Ende des letzten Jahrhunderts den großartigen revolutionären Impuls zum Halt brachte[6] und dem Kaiserreich, der Restauration und dem Weißen Terror den Weg bahnte.

---

4 Synonym für eine überaus große Zahl.

5 Im Mittelalter von der Kirche geschaffene Institution zur Überprüfung des Glaubens und der Bekämpfung von Häresien (von der offiziellen Lehrmeinung der Kirche abweichenden Meinungen).

6 Anspielung auf die »Schreckensherrschaft« des jakobinischen Wohlfahrtsausschusses (1793/1794) während der Französischen Revolution.

Der Anfall von Milde, der manche Bürger nun, da ihr Leben und ihre Geldbörse in Gefahr sind, plötzlich überkommt, ist unseres Erachtens höchst unglaubwürdig. Doch wir richten unser Verhalten nicht danach aus, wie viel Freud oder Leid es dem Bürger bringen mag. Wir müssen uns nach unseren Prinzipien und dem Interesse unserer Sache richten, in der wir die der gesamten Menschheit erkennen.

Da uns die bisherige Geschichte zur Notwendigkeit von Gewalt getrieben hat, lasst uns Gewalt anwenden; doch vergessen wir nie, dass es sich um einen Fall von unentrinnbarer Notwendigkeit handelt und dass Gewalt ihrem Wesen nach unseren Bestrebungen widerspricht. Vergessen wir nicht, dass die gesamte Geschichte eine traurige Tatsache bezeugt: Wann immer Widerstand gegen Unterdrückung siegreich war, brachte er neue Unterdrückung hervor. Das ermahnt uns zu der Einsicht, dass es sich immer so verhalten wird, bis mit der blutigen Tradition ein für alle Mal gebrochen und Gewalt auf das strengstens Notwendige begrenzt wird.

Gewalt erzeugt Gewalt, Autorität erzeugt Unterdrückung und Sklaverei. Die guten Absichten Einzelner können daran nicht das Geringste ändern. Der Fanatiker, der durch Gewalt und auf seine eigene Weise Menschen zu retten können meint, ist stets ein aufrichtiger Mann, aber ein furchtbares Werkzeug der Unterdrückung und Reaktion. Robespierre[7] war, in furchtbar gutem Glauben und mit einem reinen und grausamen Gewissen, genauso verhängnisvoll für die Revolution wie die persönlichen Ambitionen Bonapartes[8]. Der Feuereifer Torquemadas[9] bei der

7 Maximilien de Robespierre (1758-1794): Führender Jakobiner während der Französischen Revolution und Synonym für die tugendterroristische Politik des Wohlfahrtsausschusses von 1793/94.

8 Napoleon Bonaparte (1769-1821): General während der Französischen Revolution, nach dem von ihm angeführten Staatsstreich von 1799 erster Konsul der französischen Republik, dann von 1804-1814 französischer Kaiser.

9 Tomás de Torquemada: (1420-1498): Erster Großinquisitor Spaniens, führend im Aufbau der spanischen Inquisition.

Rettung von Seelen schadete der Freiheit des Denkens und dem Fortschritt des menschlichen Geistes weitaus mehr als der Skeptizismus und die Korruption von Leo X.[10] und seinem Hof.
Theorien, Prinzipienerklärungen und große Worte können gegen die natürliche Verkettung der Tatsachen nichts ausrichten. Viele Märtyrer sind für die Freiheit gestorben, viele Schlachten wurden im Namen des Wohles aller Menschen geschlagen und gewonnen, und doch hat sich die Freiheit am Ende als nichts weiter denn die unbegrenzte Unterdrückung und Ausbeutung der Armen durch die Reichen entpuppt.

Die anarchistische Idee ist ebenso wenig gegen Entstellung gefeit wie es die liberale Idee erwiesenermaßen war, doch wir können eine solche Entstellung schon in den Anfängen feststellen, wenn wir die von manchen Anarchisten an den Tag gelegte Verachtung der Massen, ihre Intoleranz und ihren Drang, Terror zu verbreiten, wahrnehmen.

Anarchisten! Lasst uns die Anarchie retten! Unsere Lehre ist eine Lehre der Liebe. Wir können und wir dürfen weder Rächer noch Richter sein. Unsere Aufgabe, unser Ziel ist es, die Gerechtigkeit zu verwirklichen.

10 Leo X. (1475-1521): Zwischen 1513 und 1521 Papst aus der Florentiner Familie der Medici. Sein von Ausschweifungen und weltlichen Machtansprüchen gekennzeichnetes Pontifikat war mit Grund für die damaligen antikirchlichen Stimmungen und den Beginn der Reformation.

Sollten Anarchisten zum kommenden internationalen Kongress zugelassen werden? (1896)[1]

Warum nicht? Vielleicht weil wir, wie sie[2] sagten, keine Sozialisten sind. Nun, falls es Personen gibt, die Freude daran haben, sich selbst Anarchisten zu nennen, die aber keine Sozialisten sind, so haben diese sicher nichts mit einem Sozialistenkongress zu tun, und sie sollten nicht den Wunsch haben, daran teilzunehmen. Aber wir kommunistischen oder kollektivistischen Anarchisten

---

1 Veröffentlicht unter dem Titel »Should Anarchists be admitted to the coming International Congress« in der Zeitschrift *The Labour Leader* (London), Nummer 119 (11. Juli 1896). Aus dem Englischen übersetzt von Elke Gehweiler.
Der Artikel Malatestas wurde vor der Eröffnung des »Internationalen Sozialistischen Arbeiter und Gewerkschaftskongresses«, der in London zwischen dem 26. Juli und dem 1. August 1896 stattfand, veröffentlicht und wendet sich gegen den - seiner Meinung nach - ungerechtfertigten und absehbaren Ausschluss der Anarchisten aus einer sich allgemein sozialistisch nennenden Vereinigung. Über die heftigen Auseinandersetzungen, zu denen es in London kam - und die tatsächlich mit dem Ausschluss der Anarchisten endeten, heißt es in einem Kongressbericht: »Die Anti-Parlamentarier jedoch waren entschlossen eine Gelegenheit zu sprechen zu bekommen, und daraus ergab sich eine Situation großer Aufgeregtheit. Malatesta hatte gerade ein halbes Dutzend Wörter gesprochen, als die Klingel des Vorsitzenden Anwendung fand. Für eine Weile war es ein Kampf zwischen Klingel und Stimme. Dann schienen alle gleichzeitig zu sprechen. Sogar sonst allzu ernste Seelen auf der Galerie plärrten ihre Gefühle hinunter.« (Full Report of the Proceedings of the International Workers' Congress, London, 1896. London: The Labour Leader, 1896: 15f.) Was ich hier erlebte, so erinnerte sich der teilnehmende Anarchist Rudolf Rocker, »stellte alles in den Schatten, was an Gehässigkeit und brutaler Vergewaltigung jeder Meinungsfreiheit ausgedacht werden konnte« (Rudolf Rocker: Aus den Memoiren eines deutschen Anarchisten. Frankfurt am Main: Suhrkamp Verlag, 1974: 155-157).

2 Anspielung auf die schon damals wirkmächtige Polemik von sozialdemokratischer Seite, dem Anarchismus abzusprechen, Teil der sozialistischen Bewegung zu sein.

verlangen die Abschaffung jeglicher Monopole; wir fordern die vollständige Abschaffung von Klassen und jeder Art von Herrschaft und Ausbeutung von Menschen durch Menschen; wir wollen, dass der Boden und alle Mittel der Produktion und Verteilung, so wie auch der durch die Arbeit vergangener Generationen angehäufte Wohlstand durch Enteignung der gegenwärtigen Inhaber zum gemeinsamen Besitz der gesamten Menschheit werden soll, sodass es allen, die arbeiten, möglich ist, sich an den Erzeugnissen ihrer Arbeit zu erfreuen, sei es im vollständigen Kommunismus oder indem jeder Mensch seinen Anstrengungen entsprechend etwas erhält, in Übereinstimmung mit dem Wunsch und Einverständnis derer, die daran beteiligt sind. Wir wollen Wettbewerb und Krieg zwischen den Menschen durch die Brüderlichkeit und Solidarität ersetzen und auf das Wohl aller hinarbeiten. Und wir haben dieses Ideal verbreitet und haben lange Jahre für seine Verwirklichung gekämpft und gelitten, und dies in manchen Ländern - Italien und Spanien - lange vor der Geburt des parlamentarischen Sozialismus.[3] Welcher ehrliche und wohlunterrichtete Mensch wird behaupten, dass wir keine Sozialisten sind?

Vielleicht sind wir keine Sozialisten, weil wir wollen, dass die Arbeiter sich ihre Rechte durch organisierte Anstrengung selbst erobern sollen, und sich nicht auf die vergebliche und trügerische Hoffnung verlassen, dass sie diese durch Zugeständnisse irgendeiner Regierung erhalten werden? Oder weil wir glauben, dass das Parlament nicht nur eine nutzlose Waffe für die Arbeiter ist, sondern dass es durch das Wesen seiner Beschaffenheit sogar ohne den Widerstand der Mittelklassen niemals die Interessen und den Willen aller vertreten und immer das Werkzeug der Herrschaft einer Klasse oder Partei sein wird? Oder weil wir glauben, dass die neue Gesellschaft durch die unmittelbare Übereinkunft al-

3 Sowohl in Spanien wie auch Italien datiert die Etablierung sozialistischer Bewegungen auf die Tätigkeit von mehrheitlich anarchistischen Akteuren, die sich um die Begründung und den Aufbau von Sektionen der Internationalen Arbeiter-Assoziation in beiden Ländern verdient machten.

ler Beteiligten organisiert sein sollte, von der Peripherie bis ins Zentrum, frei, spontan, inspiriert vom Gefühl der Solidarität und unter dem Druck natürlicher und sozialer Notwendigkeiten, und weil, wenn diese Organisation durch Dekrete einer zentralen Körperschaft gemacht wäre, sie am Anfang eine künstliche Organisation wäre, die allen Gewalt antun und missfallen würde, und am Ende eine neue Klasse privilegierter Politiker hervorbrächte, die für sich selbst alle möglichen Privilegien und Monopole erschaffen würden? Man könnte mit mehr Recht einfach behaupten, dass wir, wenn nicht die einzigen, so doch sicher die vollständigsten und konsequentesten Sozialisten sind, weil wir für jeden Menschen nicht nur seinen Anteil am sozialen Wohlstand, sondern auch seinen Teil an der sozialen Macht fordern - damit ist das tatsächliche Vermögen gemeint, seinen Einfluss auf die Handhabung öffentlicher Angelegenheiten auf die gleiche Art geltend zu machen, wie andere.

Wenn wir also Sozialisten sind, dann ist es offensichtlich, dass ein Kongress, von dem wir ausgeschlossen sind, sich nicht ehrlicherweise »Der Sozialistische Arbeiterkongress« nennen kann, und dass er die jeweiligen Namen der Partei oder Parteien annehmen sollte, die zu seinen Beratungen zugelassen sind. Von uns beispielsweise würde niemand auf die Idee kommen, auf einem Kongress zu verkehren, der »Sozialdemokratischer Kongress« oder »Kongress der Parlamentarischen Sozialisten« hieße.

Aber lasst uns diese Frage der Namensgebung beiseitelassen und vernachlässigen wir auch die Diskussion der Frage, ob das Londoner Komitee die Beschlüsse von Zürich richtig interpretiert hat.[4]

4 »Die wichtigste Frage, die der Kongreß vorerst zu behandeln hatte, war die Zulassung der Anarchisten und anderer antiparlamentarischer Gruppen. Die Entschließung des Züricher Kongresses [1893] über diesen Punkt war so unklar gehalten, daß sie jeder nach seiner eigenen Weise auslegen konnte. Man hatte die Anarchisten auf Grund dieser Resolution zwar von der Tagung in Zürich ausgeschlossen, aber die Stimmung unter den Franzosen, Belgiern, Holländern etc. war schon damals so gereizt, daß man sich gezwungen sah, dem ursprünglichen Beschluß noch einen Zusatz anzuhängen, der von Bebel, Kautsky, Adler und einigen anderen damals eingebracht und von der Mehrheit des

Lasst uns an die Wurzel der Angelegenheit gehen. Es liegt im Interesse aller Feinde unserer kapitalistischen Gesellschaft, dass die Arbeiter vereinigt und fest im Kampf gegen den Kapitalismus sein sollten, und dass sie sich bewusst sein sollten, dass dieser Kampf notwendigerweise einen ökonomischen Charakter besitzt. Nicht, weil wir die Wichtigkeit politischer Fragen ignorieren. Wir glauben nicht nur, dass die Regierung - der Staat - ein Übel an sich ist, sondern, da er der bewaffnete Verteidiger des Kapitalismus ist, dass das Volk das eigene Eigentum nicht in Besitz nehmen kann, ohne über die Leichen seiner bewaffneten Polizei zu gehen - echt oder symbolisch, je nach Umständen. Daher sollten wir uns notwendigerweise mit dem politischen Kampf gegen die Regierung befassen. Aber es mag aufgrund der Verschiedenheit der Zustände und Temperamente der Völker verschiedener Länder sein, oder aufgrund der Tatsache, dass die Beziehungen zwischen der politischen Beschaffenheit und den Zuständen der Massen sehr kompliziert sind, schwer angleichbar und weniger geeignet auf eine Art behandelt zu werden, die jedem gut erscheint, dass Politik tatsächlich eine große Quelle der Spaltung ist, und Tatsache ist, dass die bewussten Arbeiter in den verschiedenen Ländern, die man leicht im wirtschaftlichen Kampf vereinigen könnte, durch die Politik in viele Fraktionen gespalten werden. Daher ist ein Einvernehmen zwischen allen Arbeitern, die für ihre Emanzipation kämpfen, nicht möglich, außer auf wirtschaftlicher Grundlage - und es ist diese, die von besonderer Bedeutung ist, da das politische Handeln des Proletariats, parlamentarisch oder revolutionär, aussichtslos ist, solange es keine bewusste organi-

---

Züricher Kongresses angenommen wurde. In diesem Ergänzungsantrag wurde unter anderem erklärt: ›Der Zusatzantrag besagt durchaus nicht, daß jeder der zum Kongreß kommt, sich verpflichtet, die politische Aktion unter allen Umständen in jedem Detail unserer Definition auszuüben.‹ ( ) Bestand der Zusatzantrag Bebels zu Recht - und dies war zweifellos der Fall, da er von der Mehrheit des Züricher Kongresses angenommen worden war -, dann stand der Kongreß *allen* sozialistischen Richtungen offen, und nur darum ging es.« (Rudolf Rocker: Aus den Memoiren eines deutschen Anarchisten. Frankfurt am Main: Suhrkamp Verlag, 1974: 155-157)

sierte wirtschaftliche Kraft bildet. Jeder Versuch, der Arbeiterbewegung eine einzelne politische Meinung aufzuzwingen, führt zu ihrer Auflösung und beendet den Fortschritt ihrer wirtschaftlichen Organisierung.[5]

Die Sozialdemokraten wollen den Arbeitern ganz offensichtlich ihr bestimmtes Programm aufzwingen. Man kann fast sagen, dass sie diejenigen, die die Entscheidungen ihrer Partei nicht akzeptieren, daran hindern wollen, für die Emanzipation des Menschen zu kämpfen! Sie hatten diesbezüglich mehr oder weniger Erfolg - vielleicht werden sie noch mehr haben - aber das kann nur auf Kosten des allgemeinen Verständnisses der Arbeiter untereinander passieren und bedient, sicherlich unbeabsichtigt, die Interessen der Mittelklassen. Wenn die Sozialisten sich nur an die Geschichte der alten Internationale erinnerten, die die alten unter ihnen besser kennen als man gemeinhin annimmt.[6] Dort gab es viele Beleidigungen zwischen Marxisten und Bakunisten. Die Wahrheit ist, dass beide Fraktionen in der Internationale ihr be-

5 Das entspricht dem Ansatz, den ein großer Teil der Antiautoritären in der Ersten Internationale den Vereinheitlichungsbemühungen von - vor allem - Karl Marx und Friedrich Engels entgegensetzten, als diese sich bemühten, der Internationale ein bestimmtes politisches Programm zu geben. Erklärt wurde, dass es »eine ebenso absurde wie reaktionäre Anmaßung« sei, »dem Proletariat bestimmte Prinzipien oder ein einheitliches politisches Programm als einzigen Weg zu seiner sozialen Befreiung aufzwingen zu wollen«. Auf dem Kongress von St. Imier (Sept. 1872), wo u.a. diese Resolution verabschiedet wurde, war auch der damals keine zwanzig Jahre alte Malatesta anwesend, der in jener Zeit auch Bakunin kennenlernte - siehe hierzu seinen Artikel »Meine erste Begegnung mit Bakunin« (1926), in: Errico Malatesta: Gesammelte Schriften. Band 2. Berlin: Karin Kramer Verlag, 1980: 52-55. Die Kongressresolutionen des »Internationalen anti-autoritären Kongress« von St. Imier sind abgedruckt in: Wolfgang Eckhardt (Hg.): Michael Bakunin. Ausgewählte Schriften. Band 6. Konflikt mit Marx. Teil 2: Texte und Briefe ab 1871. S.1001-1008.

6 Sicherlich auch eine Anspielung auf einen Teil der auf dem Kongress dann Anwesenden, die schon innerhalb der Internationalen Arbeiter-Assoziation agiert hatten: z.B. Paul Lafargue (1842-1911), der allerhand dunkle Machenschaften gegen die anarchistische Bewegung in Spanien unternommen hatte.

stimmtes Programm triumphieren sehen wollten, und im Kampf zwischen Zentralismus und Föderalismus, zwischen Staatsbefürwortung und Anarchismus, haben wir den Klassenkampf und die wirtschaftliche Solidarität vernachlässigt, und die Internationale ging daran zu Grunde.[7] Heute haben die Anarchisten, obwohl wir ihnen in vielen Ländern die ersten sozialistischen Gewerkschaften verdanken, durch eine Reihe von Umständen und Fehlern, die im Augenblick nicht untersucht werden brauchen, nicht viel Einfluss in der Arbeiterbewegung - außer in Spanien. Aber dies wird nicht lange andauern, und die Sozialdemokraten täten falsch daran, darauf zu bauen.

Sicher werden die Anarchisten durch die Logik ihres Programms und die Notwendigkeiten des Kampfes bald ihre Stärke und ihre Hoffnung in die internationale Organisation der Arbeitermassen einbringen. Dafür gibt es inzwischen beredte Beispiele.[8] Was wird dann passieren? Wird es wieder *zwei* Internationalen geben, die in internen Streitigkeiten die Stärke verschwenden, die gegen die kapitalistischen Mittelklassen angewandt werden sollten, und werden sie wieder damit enden, dass sie sich gegenseitig umbringen?

Wir haben nicht die Absicht, zu fordern, dass die verschiedenen Parteien und Schulen ihre Programme und Taktiken aufgeben sollen - im Gegenteil. Wir bleiben unseren Überzeugungen treu und verstehen, dass die anderen dasselbe tun werden. Wir fordern nur, dass die Spaltung nicht dorthin getragen wird, wo sie nicht sein

7 Ausführlicher erläutert Malatesta seine Positionen zur »alten« Internationale und ihrer Fehler in dem Artikel »La nuova Internazionale dei Lavoratori« (1902) [engl. Version, in: Davide Turcato (Hg.): The Method of Freedom. Oakland: AK Press, 2014: 327-330] und »Die Erste Internationale« (1924), in: Errico Malatesta: Gesammelte Schriften. Band 2. Berlin: Karin Kramer Verlag, 1980: 9-15.

8 In den 1890er Jahren wandten sich Teile der anarchistischen Bewegung, in Abkehr von den bis dahin oftmals vorherrschenden insurrektionalistischen Ansätzen, der Gewerkschaftsbewegung zu - und wurden dort oft führende Aktivisten. Beispielhaft sei auf Fernand Pelloutier (1867-1901) hingewiesen, eine der führenden Figuren bei der Etablierung des revolutionären Syndikalismus in den französischen Gewerkschaften.

sollte. Wir fordern für jeden Arbeiter das Recht, Hand in Hand mit seinen Brüdern gegen den Kapitalismus zu kämpfen, ohne Unterscheidung der politischen Überzeugungen; wir fordern, dass alle so kämpfen sollen, wie sie es für am besten halten, mit denen, die an das gleiche glauben wie sie, aber dass alle im wirtschaftlichen Kampf vereinigt sein sollen.

Dann also, falls die Sozialdemokraten auf ihrem Bestreben beharren, militärische Gewaltherrschafft auszuüben und so Zwietracht zwischen den Arbeitern zu säen, so mögen diese imstande sein, Marx' edle Worte zu verstehen und ihnen zu einem glorreichen Sieg zu verhelfen: »Arbeiter der Welt, vereinigt Euch!«[9]

---

9 Das ist der berühmte Appell aus dem von Marx und Engels verfassten *Kommunistischen Manifests* (1848). Während des Londoner Kongresses schmückte dieser Spruch in sechzehn verschiedenen Sprachen den Kongresssaal.

Die Organisation (1897)[1]

I.

Seit Jahren diskutiert man dieses Problem wild unter den Anarchisten. Ein großes Durcheinander von Ideen und Wörtern ist entstanden, wie es häufig passiert, wenn man Leidenschaft an der Diskussion und an der Suche nach der Wahrheit entwickelt, und der Starrsinn, Recht zu haben, eintritt, oder wenn die theoretische Diskussion nichts als einen Versuch darstellt, ein von anderen Motiven inspiriertes praktisches Verhalten zu rechtfertigen.

Streifen wir kurz, nur um uns ihrer zu entledigen, die einfachen Probleme von Begrifflichkeiten, die mitunter die höchsten Spitzen der Lächerlichkeit erreicht haben, wie zum Beispiel: »Wir wollen keine Organisation, sondern eine Harmonisierung«, »Wir sind gegen den Verband, dulden aber das Bündnis«, »Wir wollen keinen Sekretär und keinen Kassenwart, weil dies autoritäre Dinge sind, aber wir beauftragen einen Genossen, die Korrespondenz zu führen, und einen anderen, über das Geld zu wachen« – und kommen wir zur ernsten Diskussion.

Unter denen, die mit verschiedenen Zusätzen oder ohne, den Namen »Anarchisten« beanspruchen, lassen sich zwei Fraktionen ausmachen: die Verfechter und die Gegner der Organisation.

Wenn wir es nicht schaffen, uns zu einigen, versuchen wir doch wenigstens, uns zu verstehen.

Vor allem unterscheiden wir, da das Problem ein dreifaches ist, zwischen: der allgemeinen Organisation als Prinzip und Bedingung des gesellschaftlichen Lebens, heute und in der zukünftigen Gesellschaft; der Organisation der anarchistischen Partei; und der

1 Ursprünglich veröffentlicht unter dem Titel »L'Organizzazione« in der Zeitschrift *L'Agitazione* (Ancona), Nummer 13 (4. Juni 1897), Nummer 14 (11. Juni 1897) und Nummer 15 (18. Juni 1897). Der Übersetzung liegt die Wiedergabe des ersten und zweiten Teils zugrunde, in: Errico Malatesta: Scritti scelti. Rom: Edizioni Samonà e Savelli, 1970: 123-131. Aus dem Italienischen übersetzt von Tina Duespohl. Eine englische Übersetzung des gesamten, alle drei Teile umfassenden Artikels findet sich in: Davide Turcato (Hg.): The Method of Freedom. Oakland: AK Press, 2014: 233-245.

Organisation der Kräfte der Massen und im Speziellen der der Arbeiter zum Widerstand gegen die Regierung und gegen den Kapitalismus.

Die Notwendigkeit der Organisation im gesellschaftlichen Leben, und ich würde fast sagen die Bedeutungsgleichheit von Organisation und Gesellschaft, ist etwas so Offensichtliches, dass man Mühe hat zu glauben, wie sie verneint werden kann.

Um sich darüber klar zu werden, muss erinnert werden, was die spezifische und charakteristische Funktion der anarchistischen Bewegung ist, und wie die Menschen und Parteien anfällig dafür sind, sich von einem Problem, das sie sehr direkt betrifft, einsaugen zu lassen und dabei alle damit verbundenen Fragen zu vergessen; wie sie anfällig dafür sind, mehr auf die Form als auf den Gegenstand zu schauen, und schließlich dafür, die Dinge nur von einer Seite zu betrachten und so die richtige Auffassung der Realität zu verlieren.

Die anarchistische Bewegung begann als Reaktion gegen den autoritären Geist, der in der Zivilgesellschaft sowie in allen Parteien und allen Arbeiterorganisationen vorherrschte, und sie hat sich fortschreitend durch all die Revolten vergrößert, die sich gegen die autoritären und zentralistischen Tendenzen erhoben haben.

So war es natürlich, dass viele Anarchisten von diesem Kampf gegen die Autorität wie hypnotisiert waren, und dass sie, weil sie aufgrund der Beeinflussung durch die eigene autoritäre Erziehung glaubten, dass die Autorität die Seele der gesellschaftlichen Organisation sei, um jene zu bekämpfen, diese bekämpften und verneinten.

Die Hypnotisierung erreichte tatsächlich einen Punkt, an dem sie dazu führte, dass unglaubliche Sachen vertreten wurden.

Man bekämpfte jede Art von Zusammenarbeit und Bündnis, weil man den Verband für die Antithese der Anarchie hielt. Man vertrat die Meinung, dass ohne Übereinkünfte und ohne gegenseitige Verpflichtungen alles spontan in Einklang käme, indem jeder das tut, was ihm durch den Kopf geht, ohne sich wenigstens darüber zu informieren, was der andere tut; dass Anarchie bedeute, dass jeder Mensch sich selbst genügen muss und selbst all das, was er braucht, ohne Tausch und ohne vereinte Arbeit besorgen muss; dass die Eisenbahn vorzüglich ohne Organisation funktionieren könne, dass dies sogar schon längst in England geschehe (!); dass die Post nicht notwendig sei, und dass jemand, der in Paris einen Brief nach Petersburg schicken wolle... ihn doch selbst dorthin tragen könne (!!), etc pp.

Doch dies sind Dummheiten, wird man sagen, und es lohnt nicht, sie hervorzuheben.

Ja, doch diese Dummheiten sind gesagt, gedruckt und verbreitet worden: sie sind von einem Großteil des Publikums als unverfälschter Ausdruck der anarchistischen Ideen aufgenommen worden. Den Gegnern, Bürgern und Nichtbürgern, die einen leichten Sieg über uns haben wollen, dienen sie immer noch als Waffen im Kampf. Und dann entbehren diese *Dummheiten* nicht ihres Wertes, soweit sie die logische Folge gewisser Voraussetzungen sind und als experimenteller Gegenbeweis der Wahrheit oder wenigstens dieser Voraussetzungen nützen können.

Einige Individuen, von begrenztem Verstand aber ausgestattet mit einer mächtigen logischen Veranlagung, ziehen, wenn sie einmal die Voraussetzungen akzeptiert haben, aus ihnen alle Konsequenzen bis zum letzten, und, wenn es die Logik so will, kommen sie zu den größten Absurditäten und zu einer Verneinung der offensichtlichsten Fakten, ohne dabei die Miene zu verziehen. Es gibt jedoch auch andere, gebildeter und von umfassenderer Veranlagung, die immer einen Weg zu mehr oder weniger vernünftigen Schlussfolgerungen finden, wenn auch zu dem Preis, die Logik zu überanstrengen; für diese haben die theoretischen Irrtümer wenig oder keinen Einfluss auf das praktische Verhalten. Aber am Ende ist man immer von schrankenlosen Syllogisten[2] bedroht, solange man nicht auf gewisse grundlegende Irrtümer verzichtet, und man muss immer wieder von Neuem beginnen.

Der fundamentale Irrtum der Anarchisten, die Gegner der Organisation sind, ist der Glaube, dass ein Organisieren ohne Autorität nicht möglich sei – und, diese Hypothese einmal angenommen,

---

2 Polemisch gegen jene, die ihre »logischen« Schlussfolgerungen bis ins Extrem zu treiben.

es vorziehen, lieber auf jede Organisation zu verzichten als die kleinste Autorität zu akzeptieren.

Nun scheint es uns offensichtlich, dass die Organisation, das heißt die Vereinigung zu einem bestimmten Zweck und mit den notwendigen Formen und Mitteln zur Verfolgung dieses Zwecks, eine notwendige Sache für das gesellschaftliche Leben ist. Der isolierte Mensch kann noch nicht mal schlicht vegetieren: er ist unfähig, sich seine Nahrung zu beschaffen, außer in tropischen Regionen und wenn die Bevölkerung äußert spärlich ist. Er ist immer unfähig, ohne Ausnahme, sich zu einem dem der Tiere um ein Weniges überlegenen Leben zu erheben. Da er sich daher mit anderen Menschen zusammenschließen muss, ja sich gar in der Folge der vorangegangenen Evolution mit der Gattung vereint findet, muss er entweder den Willen der anderen ertragen (Sklave sein), oder den eigenen Willen anderen aufzwingen (eine Autorität sein) oder mit den anderen in brüderlicher Übereinkunft in Anbetracht des größten Wohles aller leben (ein Assoziierter sein). Niemand kann sich dieser Notwendigkeit entziehen.[3] Und die

---

3 Malatesta knüpft hier erkennbar an Bakunin an, der gemeint hatte: »Denen, die das natürliche und soziale Gesetz der menschlichen Solidarität in dem Grad verkennen, daß sie sich einbilden, die gegenseitige absolute Unabhängigkeit der Individuen und der Massen sei möglich oder selbst wünschenswert, ist nicht zu helfen. Eine solche Unabhängigkeit zu wünschen heißt die Vernichtung der Gesellschaft selbst wollen, denn das ganze soziale Leben ist nichts anderes als diese beständige, gegenseitige Abhängigkeit untereinander von Individuen und Massen. Alle Individuen, selbst die intelligentesten, stärksten sind in jedem Augenblick ihres Lebens gleichzeitig Produzenten und Produkte des Willens und der Tätigkeit der Massen. Die Freiheit jedes einzelnen ist selbst die immer aufs neue gebildete Resultante der Menge materieller, geistiger und moralischer Einflüsse, die alle Personen seiner Umgebung und die Gesellschaft, in der er geboren wird, sich entwickelt und stirbt, auf ihn ausüben. Diesem Einfluss entgehen zu wollen im Namen einer die Grenzen der Erfahrung überschreitenden, göttlichen, absolut egoistischen und sich selbst genügenden Freiheit, das bedeutet sich zu verurteilen, nicht zu sein; auf die Ausübung eines solchen Einflusses auf andere verzichten zu wollen, bedeutet auf jede soziale Aktion, selbst den Ausdruck seines Gedankens und seiner Gefühle verzichten, also wieder zum Nichtsein zu gelangen. Diese von den Idealisten und

exzessivsten Antiorganisatoren erdulden nicht nur die allgemeine Organisation der Gesellschaft, in der sie leben, sondern auch sie vereinigen sich in den freiwilligen Handlungen ihres Lebens, auch in ihren Revolten gegen die Organisation, teilen sich die Aufgaben, *organisieren* sich mit denen, mit denen sie einer Meinung sind, und nutzen die Mittel, die die Gesellschaft ihnen zu Verfügung stellt... immer, versteht sich, wenn es sich um gewollte und wirklich getane Dinge handelt und nicht um vage platonische Bestrebungen[4], um geträumte Träume.

Anarchie bedeutet organisierte Gesellschaft ohne Autorität, wenn man unter Autorität die Macht(befugnis) versteht, anderen seinen Willen aufzuzwingen, und nicht schon die unvermeidliche und nützliche Tatsache, dass es demjenigen, der eine Sache besser versteht und machen kann, einfacher gelingt, andere von seiner Meinung zu überzeugen, und dass er in dieser bestimmten Sache denjenigen den Weg zeigt, die weniger fähig sind als er.

Unserer Meinung nach ist die Autorität nicht nur nicht notwendig für die Organisation, sondern, weit entfernt davon ihr nützlich zu sein, lebt sie auf ihr als Parasit, sie hemmt ihre Entwicklung und dreht ihre Vorteile zum besonderen Gunsten einer gegebenen Klasse, die die anderen ausnutzt und unterdrückt. Solange in einer Gemeinschaft die Interessen übereinstimmen, solange niemand Lust oder Mittel hat, die anderen auszunutzen,

---

Metaphysikern so gepriesene Unabhängigkeit und die in diesem Sinn begriffene persönliche Freiheit sind also das Nichts. In der Natur, wie in der menschlichen Gesellschaft, die ihrerseits nichts anderes ist als diese selbe Natur, lebt alles Lebendige nur unter dieser höchsten Bedingung, daß es auf die positivste Weise und so mächtig, wie dies in seiner Natur liegt, im Leben anderer interveniert. Die Abschaffung dieses gegenseitigen Einflusses wäre also der Tod. Und wenn wir die Freiheit der Massen fordern, vermeinen wir dadurch keineswegs irgendeinen natürlichen Einfluss von Personen oder Gruppen von Personen, die auf sie wirken, abzuschaffen. Was wir wollen, ist die Abschaffung der künstlichen, privilegierten, legalen, offiziellen Einflüsse.« (Protest der Alliance (1871), in: Michael Bakunin. Gesammelte Werke. Band 2. Berlin: Karin Kramer Verlag, 1975: 129-169. Hier: S.163f.)

4 Gemeint sind Bestrebungen, die man sich ausdenkt, aber nicht umsetzt.

gibt es keine Spur von Autorität: Wenn sich der Kampf ins Innere verlagert, wenn sich die Gemeinschaft in Sieger und Besiegte teilt, dann bricht die Autorität hervor, die natürlich den Stärkeren zugewandt ist und dazu dient, ihren Sieg zu bestätigen, zu verstätigen und zu vergrößern.
Wir denken in dieser Weise, und deswegen sind wir Anarchisten: denn glaubten wir, dass eine Organisation ohne Autorität unmöglich wäre, so wären wir autoritäre Personen, denn wir ziehen noch immer die Autorität, die das Leben beschwert und betrübt, der Nichtorganisation vor, die es unmöglich macht.
Im Übrigen ist es uns ziemlich unwichtig, was wir wären. Wenn es wahr wäre, dass der Maschinist, der Zugführer und der Oberschaffner notwendigerweise Autoritäten sind, statt Genossen, die für alle eine bestimmte Arbeit tun, würden die Fahrgäste immer noch lieber ihre Autorität erdulden als zu Fuß zu reisen.[5] Wenn es sein könnte, dass der Postbote eine Autorität wäre, ertrüge jeder Mensch mit gesundem Verstand eher die Autorität des Postboten, als die eigenen Briefe selbst auszutragen.
Also ... die Anarchie wäre der Traum einiger weniger, doch könnte er sich niemals realisieren.

---

5 Um diese Frage kreiste auch schon die Polemik zwischen den italienischen Anarchisten und Friedrich Engels. Während Engels meinte: »Wie die Leute eine Fabrik treiben, eine Eisenbahn befahren, ein Schiff leiten wollen, ohne einen in letzter Instanz entscheidenden Willen, ohne einheitliche Leitung, das sagen sie uns freilich nicht« (An Theodor Cuno (24.1.1872), in: Marx-Engels-Werke. Berlin: Dietz, 1984: 387-393. Hier: S.389); schrieb Malatestas Freund Carlo Cafiero (1846-1892) an Engels: »Wer das Schiff oder die Maschine führt, kann nicht sagen, er sei mit Autorität bekleidet, er ist vielmehr mit einem besonderen Auftrag betraut, der ihm durch die Arbeitsteilung zugefallen ist; denn Autorität ist für mich nichts anderes als *der Ausdruck eines uns fremden und entgegengesetzten Willens, der auf unseren Willen trifft*.« (An Friedrich Engels (Juni 1872), in: Wolfgang Eckhardt (Hg.): Michael Bakunin. Konflikt mit Marx. Teil 2: Texte und Briefe ab 1871. Ausgewählte Schriften. Band 6. Berlin: Karin Kramer Verlag, 2011: 1060-1070. Hier: S.1062)

II.

Ist nun die mögliche Existenz einer ohne Autorität, das heißt ohne Zwang organisierten Gemeinschaft anerkannt - für die Anarchisten ist es notwendig, diese anzuerkennen, denn sonst hätte die Anarchie keinen Sinn - kommen wir dazu, über die Organisation der anarchistischen Partei zu sprechen.

Auch in diesem Fall scheint uns die Organisation nützlich und notwendig. Wenn Partei das Ensemble von Individuen bedeutet, die ein gemeinsames Ziel haben und sich bemühen, dieses Ziel zu erreichen, ist es natürlich, dass diese sich verständigen, ihre Kräfte vereinen, sich die Arbeit teilen und alle Maßnahmen treffen, die sie zum Erreichen des Ziels für tauglich halten. Vereinzelt zu bleiben, jeder für sich zu agieren oder agieren zu wollen, ohne sich mit anderen zu verständigen, ohne sich vorzubereiten, ohne in einem mächtigen Strang die schwachen Kräfte der Einzelnen zu vereinen, bedeutet, sich zur Machtlosigkeit zu verurteilen, die eigene Energie in kleinen Taten ohne Effizienz zu verschleißen, recht bald den Glauben an das Ziel zu verlieren und in die vollständige Untätigkeit zu sinken.

Doch auch hier scheint uns die Sache so offensichtlich, dass wir, statt auf einem direkten Beweis zu bestehen, versuchen werden, auf die Argumente der Gegner der Organisation zu antworten.

Allem voran präsentiert man uns den, sagen wir so, präjudiziellen Einwand. »Von welcher Partei sprecht ihr denn?« sagen jene, »Wir sind keine Partei, wir haben kein Programm.« Und mit dieser widersprüchlichen Formel wollen sie sagen, dass die Ideen sich fortentwickeln und stetig wechseln, und dass sie kein festes Programm akzeptieren wollen, das heute gut sein kann, aber morgen sicherlich überholt sein wird.[6]

---

6 Einer der beliebtesten Autoren der Individualanarchisten, Max Stirner (1806-1856), hat in seinem Hauptwerk geschrieben: »Im Staate gilt die *Partei*. ›Partei, Partei, wer sollte sie nicht nehmen!‹ Der Einzelne aber ist *einzig*, kein Glied der Partei. Er vereinigt sich frei und trennt sich wieder frei. Die Partei ist nichts als ein Staat im Staate, und in diesem kleineren Bienenstaate soll dann ebenso wieder ›Friede‹ herrschen, wie im größeren. Gerade diejenigen, welche am lautesten rufen, dass im Staate eine *Opposition* sein müsse, eifern gegen jede Uneinigkeit

Dies wäre absolut richtig, wenn es sich um Gelehrte handelte, die das Wahre suchen, ohne sich um praktische Anwendungen zu scheren. Ein Mathematiker, Chemiker, Psychologe oder Soziologe kann sagen, dass er kein Programm hat oder nur das, die Wahrheit zu erforschen: sie alle wollen erkennen und nicht etwas *tun*. Doch Anarchie und Sozialismus sind keine Wissenschaften: sie sind Vorhaben oder Projekte, die Anarchisten und Sozialisten praktisch umsetzen wollen und die es daher nötig haben, in bestimmten Programmen formuliert zu werden. Die Wissenschaft und die Baukunst machen jeden Tag Fortschritte; aber ein Ingenieur, der etwas bauen oder einreißen möchte, muss sich einen Plan machen, seine Hilfsmittel zum Handeln sammeln und so tun, als ob Wissenschaft und Kunst an dem Punkt stillstünden, an dem er sie vorfindet, wenn er mit seinen Arbeiten beginnt. Es kann sehr gut passieren, dass er neue Errungenschaften benutzen kann, die im Laufe seiner Arbeit entwickelt wurden, ohne den wesentlichen Teil seines Plans aufzugeben; es kann auch sein, dass die neuen Entdeckungen und die von der Industrie neu geschaffenen Hilfsmittel solche sind, dass er die Notwendigkeit sieht, alles aufzugeben und von vorne zu beginnen. Doch wenn er von vorne beginnt, wird er einen neuen Plan brauchen, der auf dem beruht, was man bis zu diesem Zeitpunkt kennt und besitzt. Er wird nicht eine *amorphe* Konstruktion[7] ent-

---

der Partei. Ein Beweis, wie auch sie nur einen - Staat wollen. Nicht am Staate, sondern am Einzigen zerscheitern alle Parteien. Nichts hört man jetzt häufiger als die Ermahnung, seiner Partei treu zu bleiben,nichts verachten Parteimenschen so sehr als einen Parteigänger. Man muss mit seiner Partei durch dick und dünn laufen und ihre Hauptgrundsätze unbedingt gutheißen und vertreten. Ganz so schlimm wie mit geschlossenen Gesellschaften steht es zwar hier nicht, weil jene ihre Mitglieder an feste Gesetze oder Statuten binden (z.B. die Orden, die Gesellschaft Jesu usw.). Aber die Partei hört doch in demselben Augenblick auf, Verein zu sein, wo sie gewisse Prinzipien *bindend* macht und sie vor Angriffen gesichert wissen will; dieser Augenblick ist aber gerade der Geburtsakt der Partei.« (Der Einzige und sein Eigentum. (1844) Freiburg/München: Verlag Karl Alber, 2009: 240)

7 Möglicherweise ist Malatestas Verwendung des Begriffs »amorph« auch eine Anspielung auf gewisse organisationsfeindliche Anarchisten, die diesen im Zusammenhang mit ihren Vorstellungen verwandten.

werfen und sich daran machen können, sie *aus nicht zusammengesetzten* Materialien umzusetzen, aus dem Grund, dass morgen die Wissenschaft bessere Formen vorschlagen und die Industrie besser zusammengestellte Materialien liefern könnte.

Wir verstehen unter anarchistischer Partei das Ensemble von denjenigen, die daran mitwirken wollen, die Anarchie zu verwirklichen, und die daher ein festes zu erreichendes Ziel brauchen und einen beschreitbaren Weg. Wir überlassen die Liebhaber der absoluten Wahrheit und des steten Fortschritts gerne ihren transzendentalen Spitzfindigkeiten[8], denn ohne dass sie ihre Ideen zur Überprüfung an den Tatsachen herausfordern, werden sie schließlich dabei enden, nichts zu tun und weniger zu entdecken.

Der andere Einwand ist, dass die Organisation Chefs, also Autoritäten, hervorbringt. Wenn dies wahr ist, das heißt wenn wahr ist, dass die Anarchisten unfähig sind, sich zu vereinigen und untereinander abzustimmen, ohne sich einer Autorität zu unterstellen, bedeutet das, dass sie noch sehr wenig Anarchisten sind, und dass sie sich darum kümmern müssen, sich selbst in die Lage zu versetzen, anarchistisch zu leben, bevor sie daran denken, die Anarchie zu errichten. Aber Abhilfe bestünde nicht einfach in der Nichtorganisation, sondern in dem gewachsenen Bewusstsein der einzelnen Glieder.

Wenn in einer Organisation die ganze Arbeit und alle Verantwortlichkeiten an Wenigen hängen gelassen wird, wenn man das, was die Wenigen tun, erduldet ohne selbst Hand anzulegen oder zu versuchen, es besser zu machen, werden diese wenigen sicherlich dabei enden, auch wenn sie es nicht wollen, den Willen der Gemeinschaft durch den eigenen zu ersetzen. Wenn in einer Organisation die gesamten Mitglieder sich nicht darum kümmern zu denken, verstehen zu wollen, sich das erklären zu lassen, was sie nicht verstehen, wenn sie an allem und an allen stets ihre kritischen Fähigkeiten auslassen und Wenigen die Aufgabe überlassen, für alle zu denken, werden diese Wenigen die Chefs sein, die denkenden und führenden Köpfe.

---

8 Spitzfindigkeiten, die aufgrund ihres Abstraktionsgrades über die wirkliche Welt und Realität hinausweisen.

Aber – wir wiederholen es – Abhilfe besteht nicht in der Nichtorganisation. Im Gegenteil: Abgesehen vom gewalttätigen Zwang, von dem in unserem Fall nicht die Rede sein kann, besteht in kleinen wie in großen Gesellschaften der Ursprung und die Rechtfertigung der Autorität in der fehlenden gesellschaftlichen Organisation.
In dem Moment, in dem eine Gemeinschaft ein Bedürfnis hat und ihre Mitglieder sich nicht selbst eigenständig zu organisieren wissen, um sich darum zu kümmern, tritt jemand hervor, eine Autorität, die sich um dieses Bedürfnis kümmert, indem sie sich der Kräfte aller bedient und sie nach ihrem Willen lenkt. Wenn die Straßen wenig sicher sind und die Masse sich nicht darum zu kümmern weiß, tritt eine Polizei hervor, die sich für einige geleistete Dienste erdulden und bezahlen lässt, und die befiehlt und tyrannisiert. Wenn es ein Produkt braucht und die Gemeinschaft sich mit den entfernten Produzenten nicht darüber verständigen kann, sich dieses Produkt im Austausch gegen Produkte des Ortes schicken zu lassen, tritt der Händler hervor, der von der Notwendigkeit der einen profitiert zu verkaufen und der anderen zu kaufen, und so den Produzenten und Konsumenten die Preise diktiert, die er will.

Schaut, was immer unter uns passiert ist: je weniger wir organisiert waren, desto abhängiger fanden wir uns von einigen Individuen. Und es ist natürlich, dass es so ist.

Wir haben das Bedürfnis, in Kontakt mit den Genossen aus anderen Städten zu stehen, Nachrichten zu schicken und zu erhalten, aber wir können nicht jeder einzeln mit allen Genossen korrespondieren. Wenn wir organisiert sind, beauftragen wir Genossen damit, für uns die Korrespondenz zu führen, wir tauschen sie aus, wenn sie uns nicht zufrieden stellen, und bleiben auf dem Laufenden ohne von irgendjemandes guten Willen abzuhängen, um Nachrichten zu erhalten. Sind wir hingegen unorganisiert, wird es jemanden geben, der die Mittel und die Lust zur Korrespondenz haben, in seinen Händen alle Verbindungen halten und so die Nachrichten mitteilen wird, wie und wem es ihm passt. Hat er ausreichend Aktivität und Intelligenz, wird es ihm gelingen, der Bewegung ohne unser Wissen eine von ihm gewollte Stoßrichtung zu geben, ohne dass uns, der Masse der Partei, irgendein Kontrollmittel bliebe; und niemand hätte das Recht, sich zu beschweren, denn jenes Individuum handelt für sich, ohne jemandes Mandat und ohne jemandem über sein Tun Rechenschaft schuldig zu sein.

Wir verspüren das Bedürfnis, eine Zeitung zu haben. Wenn wir organisiert sind, könnten wir die Mittel, um sie zu gründen und funktionieren zu lassen, vereinen, einige Genossen beauftragen, sie zu redigieren, und so ihre Stoßrichtung kontrollieren. Die Redakteure werden die Zeitung natürlich, mehr oder weniger deutlich, mit ihrer Persönlichkeit prägen, aber es werden immer noch Leute sein, die wir ausgesucht haben und auswechseln können, sollten sie uns nicht zufrieden stellen. Wenn wir jedoch unorganisiert sind, wird jemand mit genug Unternehmergeist die Zeitung auf seine Kappe machen: er wird unter uns die Korrespondenten finden, die Auslieferer und die Befürworter, und er lässt uns an seinen Zwecken mitwirken, ohne dass wir sie kennen oder wollen. Und wir werden, wie es schon oft vorkam, diese Zeitung akzeptieren und unterstützen, auch wenn sie uns nicht gefällt, auch wenn wir sie für der Sache schädlich halten, weil wir machtlos sind, aus ihr eine Zeitung zu machen, die besser unsere Ideen darstellt.

So ist die Organisation, weit davon entfernt Autorität hervorzubringen, die einzige Abhilfe gegen sie und das einzige Mittel dafür, dass sich jeder von uns daran gewöhnt, aktiv und bewusst seinen Teil der gemeinschaftlichen Arbeit zu übernehmen, und dass jeder aufhört, ein untätiges Instrument in Händen der Chefs zu sein.

Wenn man natürlich überhaupt nichts tut, und alle in der vollständigen Untätigkeit verharren, dann wird es natürlich weder Chefs noch Handlanger, weder Kommandierende noch Kommandierte geben, aber dann werden die Agitation, die Partei und auch die Diskussionen um die Organisation enden... und das, hoffen wir, ist von niemandem das Ideal.

Eine Organisation, so sagt man, legt aber doch die Verpflichtung auf, die eigene Aktion mit der der anderen zu koordinieren, verletzt folglich so die Freiheit und hemmt die Initiative. Uns scheint, dass das, was wirklich die Freiheit aufhebt und die Initiative verunmöglicht, die Isolierung ist, welche ohnmächtig macht. Die Freiheit ist kein abstraktes Recht, sondern die Möglichkeit, etwas zu tun: dies gilt zwischen uns wie in der allgemeinen Gesellschaft. Es ist in der Zusammenarbeit mit anderen Menschen, dass der Mensch die Mittel findet, seine Aktivität und Kraft zur Initiative zu entfalten.

Sicherlich, Organisation bedeutet Koordinierung der Kräfte zu einem gemeinsamen Zweck und Verpflichtung der Organisierten, nichts dem Zwecke Entgegenstehendes zu tun. Doch wenn es sich um freiwillige Organisationen handelt, wenn diejenigen, die in derselben Organisation sind, tatsächlich denselben Zweck verfolgen und Verfechter der gleichen Mittel sind, erweist sich die wechselseitige Verpflichtung, die alle bindet, als vorteilhaft für alle. Wenn jemand auf einige seiner partikularen Ideen zu Ehren der Vereinigung verzichtet, bedeutet das, dass er es vorteilhafter findet, auf eine Idee zu verzichten, die er im Übrigen alleine nicht realisieren könnte, als sich der Zusammenarbeit mit anderen in Dingen, die er von großer Wichtigkeit glaubt, zu entledigen.

Ein anderer Einwand - der letzte, mit dem wir uns aufhalten - ist, dass wir organisiert den Verfolgungen durch die Regierung stärker ausgesetzt sind.

Uns scheint es hingegen, dass man sich desto wirkungsvoller verteidigen kann, je vereinter man ist. Tatsächlich haben uns die Verfolgungen jedes Mal völlig zerschlagen und unsere vorangegangene Arbeit auf ein Nichts reduziert, wenn sie uns überrascht haben, während wir unorganisiert waren. Während sie uns mehr genützt als geschadet haben, wann und wo wir organisiert waren. Es gilt dasselbe für das, was das persönliche Interesse der Einzelnen betrifft: es genüge das Beispiel der letzten Verfolgungen, die die Isolierten genauso getroffen haben wie die Organisierten, vielleicht sogar schwerer. Dies gilt natürlich, das versteht sich, für diejenigen, isoliert oder nicht, die mindestens individuelle

Agitation betreiben; denn für diejenigen, die nichts tun oder ihre Überzeugungen gut versteckt für sich behalten, ist die Gefahr natürlich klein, doch nützen sie der Sache auch weniger.

Das einzige Ergebnis - vom Standpunkt der Verfolgungen aus -, das man erhält, wenn man sich nicht organisiert, ist ja, die Regierung zu autorisieren, uns das Recht zur Vereinigung zu verweigern und diese monströsen Prozesse wegen krimineller Vereinigung zu ermöglichen. Diese würde die Regierung nicht wagen gegen Leute, die öffentlich fest das Recht und die Tatsache behaupten, vereinigt zu sein, oder die Prozesse würden sich, falls die Regierung sie doch wagte, zu deren Schande erweisen und zum Vorteil der Agitation.

Im Übrigen ist es natürlich, dass die Organisation die Formen annimmt, die die Umstände nahe- oder auferlegen. Das Wichtige ist nicht so sehr die formale Organisation als der Geist der Organisation. Es kann Fälle geben, in denen es wegen des Wütens der Reaktion nützlich ist, jegliche Korrespondenz zu unter- und von jeglicher Versammlung abzulassen: Es wird stets ein Schaden sein, aber wenn die Lust, organisiert zu sein, fortbesteht, wenn der Geist der Vereinigung lebendig bleibt, wenn die vorausgegangene Periode koordinierter Aktivität die persönlichen Beziehungen vervielfacht haben, solide Freundschaften und eine wahre Übereinstimmung unter den Genossen in den Ideen und im Vorgehen hergestellt haben wird, dann wird auch die Arbeit der isolierten Individuen zum gemeinsamen Ziel zusammenlaufen, und bald wird man einen Weg finden, sich erneut zu vereinigen und den erlitten Schaden zu reparieren.

Wir sind wie ein Heer im Krieg, und wir sind in der Lage, je nach Gebiet und nach den vom Feind getroffenen Maßnahmen, in großer Masse oder in loser Ordnung zu kämpfen: Das Wesentliche ist, dass wir uns immer als Mitglieder desselben Heeres betrachten, dass wir alle den gleichen Leitideen gehorchen, und dass wir stets bereit sind, uns in dichten Ketten zu vereinigen, wenn es nötig ist und man es kann.

Alles, was wir sagten, ist für diejenigen Genossen, die wirklich Gegner des Prinzips der Organisation sind. Denen, die die Organisation nur bekämpfen, weil sie nicht in sie eintreten wollen oder in einer bestimmten Organisation nicht akzeptiert werden, und weil sie mit den Individuen, die Teil von ihr sind, nicht sympathisieren, sagen wir: Macht allein mit denen, die mit euch einverstanden sind, eine andere Organisation. Wir hätten es natürlich gern, dass alle sich verstünden und man in einem starken Strang alle Kräfte des Anarchismus vereinigen könnte; doch glauben wir nicht an die Beständigkeit von Organisationen, die unter Zwang auf Zugeständnissen und Unausgesprochenem gegründet werden und in denen es zwischen den Mitgliedern kein reales Einverständnis oder keine Sympathie gibt. Besser unvereint als schlecht vereint. Aber wir möchten, dass jeder sich mit seinen Freunden vereine und dass es keine isolierten Kräfte gebe, verlorene Kräfte.

Ein anarchistisches Programm (1899)[1]

Wir haben nichts Neues zu sagen.

[...]

Daher werden wir, in mehr oder weniger anderen Worten, aber in gleicher Art, unser altes revolutionär-anarchistisch-sozialistisches Programm wiederholen.

Wir glauben, dass die meisten Übel, die die Menschheit quälen, von einer schlechten gesellschaftlichen Organisation herrühren; und dass der Mensch sie beseitigen könnte, wenn er nur wollte, und wenn er wüsste wie.

Die gegenwärtige Gesellschaft ist das Resultat jahrhundertelanger Kämpfe zwischen den Menschen. Da sie nicht einsahen, welche Vorteile allen erwachsen würden aus Kooperation und Solidarität; da sie in jedem anderen Menschen (mit Ausnahme vielleicht der nächsten Verwandten) einen Konkurrenten und Feind sahen, suchte jeder für sich selbst die größtmögliche Anzahl von Vorteilen zu sichern, ohne den Interessen der anderen auch nur einen Gedanken zu widmen. In einem solchen Kampf waren offensichtlich die Stärksten oder vom Glück Begünstigteren für den Sieg prädestiniert, und sie unterwarfen sich die Verlierer und unterdrückten sie auf die eine oder andere Weise.

---

1 Ursprünglich veröffentlicht unter dem Titel »Il nostro programma« in der Zeitschrift *La Questione Sociale* (Paterson, NY), Nummer 1 (9. September 1899), Nummer 2 (16. September 1899), Nummer 3 (23. September 1899) und Nummer 4 (30. September 1899). Die vorliegende Übersetzung wurde entnommen aus: Errico Malatesta. Gesammelte Schriften. Band 1. Berlin: Karin Kramer Verlag, 1977: 167-182. Da diese Übersetzung offenkundig auf einer überarbeiteten Fassung von 1920, dem »Programma Anarchico, accettato dall' ›Unione Anarchica Italiana‹ nel Congresso di Bologna del 1.-4. Luglio 1920« basiert, wurde die vorliegende Übersetzung leicht modifiziert und an die ursprüngliche Fassung von 1899 angepasst. Grundlage hierfür bildete ein Abgleich mit der englischen Fassung, in: Davide Turcato (Hg.): The Method of Freedom. Oakland: AK Press, 2014: 279-293.

So lange der Mensch unfähig war, mehr zu produzieren als er unbedingt zum Leben benötigte, konnten die Eroberer nichts anderes tun, als ihre Opfer in die Flucht zu schlagen oder niederzumetzeln und sich der Nahrungsmittel zu bemächtigen, die sie angesammelt hatten.
Als dann der Mensch, durch die Entdeckung von Ackerbau und Viehzucht, mehr zu produzieren in der Lage war als er zum Lebensunterhalt benötigte, erachteten es die Eroberer als nützlicher, die Besiegten in den Sklavenstand herabzudrücken und sie für ihren Vorteil arbeiten zu lassen.
Später wurde den Eroberern klar, dass es bequemer, ertragreicher und sicherer war, die Arbeit anderer durch andere Mittel auszubeuten: sich selbst das ausschließliche Recht auf den Boden und die Produktionsmittel vorzubehalten und die Enterbten freizusetzen, die, da sie sich ohne die Mittel zum Leben fanden, gezwungen waren, auf die Bodenbesitzer zu rekurrieren und für sie, zu den ihnen genehmen Bedingungen, zu arbeiten.
So sind wir Schritt für Schritt durch eine äußerst komplizierte Reihe von Kämpfen jeder Art, von Invasionen, Kriegen, Rebellionen, Repressionen, durch Kampf gewonnenen Konzessionen, Assoziationen der zur Verteidigung vereinigten Eroberer, beim gegenwärtigen Zustand der Gesellschaft angelangt, in welchem einige den Boden und allen sozialen Reichtum ererbt haben, während die Masse des Volkes, in jeder Beziehung enterbt, von einer kleinen besitzenden Klasse ausgebeutet und unterdrückt wird.
Von all diesen Ursachen rührt das Elend her, in welchem die meisten Arbeiter heute leben, und das wiederum schafft all die Übel wie Unwissenheit, Verbrechen, Prostitution, Krankheiten, die von Unterernährung herrühren, geistige Depressionen und vorzeitigen Tod. Eine Sonderklasse (die Regierung) erwächst aus diesen Gegebenheiten, die, mit den notwendigen Mitteln der Repression versehen, besteht, um die besitzende Klasse zu legalisieren und sie vor den Forderungen der Arbeiter zu beschützen; und dann benutzt sie die ihr zu Gebote stehende Macht, um Privilegien für sich selbst zu schaffen und, wenn möglich, die besitzende Klasse selbst auch noch zu unterwerfen. Die andere

privilegierte Klasse, die entsteht, ist die Geistlichkeit, die die Unterdrückten durch eine Reihe von Märchen über den Willen Gottes und über ein Leben nach dem Tode usw. zu überreden sucht, ihre Unterdrückung sanftmütig zu akzeptieren, und auch diese Klasse (nicht anders als die Regierung) dient sowohl den Interessen der besitzenden Klasse als auch den eigenen. Eine offizielle Wissenschaft entsteht, die in allen Dingen die Interessen der herrschenden Klasse unterstützt und damit die Negation jeder wahren Wissenschaft ist. Nationalistischer Geist und Rassenhass erwachen, die zu Kriegen führen oder zu Waffenstillständen, d.h. Frieden in Waffen, die manchmal furchtbarer sind als die Kriege selbst. Liebe wird in Quälerei oder schmutziges Geschäft pervertiert. Mehr oder weniger versteckter Hass, Rivalität, allgemeines Misstrauen, Unsicherheit und universale Angst sind die Folge.

Wir wollen diese Lage der Dinge radikal verändern. Und da all diese Übel ihren Ursprung in einem Kampf zwischen Menschen haben, in dem Versuch, durch eigene Anstrengungen für sich selbst und gegen die Interessen aller anderen zu Wohlsein und Wohlstand zu gelangen, wollen wir Änderungen vornehmen, die Hass durch Liebe ersetzen sollen, Konkurrenz durch Solidarität, die individuelle Suche nach persönlichem Wohlergehen durch brüderliche Kooperation für das Wohlergehen aller, Unterdrückung und Zwang durch Freiheit, die religiöse und pseudo-wissenschaftliche Lüge durch die Wahrheit.

Daher also:

1. Abschaffung des Privateigentums an Boden, an Rohstoffen und Werkzeugen, damit niemand mehr die Mittel habe, von der Ausbeutung fremder Arbeitskraft zu leben und jeder, da er der Mittel zur Produktion und zum Leben sicher ist, wahrhaft unabhängig sei und in der Lage, sich freiwillig mit anderen um eines gemeinsamen Zieles wegen zu vereinigen, und zwar entsprechend seinen ganz persönlichen Sympathien.
2. Abschaffung der Regierung und jeder Gewalt, die Gesetze macht und sie den anderen aufzwingt: daher Abschaffung der Monarchien, Republiken, Parlamente, Armeen, Polizeikräfte,

Magistraturen und jeder Art von Institutionen, die mit repressiver Gewalt ausgestattet ist.

3. Organisation des sozialen Lebens durch freie Assoziation und Förderationen von Produzenten und Konsumenten, die gemäß den Wünschen ihrer Mitglieder geschaffen und verändert werden, durch Wissenschaft und Erfahrung geleitet werden und frei sind von jeder Art Zwang, der nicht natürlichen Bedürfnissen entspringt, denen sich jeder freiwillig unterwirft, weil ihn ein Gefühl unabdingbarer Notwendigkeit davon überzeugt hat.
4. Die Mittel zum Leben, zur Entfaltung aller Fähigkeiten und zum Wohlsein werden Kindern und all denjenigen, die nicht in der Lage sind, für sich selbst zu sorgen, garantiert.
5. Krieg der Religion und allen Lügen, selbst denen, die sich den Mantel der Wissenschaftlichkeit umwerfen. Wissenschaftliche Ausbildung für alle auf gehobenes Niveau.
6. Krieg dem Patriotismus. Abschaffung der Grenzen; Brüderlichkeit zwischen allen Völkern.
7. Wiederherstellung der Familie, wie sie sich aus der Praxis der Liebe ergeben wird, befreit von jedem gesetzlichen Zwang, von jeder ökonomischen und physischen Unterdrückung, von jedem religiösen Vorurteil.

Das ist unser Ideal.

Wege und Mittel

Wir haben unter einer Anzahl von Oberbegriffen unsere Ziele und das Ideal, für das wir kämpfen, umrissen.

Aber es genügt nicht, etwas zu ersehnen; wenn man es wirklich wünscht, müssen adäquate Mittel eingesetzt werden, um es zu realisieren. Und diese Mittel sind nicht willkürlich, sondern sie sind bedingt durch die Ziele, die wir anstreben und die Umstände, unter denen der Kampf stattfindet; denn wenn wir die Wahl der Mittel ignorierten, erreichten wir andere Ziele, möglicherweise solche, die denen diametral entgegengesetzt sind, die wir erhoffen. Und das wäre dann die offensichtliche und unvermeidliche Folge unserer Wahl der Mittel. Wer immer seine Reise auf der

Landstraße beginnt und dann einer falschen Abzweigung folgt, gelangt nicht, wohin er wollte, sondern, wohin die Straße ihn führt.

Es ist deshalb notwendig zu konstatieren, welches unserer Meinung nach die Mittel sind, die zu den von uns erhofften Zielen führen und die wir hiermit zur Annahme vorschlagen.

Unser Ideal gehört nicht zu jenen, deren Erfolg vom Individuum abhängt, das isoliert zu betrachten wäre. Es geht darum, die Lebensweise der Gesellschaft insgesamt zu ändern; unter den Menschen Beziehungen zu schaffen, die auf Liebe und Solidarität beruhen; die vollkommene materielle, moralische und intellektuelle Entwicklung nicht isolierter Individuen oder Mitglieder einer Klasse oder einer bestimmten politischen Partei, sondern der gesamten Menschheit zu erreichen - und das ist ein Ziel, das nicht mit Gewalt zu erzwingen ist, sondern sich ergeben muss aus dem aufgeklärten Bewusstsein eines jeden einzelnen von uns und nur erreicht werden kann durch freiwillige Zustimmung aller.

Unsere erste Aufgabe muss es daher sein, die Menschen zu überzeugen.

Wir müssen den Menschen das Elend zu Bewusstsein bringen, unter dem sie leiden, und sie auf die Chancen aufmerksam machen, die sie haben, es zu beenden. Wir müssen in jedem Mitgefühl für das Elend der anderen wecken und das warmherzige Verlangen nach dem Wohlergehen aller Menschen.

Jenen, die hungern und frieren, werden wir demonstrieren, wie leicht es möglich wäre, jedem die Befriedigung der materiellen Bedürfnisse des Lebens zu garantieren. Jenen, die unterdrückt und verachtet sind, werden wir die Möglichkeit aufzeigen, wie glücklich es sich in einer Welt leben lässt, in der jeder Freiheit und Gleichheit genießt; jenen, die von Hass und Bitterkeit gequält werden, werden wir die Straße weisen, die zum Frieden führt und zu menschlicher Wärme, die entsteht, wenn man seine Mitmenschen zu lieben gelernt hat.

Sobald wir mit Erfolg in den Köpfen der Menschen den Geist der Rebellion gegen die vermeidbaren und ungerechten Übel, unter denen wir heute in der Gesellschaft leiden, geweckt haben werden; sobald es uns gelungen sein wird, ihnen verständlich zu machen, durch was diese Übel bedingt sind und dass es vom menschlichen Willen abhängt, uns von ihnen zu befreien; sobald wir in den Menschen eine lebendige und starke Sehnsucht entfacht haben werden, die Gesellschaft zum Wohle aller zu verändern, werden diejenigen, die neu überzeugt wurden, sich vereinigen - sowohl auf Grund eigener Bemühungen als auf Grund des Vorbildes jener, die schon überzeugt waren - und man wird es nicht nur wollen, man wird auch dazu in der Lage sein, für die gemeinsamen Ideale zu handeln.

Wir haben schon darauf hingewiesen, dass es lächerlich und unseren Zielen völlig entgegengesetzt wäre, wenn wir versuchen wollten, Freiheit, Liebe unter den Menschen und die radikale Entfaltung aller menschlichen Fähigkeiten durch die Mittel der Gewalt zu erzwingen. Man muss sich daher auf den freien Willen der anderen verlassen und alles, was wir tun können, ist, die Entwicklung und den Ausdruck des Volkswillens zu beeinflussen. Es wäre allerdings ebenso absurd und unseren Zielen entgegengesetzt, wollten wir zulassen, dass jene, die unsere Ansichten nicht teilen, uns daran hindern, unseren Willen zum Ausdruck zu bringen, solange wir ihnen nicht dieselbe Freiheit versagen.

Freiheit für alle also, damit sie ihre Ideen propagieren und mit ihnen experimentieren können; Freiheit ohne andere Einschränkung als jene, die sich ganz natürlich aus dem gleichen Recht eines jeden auf Freiheit ergibt.

* * *

Aber dem widersetzen sich jene - und zwar mit roher Gewalt - die Nutzen ziehen aus den bestehenden Privilegien und die heute das gesamte gesellschaftliche Leben beherrschen und kontrollieren.

In ihren Händen befinden sich alle Produktionsmittel; und dadurch unterdrücken sie nicht nur die Möglichkeit freien Experimentierens mit neuen Wegen gesellschaftlichen Zusammenlebens und das Recht der Arbeiter, ihren eigenen Anstrengungen gemäß

frei zu leben, sondern sogar das Recht auf Leben selbst; und sie zwingen jeden, der kein Chef ist, sich ausbeuten und unterdrücken zu lassen, wenn er nicht Hungers sterben will.
Sie haben Polizeikräfte, eine Justiz und Armeen, die zu dem ausdrücklichen Zweck geschaffen sind, ihre Privilegien zu verteidigen; und sie verfolgen, inhaftieren und massakrieren jene, die diese Privilegien abzuschaffen wünschen und die Mittel zu einem Leben in Freiheit für jedermann fordern.
Eifersüchtig auf ihre gegenwärtigen und unmittelbaren Interessen bedacht, vom Herrschaftsgeist korrumpiert, voller Angst vor der Zukunft, sind die Mitglieder der herrschenden Klasse nicht nur gewöhnlich unfähig zu einer großzügigen Geste, sondern auch zu einem etwas weiter gefassten Entwurf ihrer eigenen Interessen. Es wäre unsinnig, darauf zu hoffen, dass sie freiwillig Eigentum und Macht abtreten und sich dazu bequemen, mit jenen auf der Basis der Gleichheit zu leben, die sie heute unterjocht halten.
Selbst wenn wir die Lehren der Geschichte außer Betracht lassen (die zeigt, dass niemals eine privilegierte Klasse von selbst auf alle oder auf einige ihrer Privilegien verzichtete, und dass niemals eine Regierung ihre Macht abtrat, wenn sie nicht durch Gewalt oder die Frucht vor Gewalt dazu gezwungen wurde), gibt es genug zeitgenössisches Beweismaterial, um jeden davon zu überzeugen, dass die Bourgeoisie und die Regierungen die Absicht hegen, bewaffnete Gewalt zu ihrer Verteidigung einzusetzen, nicht nur gegen die Gefahr vollkommener Enteignung, sondern schon gegen die geringsten Forderungen der Massen, und dass sie immer bereit sind, die fürchterlichsten Verfolgungen und die blutigsten Massaker zu beginnen.
Für jene, die sich zu befreien wünschen, ist nur ein Weg offen: Sie müssen der Gewalt mit Gewalt begegnen.

* * *

Aus dem Gesagten folgt, dass wir daraufhinarbeiten müssen, in den Unterdrückten den bewussten Wunsch nach radikaler gesellschaftlicher Veränderung zu wecken und sie davon zu überzeugen, dass sie durch Vereinigung ihrer Kräfte siegen können; wir müssen unser Ideal propagieren und die notwendigen materiellen und moralischen Kräfte vorbereiten, um den Feind zu überwältigen und die neue Gesellschaft zu organisieren. Und wenn wir die nötige Stärke erreicht haben, müssen wir, indem wir die Gunst der sich bietenden oder von uns geschaffenen Umstände ausnützen, um die soziale Revolution zu machen, Gewalt anwenden, um die Regierung zu zerschlagen und die Reichen zu enteignen. Daraufhin müssen wir die Mittel für Leben und Produktion zusammenlegen und das Entstehen neuer Regierungen verhindern, die ihren Willen aufzwingen und die Reorganisation der Gesellschaft durch das Volk selbst unmöglich machen würden.

* * *

All das ist jedoch weniger einfach, als es auf den ersten Blick erscheinen mag. Wir müssen mit den Menschen rechnen, wie wir sie in der heutigen Gesellschaft vorfinden, nämlich mit Menschen im elendesten moralischen und materiellen Zustand: und wir würden uns selbst täuschen, glaubten wir, Propaganda allein genüge, sie auf jenes Niveau geistiger Entwicklung zu heben, das notwendig ist, unsere Ideen zu verwirklichen.

Zwischen dem Menschen und seiner sozialen Umgebung besteht eine Wechselwirkung. Die Menschen machen die Gesellschaft zu dem, was sie ist, und die Gesellschaft macht die Menschen zu dem, was sie sind, und das Ergebnis ist folglich ein Teufelskreis. Um die Gesellschaft zu verändern, müssen die Menschen geändert werden, und um die Menschen zu ändern, muss die Gesellschaft geändert werden.

Armut verroht die Menschen und um die Armut abzuschaffen, müssen die Menschen ein soziales Gewissen und Entschlusskraft besitzen. Die Sklaverei lehrt die Menschen, Sklaven zu sein, und um sich von der Sklaverei zu befreien, bedarf es Menschen, die nach Freiheit streben. Unwissenheit hat die Wirkung, die Menschen im Dunkeln zu lassen über die Ursachen ihres Unglücks und die Mittel, es zu überwinden, und um die Unwissenheit der Menschen zu beseitigen, müssen sie die Zeit und die Mittel haben, sich zu erziehen.

Regierungen gewöhnen die Menschen daran, sich dem Gesetz zu unterwerfen und zu glauben, dass das Gesetz für die Gesellschaft lebensnotwendig ist; und um die Regierung abzuschaffen, müssen die Menschen von der Nutzlosigkeit und Schädlichkeit der Regierung überzeugt sein.

Wie entgeht man diesem Teufelskreis?

Glücklicherweise wurde die bestehende Gesellschaft nicht durch den inspirierten Wunsch einer herrschenden Klasse geschaffen, der es gelang, alle ihre Untertanen zu passiven und willenlosen Instrumenten ihrer Interessen zu machen. Sie ist vielmehr das Ergebnis von tausend wechselseitigen Vernichtungskämpfen, von tausend menschlichen und natürlichen Faktoren, die unparteiisch und ohne Zielvorstellung wirkten; und so gibt es weder zwischen den Individuen noch zwischen den Klassen klare Trennungslinien.

Unzählbar sind die Variationen an materiellen Bedingungen; unzählbar sind die verschiedenen Grade moralischer und geistiger Entwicklung; und nicht immer - wir möchten beinahe sagen sehr selten - entspricht der Platz, den ein Individuum innerhalb der Gesellschaft einnimmt, seinen Fähigkeiten und Wünschen. Sehr oft widerfahren Individuen, die an ein bequemes Leben gewöhnt waren, schwere Zeiten und anderen wiederum gelingt es durch außergewöhnlich günstige Umstände, sich über die Lebensbedingungen zu erheben, in die sie hineingeboren waren. Einem großen Teil der Arbeiterklasse ist es bereits gelungen, sich aus dem Status erbärmlicher Armut herauszuarbeiten, sofern er überhaupt noch denselben erlebt hat. Kaum ein Arbeiter befindet sich noch im Zustande völliger Unwissenheit um die gesellschaftlichen Verhältnisse oder in völliger Ergebung in die Bedingungen, die ihm von den Chefs auferlegt werden. Und dieselben Institutionen, die von der Geschichte geschaffen wurden, enthalten organische Widersprüche, die wie Todeskeime wirken, deren Entwicklung zur Auflösung der Institutionen führt oder zur Notwendigkeit ihrer Transformation.

Von daher ergibt sich eine Möglichkeit des Fortschritts - aber nicht die Möglichkeit, alle Menschen auf das notwendige intellektuelle Niveau zu heben, das sie die Anarchie wünschen und erreichen ließe durch die Mittel der Propaganda und ohne eine vorangegangene allmähliche Transformation der Umgebung.

Der Fortschritt der Menschen und ihrer Umgebung muss gleichzeitig und parallel zueinander verlaufen. Wir müssen aus allen Mitteln, allen Möglichkeiten und Gelegenheiten, die die gegenwärtige Umgebung uns bietet, Nutzen ziehen, um auf unsere Mitmenschen einzuwirken und ihr Bewusstsein und ihre Bedürfnisse zu entwickeln; wir müssen jeden Fortschritt des menschlichen Bewusstseins benutzen, um sie anzuregen, jene sozialen Veränderungen zu verlangen und zu erzwingen, die möglich sind und die wirksam werden können, um künftigen Fortschritten den Weg zu ebnen.

Wir dürfen nicht warten, bis wir die Anarchie erreichen, und uns in der Zwischenzeit auf einfache Propaganda beschränken. Ein solches Vorgehen würde rasch unser Betätigungsfeld erschöpfen; d.h. wir würden all jene bekehren, die unter den gegenwärtigen Umständen aufgeschlossen sind für unsere Ideen und sie akzeptieren, darüber hinaus aber fiele unsere Propaganda auf sterilen Boden; wenn andererseits eine gesellschaftliche Transformation neue Gruppen der Bevölkerung befähigte, neue Ideen zu verstehen, so geschähe das ohne unsere Teilhabe und würde unserer Sache nur Abbruch tun.

Wir müssen versuchen, das ganze Volk oder verschiedene Gruppen des Volkes dazu zu bewegen, Forderungen zu stellen und sich durchzusetzen und sich alle Verbesserungen und Freiheiten, die es ersehnt, einfach in dem Augenblick zu nehmen, da es sie erwünscht und da es die Macht hat, sie zu verlangen; und durch stete Propagierung unseres Programms und unermüdlichen Kampf für seine Realisierung müssen wir das Volk antreiben, immer mehr zu wünschen und solange Druck auszuüben, bis es vollkommene Emanzipation erlangt hat.

Der ökonomische Kampf

Die Unterdrückung, die heute ganz unmittelbar auf den Arbeitern lastet und die die Ursache der moralischen und materiellen Frustrationen ist, unter denen sie leiden, ist die ökonomische Unterdrückung, d.h. die Ausbeutung, durch die die Wirtschaftsbosse

und Geschäftsleute sie vermöge ihres Monopols auf alle wichtigen Mittel der Produktion und Distribution unterwerfen.
Um diese Unterdrückung radikal und ohne die Gefahr ihres Wiederauftauchens zu beseitigen, müssen alle Menschen von ihrem Recht auf die Produktionsmittel überzeugt und darauf vorbereitet sein, dieses Grundrecht auszuüben durch die Enteignung der Grundbesitzer, der Industriellen und Bankiers, um dann allen sozialen Reichtum dem gesamten Volk zur Verfügung zu stellen.
Aber kann diese Enteignung heute vorgenommen werden? Können wir heute unmittelbar und ohne Zwischenschritte aus der Hölle, in der die Arbeiter sich jetzt befinden, ins Paradies des gemeinsamen Besitzes überwechseln?
Der Beweis, dass das Volk nicht in der Lage ist, die Besitzer zu enteignen ist daher, dass es sie nicht enteignet.
Was muss getan werden, bis der Tag der Enteignung kommt?
Unsere Aufgabe ist die moralische und materielle Vorbereitung des Volkes auf die notwendige Enteignung; und bei jedem revolutionären Umbruch, der uns eine Gelegenheit hierfür bietet, müssen wir diese Enteignung versuchsweise in Angriff nehmen – bis zum endgültigen Sieg. Aber auf welche Weise können wir das Volk auf seine Aufgabe vorbereiten? Auf welche Weise soll man die Bedingungen schaffen, die nicht nur die materielle Tatsache der Enteignung möglich machen, sondern auch die Nutzung des gesamten gesellschaftlichen Reichtums zum Vorteil jedes einzelnen?
Wir haben schon gesagt, dass gesprochene und gedruckte Propaganda allein nicht die Masse des Volkes für unsere Ideen gewinnen kann. Eine praktische Erziehung ist notwendig, die wechselseitig Ursache und Folge einer allmählichen Transformation der Verhältnisse sein muss. Parallel zu der Entwicklung eines rebellischen Geistes bei den Arbeitern, der sich gegen die ungerechten und unnötigen Leiden wendet, deren Opfer sie sind, und parallel zu dem Wunsch, ihre Verhältnisse zu bessern, müssen sie vereinigt werden und aufeinander verlassen können, um die Verwirklichung ihrer Forderungen zu erreichen. Und wir als Anarchisten und Arbeiter müssen sie ermutigen, sie zum Kampf aufreizen und ihnen beistehen.

Aber sind diese Voraussetzungen innerhalb eines kapitalistischen Systems möglich? Sind sie, vom Standpunkt einer zukünftigen vollkommenen Befreiung der Arbeiter aus betrachtet, nützlich?

Was immer die praktischen Ergebnisse dieses Kampfes um unmittelbare Gewinne sein mögen, der größte Wert liegt im Kampf selbst. Denn dadurch lernen die Arbeiter, dass die Interessen der Chefs den ihren entgegengesetzt sind, und dass sie ihre Bedingungen nicht verbessern, erst recht aber sich nicht selbst befreien können, wenn sie sich nicht zusammenschließen und stärker werden als die Chefs. Wenn sie erhalten, was sie verlangten, wird es ihnen besser gehen: Sie werden mehr verdienen, weniger Stunden arbeiten und mehr Zeit und Energie haben, um über die Dinge nachzudenken, die wichtig für sie sind, und werden sofort größere Anforderungen stellen und größere Bedürfnisse haben. Wenn sie nicht erhalten, was sie verlangten, werden sie dazu angeregt werden, die Ursachen ihres Misserfolgs zu untersuchen und die Notwendigkeit engerer Assoziation und größerer Aktivität zu erkennen, und sie werden zuletzt einsehen, dass es notwendig ist, den Kapitalismus zu zerstören, wenn sie ihren Sieg endgültig sichern wollen. Die revolutionäre Sache, die Sache der moralischen Erhebung und Befreiung der Arbeiter, kann nur Nutzen ziehen aus der Tatsache, dass die Arbeiter sich zusammenschließen und für ihre Interessen kämpfen.

Aber, um noch einmal darauf zurückzukommen, können die Arbeiter im gegenwärtigen Gesellschaftssystem wirklich ihre Bedingungen verbessern?

Das hängt vom Zusammenspiel einer großen Anzahl von Faktoren ab.

Obwohl gewisse Leute das Gegenteil behaupten, gibt es kein natürliches Gesetz (Lohngesetz), das bestimmte, welcher Teil seines Arbeitsprodukts dem Arbeiter selbst gehören soll; oder, wenn man es doch in ein Gesetz fassen möchte, so könnte es nur lauten: Löhne können normalerweise weder unter das Existenzminimum sinken, noch über ein Niveau steigen, bei welchem dem Chef keine Profitspanne mehr bleibt.[2]

---

2 Malatesta polemisiert hier wohl gegen die Anhänger des »ehernen Lohngesetz«, das Ferdinand Lassalle wie folgt formuliert hat: »*Das*

Es liegt auf der Hand, dass im ersten Fall der Arbeiter sterben und daher aufhören würde, irgendeinen Lohn zu beziehen, und dass im zweiten Fall die Chefs aufhören würden, Arbeiter einzustellen und Löhne zu bezahlen. Aber zwischen diesen beiden unmöglichen Extremen gibt es eine unendliche Skala der Möglichkeiten, die von den miserablen Bedingungen vieler Landarbeiter[3] bis zu den beinahe anständigen Lebensbedingungen der Facharbeiter in den großen Städten reicht.

Löhne, Arbeitszeit und andere Arbeitsbedingungen sind das Ergebnis eines Kampfes zwischen den Chefs und den Arbeitern. Die ersteren versuchen, den Arbeitern so wenig wie möglich zu geben und sie dahin zu bringen, dass sie sich zu Tode arbeiten; die letzteren versuchen oder sollten versuchen, so wenig wie möglich zu arbeiten und so viel als möglich zu verdienen. Wo die Arbeiter x-beliebige Bedingungen akzeptieren oder aber trotz Unzufriedenheit nicht wissen, wie sie den Anforderungen der Chefs Widerstand entgegensetzen können, werden sie rasch auf viehische Lebensbedingungen herabgedrückt. Wo sie hingegen eine Vorstellung davon haben, wie menschliche Wesen leben sollten, wo sie ihre Kräfte zu vereinen und durch Arbeitsverweigerung oder versteckte und offene Drohung mit Rebellion sich die Achtung der Chefs zu gewinnen wissen, da werden sie auf relativ

---

eherne ökonomische Gesetz, welches unter den heutigen Verhältnissen, unter der Herrschaft von Angebot und Nachfrage nach Arbeit, *den Arbeitslohn bestimmt*, ist dieses: daß der *durchschnittliche Arbeitslohn immer auf den notwendigen Lebensunterhalt reduziert bleibt, der in einem Volke gewohnheitsgemäß zur Fristung der Existenz und zur Fortpflanzung erforderlich ist*. Dies ist der Punkt, um welchen der wirkliche Tageslohn in Pendelschwingungen jederzeit herum gravitiert, ohne sich jemals lange wieder über denselben zu erheben, noch unter denselben hinuterfallen zu können.« (Offenes Antwortschreiben (1863), in: Ferdinand Lassalle: Auswahl von Reden und Schriften. Berlin: Dietz Verlag, 1923: 295-344. Hier: S.311) Malatesta selbst schrieb diese Vorstellung der »marxistischen Denkschule« zu (Anarchism's Evolution (1897), in: Davide Turcato (Hg.): The Method of Freedom. Oakland: AK Press, 2014: 247-253. Hier: S.253).

3 Malatesta wird hier allem voran an die, in miserabelsten Zuständen lebenden Landarbeiter Süd-Italiens gedacht haben.

anständige Weise behandelt. Man kann daher mit gewissen Einschränkungen behaupten, dass der Lohn, den der Arbeiter (selbstverständlich nicht als Individuum, sondern als Klasse betrachtet) erhält, dem entspricht, was er fordert.

Durch Kampf, durch Widerstand gegen die Chefs, können die Arbeiter daher bis zu einem gewissen Grade eine Verschlechterung ihrer Verhältnisse verhindern, ja sogar eine wirkliche Verbesserung erreichen. Und die Geschichte der Arbeiterbewegung hat diese Wahrheit bereits demonstriert.

Man darf allerdings die Bedeutung dieses Kampfes zwischen Arbeitern und Chefs, der ausschließlich auf dem ökonomischen Sektor geführt wird, nicht überbewerten. Chefs können nachgeben und tun es häufig angesichts mit Nachdruck vorgebrachter Forderungen, solange diese Forderungen nicht zu groß sind; aber wenn die Arbeiter Forderungen aufstellen (und es ist notwendig, dass sie es tun), die den gesamten Profit der Chefs absorbierten und in ihrer Auswirkung eine indirekte Form der Enteignung darstellten, wäre es völlig sicher, dass die Chefs an die Regierung appellierten und suchten, Gewalt einzusetzen, um die Arbeiter zu zwingen, im Zustande der Lohnsklaverei zu verbleiben.

Und sogar schon lange bevor die Arbeiter erwarten könnten, den gesamten Ertrag ihrer Arbeit zu erhalten, wird der ökonomische Kampf als Mittel, die Verbesserung des Lebensstandards zu erreichen, unbrauchbar.

Alles, was produziert wird, wird von den Arbeitern produziert, und ohne sie wäre das Leben unmöglich; deshalb scheint es so, als könnten sie durch Arbeitsverweigerung erreichen, was immer sie wollen. Aber die Vereinigung aller Arbeiter, selbst nur derjenigen eines einzigen Produktionszweiges eines einzigen Landes, ist schwer zu erreichen; und die Organisationen der Chefs bekämpfen die Vereinigung der Arbeiter. Arbeiter leben von der Hand in den Mund, und wenn sie nicht arbeiten, stehen sie bald ohne Nahrungsmittel da; während die Chefs, da sie Geld besitzen, Zugang zu allen Vorräten haben und es sich daher im Lehnstuhl bequem machen und darauf warten können, bis der Hunger die Arbeitnehmer auf eine unterwürfigere Geistesart herabgedrückt hat. Die Erfindung oder Einführung neuer Maschinen macht Arbeiter überflüssig und vermehrt das große Heer der Arbeitslosen, die durch Hunger dazu getrieben werden, ihre Arbeitskraft zu jedem Preis zu verkaufen. Die Einwanderung schafft sofort neue Probleme in jenen Ländern, in denen bessere Arbeitsbedingungen herrschen, weil die Horden hungriger Arbeiter den Chefs, ob sie wollen oder nicht, die Möglichkeit in die Hand spielen, die Löhne allgemein zu senken. Und all diese Tatsachen, die sich notwendigerweise aus dem kapitalistischen System herleiten, verschwören sich dazu, den Fortschritten entgegenzuarbeiten, oft sogar sie zu zerstören, die in der Entwicklung des Klassenbewusstseins und der Solidarität der Arbeiter gemacht worden sind.[4]

Bald werden sich daher jene Arbeiter, die sich zu befreien oder auch nur ihre Lebensbedingungen zu verbessern wünschen, mit der Notwendigkeit konfrontiert sehen, sich gegen die Regierung zu verteidigen, die Regierung gar zu attackieren, die, indem sie das Recht auf Eigentum unter gesetzlichen Schutz stellt und mit roher Gewalt beschützt, eine Barriere vor jeden menschlichen Fortschritt schiebt. Diese Barriere muss mit Gewalt niedergerissen werden, will man nicht für ewige Zeiten unter den gegenwärtigen oder noch schlimmeren Verhältnissen leben.

Vom ökonomischen muss man zum politischen Kampf fortschreiten, d.h. zum Kampf gegen die Regierung; und anstatt die kapitalistischen Millionen mit den mühsam zusammengekratzten Pfennigen der Arbeiter zu bekämpfen, muss man den Gewehren und Kanonen, die das Eigentum verteidigen, die wirksameren

4 In der Fassung von 1920 folgt an dieser Stelle noch: »Und in jedem Falle bleibt die überwältigende Tatsache bestehen, dass die Produktion unter dem Kapitalismus von jedem Kapitalisten zu seinem eigenen Profit organisiert ist und nicht, wie es natürlich wäre, um die Bedürfnisse der Arbeiter auf die bestmögliche Weise zu befriedigen. Daher das Chaos, die Verschwendung menschlicher Anstrengung, die organisierte Knappheit der Güter, nutzlose und schädliche Beschäftigungen, Arbeitslosigkeit, Landflucht, die unökonomische Ausnutzung von Maschinen usw., all jene Übel, die nicht zu vermeiden sind, solange man nicht den Kapitalisten die Produktionsmittel und folglich auch die Organisation der Produktion aus der Hand nimmt.«

Waffen entgegensetzen, die das Volk finden wird, um Gewalt durch Gewalt zu besiegen.

Politischer Kampf – Revolutionäre Aktion

Unter politischem Kampf verstehen wir den Kampf gegen die Regierung. Regierung bezeichnet das *Ensemble* all jener Individuen, die die Zügel der Macht, wie immer erworben, in Händen halten, um die Gesetze zu erlassen und sie den Regierten, d.h. der Öffentlichkeit aufzuzwingen.

Die Regierung ist die Konsequenz aus dem Geist der Herrschaft und der Gewalt, mit dem einige Menschen sich andere unterworfen haben, und sie ist gleichzeitig das Geschöpf und der Schöpfer des Privilegs, sowie auch sein natürlicher Verteidiger.

Es ist falsch zu sagen, dass die Regierungen heute zwar die Funktion der Verteidigung des Kapitals erfüllen, dass sie aber, sobald der Kapitalismus abgeschafft wäre, zum Repräsentanten und Verwalter des Allgemeinwohls würden. Erst einmal wird der Kapitalismus nicht zerstört werden ehe die Arbeiter, nachdem sie sich der Regierung entledigt haben, nicht allen gesellschaftlichen Reichtum in Besitz genommen haben und selbst Produktion und Konsumtion im Interesse aller organisieren, ohne auf die Initiative der Regierung zu warten, die, wäre sie noch so willig, den Ansprüchen gerecht zu werden, es doch nicht vermöchte.

Aber es bleibt noch eine weitere Frage offen: Wenn der Kapitalismus zerschlagen würde, eine Regierung aber im Amt bliebe, so würde die Regierung durch das Zugeständnis aller möglichen Arten von Privilegien, den Kapitalismus von neuem aus der Taufe heben, denn, da sie unfähig wäre, jedermann zufriedenzustellen, so bedürfte sie einer ökonomisch mächtigen Klasse, die ihr als Entgelt für legalen und materiellen Schutz ihre Unterstützung zukommen ließe. Folglich können die Privilegienwirtschaft nicht abgeschafft und Freiheit und Gleichheit fest und endgültig etabliert werden, ohne die Abschaffung der Regierung - nicht dieser oder jener Regierung, sondern der Institution der Regierung als solcher.

Wie bei allen Fragen des Allgemeinwohls, ganz besonders bei dieser, bedarf es der Zustimmung des ganzen Volkes, und daher müssen wir uns mit jeder Faser unseres Wesens darum bemühen, das Volk davon zu überzeugen, dass die Regierung sowohl nutzlos als auch schädlich ist und dass wir ohne Regierung besser leben könnten.

Aber, wie wir mehr als einmal wiederholten, Propaganda allein ist unfähig, alle zu überzeugen - und wenn wir uns darauf beschränken wollten, Predigten wider die Regierung vom Stapel zu lassen, um zwischenzeitlich gemütlich auf den Tag zu warten, an dem die Öffentlichkeit von der Möglichkeit und dem Wert der Zerschlagung jeder Art von Regierung überzeugt sein wird, so würde dieser Tag nie kommen.

Während wir gegen jede Art der Regierung predigen und vollkommene Freiheit verlangen, müssen wir jeden Kampf um partielle Freiheit unterstützen, weil wir davon überzeugt sind, dass man durch den Kampf selbst lernt, und dass, hat man erst einmal ein wenig von der Freiheit gekostet, man nach mehr verlangt. Wir müssen immer beim Volk sein, und wenn wir es nicht dahin bringen, viel zu verlangen, müssen wir wenigstens versuchen, es zu veranlassen, etwas zu fordern; und wir müssen jede Mühe auf uns nehmen, um es verstehen zu machen, dass, wie viel oder wenig es verlangen mag, es alles durch eigene Anstrengungen erreichen muss, und dass es jeden verachten und verabscheuen sollte, der zur Regierung gehört oder nach ihr strebt.

Da die Regierung heute die Macht hat, durch das Rechtssystem das tägliche Leben zu regulieren und die Freiheit der Bürger zu erweitern oder einzuschränken, und da wir noch unfähig sind, ihr diese Macht aus den Händen zu nehmen, müssen wir versuchen, ihre Macht zu verringern und müssen die Regierungen zwingen, sie auf eine so harmlose Weise als möglich einzusetzen. Aber das müssen wir von außen und gegen die Regierung erreichen, indem wir durch Agitation in den Straßen und durch die Drohung, mit Gewalt zu nehmen, was wir fordern, Druck auf sie ausüben. Wir selbst dürfen niemals eine gesetzgebende Stellung einnehmen, sei es auf nationaler oder auf lokaler Ebene, da wir dadurch die Wirksamkeit unserer Aktivität neutralisieren und die Zukunft unserer Sache verraten würden.

* * *

Der Kampf gegen die Regierung ist in letzter Konsequenz physisch, materiell.

Regierungen machen das Gesetz. Sie müssen daher über materielle Kräfte (Polizei und Armee) verfügen, um das Gesetz durchzusetzen, denn andernfalls gehorchen nur jene, die Lust dazu hätten, und es handelte sich nicht länger um Gesetze, sondern einfach um eine Reihe von Empfehlungen, die zu akzeptieren oder abzulehnen in das Belieben eines jeden einzelnen gestellt wäre. Regierungen haben jedoch diese Macht und nutzen sie mit Hilfe des Gesetzes, um ihre eigene Stellung zu stärken und um die Interessen der herrschenden Klassen bei der Unterdrückung und Ausbeutung der Arbeiter zu unterstützen.

Die einzige Grenze, die der Unterdrückung durch die Regierung gesetzt ist, liegt bei der Macht, mit der das Volk sich fähig zeigt, sich ihr zu widersetzen. Der Konflikt mag offen oder versteckt sein; aber er existiert immer, da die Regierung keine Notiz nimmt von der Unzufriedenheit und dem Widerstand des Volkes, solange sie sich nicht von der Gefahr des Aufruhrs bedroht sieht.

Wenn das Volk sich sanftmütig dem Gesetz unterwirft oder seine Proteste schwach und rein verbal sind, kümmert sich die Regierung lediglich um ihre eigenen Interessen und ignoriert die Bedürfnisse des Volkes; wenn die Proteste lebhaft, nachdrücklich, drohend werden, verhält sich die Regierung entsprechend ihrem geringeren oder größeren Einsichtsvermögen: Sie gibt nach oder sie greift zur Repression. Aber immer endet man beim Aufruhr! Denn wenn die Regierung nicht nachgibt, wird das Volk rebellieren; und wenn die Regierung nachgibt, gewinnt das Volk an Selbstvertrauen und wird größere Forderungen stellen bis zu jenem Zeitpunkt, da die Unvereinbarkeit von Freiheit und Autorität offenbar und ein gewaltsamer Kampf entfacht wird.

Es ist daher notwendig, moralisch und materiell vorbereitet zu sein, damit wenn dies geschieht, das Volk als Sieger aus dem Kampf hervorgeht.

* * *

Eine erfolgreiche Erhebung ist der wirkmächtigste Faktor bei der Befreiung des Volkes, denn wenn das Joch erst einmal abgeschüttelt ist, sind die Menschen frei, sich selbst mit jenen Institutionen zu versehen, die sie für die besten halten; und der Abstand zwischen Gesetzeserlass einerseits und dem Grad an Zivilisation, den die Masse der Bevölkerung erreicht hat, andererseits, wird mit einem Sprung überbrückt. Die Erhebung determiniert die Revolution, d.h. das rasche Freiwerden jener latenten Kräfte, die während der »evolutionären« Phase gebildet worden waren.

Alles hängt davon ab, was das Volk zu fordern in der Lage sein wird.

In den Erhebungen der Vergangenheit hat es, in Unkenntnis der wahren Ursachen seines Elends, immer nur sehr wenig gefordert und sehr wenig erreicht.

Was wird es bei der nächsten Erhebung fordern?

Die Antwort hängt zum Teil von unserer Propaganda und der Energie ab, die wir auf sie verwenden.

Wir werden das Volk dazu veranlassen müssen, die Chefs zu enteignen, alle Güter in Gemeinbesitz überzuführen und ihr tägliches Leben durch frei sich konstituierende Assoziationen, ohne auf Befehl von außen zu warten, selbst zu organisieren. Es muss sich weigern, irgendeine Regierung oder eine konstituierte Körperschaft (Wahlversammlung, Diktatur) zu nominieren oder anzuerkennen - auch wenn es sich nur um ein Provisorium handeln sollte, die für sich das Recht in Anspruch nimmt, Gesetze zu erlassen und sie den anderen mit Gewalt aufzuzwingen.

Und wenn die Masse der Bevölkerung nicht auf unseren Appell reagiert, müssen wir - im Namen des Rechtes auf Freiheit, das wir auch dann noch besitzen, wenn andere es vorziehen, Sklaven zu bleiben, und um der Beispielkraft willen - so viele unserer Ideen als möglich verwirklichen, müssen uns weigern, die neue Regierung anzuerkennen und stattdessen den Widerstand lebendig erhalten und zu sehen, dass jene Gebiete, in denen unsere Vorstellungen auf Verständnis stoßen, sich zu anarchistischen Gemeinden zusammenschließen, die jede gouvernementale Einmischung ablehnen und freie Übereinkünfte mit anderen Gemeinden treffen, die auch ihr eigenes Leben zu führen gedenken.

Wir werden uns vor allem dem Wiederaufbau der Polizei und der Armee mit allen Mitteln widersetzen und jede Gelegenheit benutzen müssen, die Arbeiter in nicht-anarchistischen Örtlichkeiten anzuregen, die Abwesenheit repressiver Mächte auszunützen, um die weitreichendsten Forderungen zu verwirklichen, zu denen wir sie aufstacheln können.

Und wie immer die Dinge laufen mögen, wir müssen den Kampf gegen die besitzende Klasse und die Herrschenden ohne Atempause weiterführen und ständig unser Ziel der vollkommenen - ökonomischen, politischen und moralischen - Emanzipation der Menschheit vor Augen behalten.

Zusammenfassung

Was wir also wollen, ist die völlige Zerschlagung der Herrschaft des Menschen über den Menschen und der Ausbeutung des Menschen durch den Menschen; wir wollen die Menschen durch eine bewusste und erwünschte Solidarität vereint sehen als Brüder, die freiwillig für das Wohl aller zusammenarbeiten; wir wollen eine Gesellschaft, die sich konstituiert in der Absicht, jeden mit den Mitteln zu versehen, ein Maximum an Wohlergehen und an moralischer und geistiger Entwicklung zu erreichen; wir wollen Brot, Freiheit, Liebe und Wissenschaft für jedermann.

Und um all diese wichtigen Ziele zu erreichen, ist es unserer Meinung nach notwendig, die Produktionsmittel jedermann zur Verfügung zu stellen und keinem Menschen, auch keiner Gruppe von Menschen, eine Position zu gewähren, von der aus andere gezwungen werden könnten, sich fremdem Willen zu beugen. Niemand soll einen anderen Einfluss ausüben können als durch die Macht der Vernunft und des Beispiels.

Daher also: Enteignung der Grundbesitzer und Kapitalisten zum Wohle aller; und Abschaffung der Regierung.

Und während wir auf den Tag warten, da dies geschehen kann: Propagierung unserer Ideen; unaufhörlicher Kampf, der je nach den Umständen gewaltsam oder gewaltlos zu führen ist, gegen die Regierung und die Klasse der Wirtschafsbosse, um soviel Freiheit und Wohlstand zum Nutzen eines jeden zu erobern, als wir nur können.

Redebeitrag auf dem Internationalen anarchistischen Kongress in Amsterdam (1907)[1]

Ich möchte gleich zu Anfang sagen, dass ich hier nur den Teil meiner Gedanken darlegen werde, in dem ich mit den Vorrednern und vor allem mit Monatte nicht übereinstimme.[2] Andernfalls würde ich Euch mit müßigen Wiederholungen langweilen, die

---

1 Veröffentlicht in: *Congrès Anarchiste tenu à Amsterdam (Août 1907). Compte-rendu analytique des Seances et Résumé des Rapports sur l'État du Movement dans le monde entier.* Paris: La Publication Sociale, 1908. Grundlage der vorliegenden Übersetzung ist die von Ursula Lange angefertigte, erschienen in: Erwin Oberländer (Hg.): Dokumente der Weltrevolution. Band 4: Der Anarchismus. Olten: Walter Verlag, 1972: 335-341. Diese wurde umfassend bearbeitet und teilweise neuübersetzt aus dem Französischen von Michael Halfbrodt

»Eine internationale Tagung der Anarchisten hatte schon lange nicht mehr stattgefunden. Die anarchistischen Delegierten, die 1893 in Zürich und 1895 in London von den allgemeinen Sozialistenkongressen ausgeschlossen worden waren, traten zwar zu kurzen Tagungen zusammen, die man aber kaum als Kongresse bezeichnen durfte und auch nicht als solche gedacht waren. (...) Die Notwendigkeit einer internationalen Zusammenkunft war nicht von der Hand zu weisen. Die starke Entwicklung der syndikalistischen Arbeiterbewegung in den lateinischen Ländern, an welcher unsere Genossen einen hervorragenden Anteil genommen hatten, die schleichende Krise des Parlamentarismus in fast allen europäischen Staaten, die großen Generalstreikbewegungen in Holland, Frankreich, Spanien und Rußland hatten in der Arbeiterschaft einen neuen Geist wachgerufen« (Rudolf Rocker: Aus den Memoiren eines deutschen Anarchisten. Frankfurt am Main: Suhrkamp Verlag, 1974: 229).

2 Pierre Monatte (1881-1960): Französischer revolutionärer Syndikalist, CGT-Aktivist und Herausgeber der Zeitschrift *La Vie ouvrière.* Nach dem Ersten Weltkrieg für kurze Zeit Mitglied der *Kommunistischen Partei Frankreichs*, aus der er ausgeschlossen wurde. Herausgeber der revolutionär-syndikalistischen Zeitschrift *La Révolution prolétarienne*. Sein Redebeitrag leitete er damit ein, dass man »blind sein« müsste, »um nicht zu erkennen, wieviel Gemeinsamkeiten es zwischen Anarchismus und Syndikalismus gibt« (Erwin Oberländer (Hg.): Do-

man sich vielleicht in den Versammlungen erlauben darf, auf denen man zu einem Publikum aus Gegnern oder Gleichgültigen spricht. Aber hier sind wir unter Genossen, und sicher wird keiner von Euch, der mich das kritisieren hört, was am Syndikalismus zu kritisieren ist, auf den Gedanken kommen, mich für einen Feind der Organisation und des Arbeiterkampfes zu halten; oder er müsste mich schon sehr schlecht kennen!

Monatte ist zu dem Schluss gelangt, dass der Syndikalismus ein notwendiges und hinreichendes Mittel zur Durchführung einer sozialen Revolution ist. Mit anderen Worten, Monatte hat erklärt, *der Syndikalismus genüge sich selbst*.[3] Und das ist meiner Meinung nach eine völlig falsche These. Sie zu widerlegen, soll der Gegenstand dieses Vortrags sein.

Der Syndikalismus, oder genauer, die Arbeiterbewegung (die Arbeiterbewegung ist ein *Faktum*, das niemand leugnen kann, während der Syndikalismus eine Theorie ist, ein System, und wir müssen uns davor hüten, die beiden zu verwechseln), die Arbeiterbewegung, sage ich, hat in mir immer einen entschlossenen, aber keineswegs blinden Verteidiger gehabt. Ich sah in ihr ein Betätigungsfeld, das für unsere revolutionäre Propaganda besonders geeignet war, und zugleich einen Berührungspunkt zwischen den Massen und uns. Ich brauche darauf nicht näher einzugehen. Man muss mir zubilligen, dass ich nie einer jener intellektuellen Anarchisten gewesen bin, die sich, als die alte Internationale[4] aufgelöst wurde, freiwillig in den Elfenbeinturm der reinen Spe-

---

kumente der Weltrevolution. Band 4: Der Anarchismus. Olten: Walter Verlag, 1972: 325).

3 Monatte meinte: »Wie der Kongreß von Amiens im Jahre 1906 verkündet hat, genügt der Syndikalismus sich selbst. Ich weiß, daß dieses Wort nicht immer richtig verstanden worden ist, auch nicht von den Anarchisten. Was bedeutet es aber anderes, als daß die jetzt mündig gewordene Arbeiterklasse endlich selbständig ist und niemanden mehr mit der Sorge um ihre eigene Emanzipation belastet.« (Erwin Oberländer (Hg.): Dokumente der Weltrevolution. Band 4: Der Anarchismus. Olten: Walter Verlag, 1972: 334)

4 Gemeint ist die 1864 begründete Internationale Arbeiter-Assoziation, die – je nach Zählweise – bis 1876, bzw. 1877 existierte.

kulationen zurückgezogen haben[5]; dass ich nicht aufgehört habe, diese hochmütige Mentalität der Absonderung überall, wo ich ihr begegnet bin, in Italien, Frankreich, England und anderswo, zu bekämpfen und die Genossen wieder auf jenen Weg zurückzudrängen, den die Syndikalisten in Verkennung einer ruhmreichen Vergangenheit den *neuen* nennen, den aber schon die ersten Anarchisten in der Internationale erkannt und befolgt hatten.[6]

Ich wünsche mir heute, ebenso wie ich es in der Vergangenheit getan habe, dass die Anarchisten an der Arbeiterbewegung teilnehmen. Ich bin heute und war gestern ein Syndikalist in dem Sinne, dass ich ein Anhänger der Gewerkschaften bin. Ich fordere keine anarchistischen Gewerkschaften, die die sozialdemokratischen, republikanischen, royalistischen oder anderen Gewerkschaften gleichsam legitimieren und die Arbeiterklasse mehr als je zuvor

---

5 Monatte hatte in seinem Beitrag erklärt: »Der revolutionäre Geist in Frankreich lag im Sterben, d.h., er erschlaffte von Jahr zu Jahr mehr. (...) Und was die Anarchisten betrifft, so hatte sich ihre revolutionäre Gesinnung hochmütig in den Elfenbeinturm philosophischer Spekulation geflüchtet.« (Erwin Oberländer (Hg.): Dokumente der Weltrevolution. Band 4: Der Anarchismus. Olten: Walter Verlag, 1972: 333)

6 Monatte selbst hatte den Syndikalismus allerdings mit der Internationale in Verbindung gebracht: »Die Idee, das Proletariat, das in ›Widerstandsgesellschaften‹ organisiert war, zum Träger der sozialen Revolution zu machen, war die Grundidee jener im Jahre 1864 in London begründeten internationalen Arbeiterassoziation. Die Devise der Internationale lautete, wie [S]ie sich wohl erinnern: *Die Emanzipation der Arbeiter muß das Werk der Arbeiter selbst sein*. Und dies ist auch noch unser Wahlspruch, der Wahlspruch von uns allen, die wir Anhänger der direkten Aktion und Feinde des Parlamentarismus sind. Die Ideen der Autonomie und der Föderation, die heute bei uns in Ehren gehalten werden, haben einst alle jene geleitet, die sich in der Internationale gegen die Machtmißbräuche des Generalrats aufgelehnt und auf dem Haager Kongreß offen Partei für Bakunin ergriffen haben. Noch mehr – die Idee des Generalstreiks selbst, die heute so populär ist, ist eine Idee der Internationale, die als erste begriffen hat, welche Macht er darstellen kann.« (Erwin Oberländer (Hg.): Dokumente der Weltrevolution. Band 4: Der Anarchismus. Olten: Walter Verlag, 1972: 328)

spalten würden. Ich will die sogenannten *roten* Gewerkschaften[7] nicht, weil ich die sogenannten *gelben* Gewerkschaften[8] nicht will. Ich wünsche vielmehr Gewerkschaften, die allen Arbeitern, ohne Rücksicht auf Unterschiede der Meinung, weit offen stehen, d. h. vollkommen *neutrale* Gewerkschaften.

Ich bin also für eine möglichst aktive Beteiligung an der Arbeiterbewegung. Aber ich vertrete vor allem die Interessen unserer Propaganda, deren Betätigungsfeld dadurch erheblich ausgeweitet würde. Nur kann diese Beteiligung auf keinen Fall einen Verzicht auf unsere wichtigsten Ideen bedeuten. Auch in der Gewerkschaft müssen wir Anarchisten bleiben, in der ganzen Größe und Spannweite dieses Begriffs. Die Arbeiterbewegung ist für mich nichts als ein Mittel - allerdings das Beste von allen Mitteln, die uns zur Verfügung stehen. Doch weigere ich mich, dieses Mittel als ein Ziel zu betrachten, und zwar erst recht, wenn es uns dazu verleiten würde, unser gesamtes anarchistisches Programm oder, einfacher gesagt, unsere übrigen Propaganda- und Aktionsmittel aus den Augen zu verlieren.

Die Syndikalisten dagegen neigen dazu, aus dem Mittel ein Ziel zu machen und den Teil für das Ganze zu halten. So kommt es, dass der Syndikalismus in den Köpfen einiger unserer Genossen allmählich zu einer neuen Doktrin wird und den Anarchismus in seiner Existenz bedroht.

Auch wenn sich die Gewerkschaftsbewegung mit dem ganz unnützen Attribut »revolutionär« schmückt[9], ist und bleibt sie eine legalistische und konservative Bewegung ohne ein anderes erreich-

---

7 Mit »roten« Gewerkschaften sind sich explizit als sozialistisch sich verstehende Gewerkschaften gemeint.

8 »Gelbe« Gewerkschaften sind Arbeitervereinigungen, die Klassenkampf und Streiks ablehnen und eine, auf Kooperation mit den Besitzenden (Versöhnung von Kapital und Arbeit) gegründete Strategie verfolg(t)en.

9 Monatte hatte sein Referat begonnen mit: »Es ist nicht so sehr meine Absicht, Euch einen theoretischen Vortrag über den revolutionären Syndikalismus zu halten, sondern ich will Euch zeigen, wie er arbeitet« (Erwin Oberländer (Hg.): Dokumente der Weltrevolution. Band 4: Der Anarchismus. Olten: Walter Verlag, 1972: 325).

bares Ziel – wenn überhaupt! – als die Verbesserung der Arbeitsbedingungen. Ich werde dafür keinen anderen Beweis suchen, als denjenigen, den uns die großen amerikanischen Gewerkschaften bieten. Nachdem sie zu der Zeit, als sie noch schwach waren, eine radikale revolutionäre Einstellung an den Tag gelegt hatten, sind diese Gewerkschaften in dem Maße, in dem sich ihre Macht und ihr Reichtum mehrte, zu rein konservativen Organisationen geworden, die sich einzig und allein damit befassen, ihren Mitgliedern in der Fabrik, der Werkstatt oder dem Bergwerk Privilegien zu verschaffen und die dem Unternehmerkapitalismus weitaus weniger feindlich gegenüberstehen als den nicht organisierten Arbeitern, jenem Lumpenproletariat, das von der Sozialdemokratie verleumdet wird. Dieses ständig wachsende Proletariat der Arbeitslosen aber, das für die Gewerkschaften nicht zählt oder von ihnen lediglich als Hindernis betrachtet wird, dürfen wir Anarchisten nicht vergessen, sondern wir müssen es verteidigen, weil es sich um diejenigen handelt, die am schlimmsten leiden.

Ich wiederhole: Die Anarchisten müssen in die Gewerkschaften eintreten. Zunächst, um dort anarchistische Propaganda zu treiben. Dann, weil uns nur auf diese Weise zum richtigen Zeitpunkt Gruppen zur Verfügung stehen werden, die fähig sind, die Leitung der Produktion in die Hand zu nehmen. Schließlich müssen wir ihnen beitreten, um energisch jener abscheulichen Geistesverfassung entgegenzuwirken, die die Gewerkschaften dazu drängt, nur noch Sonderinteressen zu verfolgen.

Der Hauptirrtum Monattes und aller revolutionären Syndikalisten beruht meiner Meinung nach auf einer zu stark vereinfachten Vorstellung vom Klassenkampf. Es ist dies die Vorstellung, nach der die wirtschaftlichen Interessen aller Arbeiter – der Arbeiterklasse – identisch sind, die Vorstellung, nach der es genügt, dass die Arbeiter die Verteidigung ihrer eigenen Interessen in die Hand nehmen, um damit gleichzeitig auch die Interessen des gesamten Proletariats gegen die Unternehmer zu verteidigen.

Meiner Ansicht nach sieht die Wirklichkeit sehr viel anders aus. Die Arbeiter unterliegen ebenso wie die Bourgeoisie, wie die ganze Welt dem Gesetz des allgemeinen Wettbewerbs, das der

Herrschaft des Privateigentums entspringt und erst zusammen mit dem Privateigentum verschwinden wird. Es gibt also keine Klassen im eigentlichen Wortsinn, weil es kein Klasseninteresse gibt. Innerhalb der Arbeiter-»Klasse« selbst herrschen wie bei der Bourgeoisie Konkurrenz und Kampf. Die wirtschaftlichen Interessen der einen Kategorie von Arbeitern stehen zwangsläufig im Gegensatz zu denen einer anderen Kategorie. Und man kann manchmal beobachten, dass manche Arbeiter in wirtschaftlicher und moralischer Hinsicht der Bourgeoisie sehr viel näherstehen als dem Proletariat. Cornelissen hat uns dafür sogar aus Holland Beispiele geliefert.[10] Es gibt auch noch andere. Ich brauche nicht daran zu erinnern, dass die Arbeiter während der Streiks häufig Gewalt anwenden – etwa gegen die Polizei oder die Unternehmer? Nicht doch: gegen die Streikbrecher, die doch ebenso ausgebeutet werden wie sie, die noch armseliger dran sind, während die wahren Feinde des Arbeiters und das einzige Hindernis für die soziale Gleichheit die Polizisten und Unternehmer sind.

Doch ist unter den Proletariern moralische Solidarität möglich, wenn es an wirtschaftlicher Solidarität mangelt. Die Arbeiter, die sich darauf beschränken, ihre berufsständischen Interessen zu verteidigen, kennen die moralische Solidarität nicht, aber sie wird an dem Tage da sein, an dem ein alle verbindender gemeinsamer Wille, nämlich die gesellschaftlichen Verhältnisse umzugestalten, aus ihnen neue Menschen gemacht hat. Die Solidarität in der heutigen Gesellschaft kann nur der Teilhabe an einem gemeinsamen Ideal entspringen. Es ist die Aufgabe der Anarchisten, die Gewerkschaften für das Ideal zu gewinnen, indem sie sie allmählich auf die soziale Revolution ausrichten – selbst wenn es auf Kosten jener »unmittelbaren Vorteile« gehen sollte, nach denen wir sie heute so begehrlich Ausschau halten sehen.

---

10 Christiaan Cornelissen (1864-1942): Führender revolutionärer Syndikalist aus Holland. Malatesta spielt hier auf dessen Referat an, das dieser am gleichen Tag wie Malatesta gehalten hatte (vgl. Congrès Anarchiste tenu à Amsterdam (Août 1907). Compte-rendu analytique des Seances et Résumé des Rapports sur l'État du Movement dans le monde entier. Paris: La Publication Sociale, 1908: 76-78).

Es ist keinesfalls zu leugnen, dass die Mitarbeit in den Gewerkschaften auch Gefahren mit sich bringt. Die größte dieser Gefahren besteht zweifellos in der Übernahme von Gewerkschaftsfunktionen durch unsere Genossen, besonders wenn es sich um bezahlte Posten handelt. Deshalb gilt als allgemeine Regel: Der Anarchist, der fest angestellter und bezahlter Funktionär einer Gewerkschaft wird, ist für die Propaganda, ja für den Anarchismus verloren! Er ist fortan jenen, die ihn bezahlen, verpflichtet, und da sie keine Anarchisten sind, wird der bezahlte Funktionär, der fortan zwischen seinem Gewissen und seinem Interesse steht, entweder seinem Gewissen folgen und sein Amt verlieren oder aber seinem Interesse folgen, und dann heißt es, Anarchismus adé!

Das Funktionärstum ist für die Arbeiterbewegung eine ähnliche Gefahr wie der Parlamentarismus. Beide führen zur Korruption, und von der Korruption bis zum Tode ist es nicht mehr weit!

Befassen wir uns nun mit dem Generalstreik. Ich für meine Person akzeptiere dieses Prinzip, das ich, so gut ich kann, seit Jahren propagiere.[11] Der Generalstreik schien mir immer ein hervorragendes Mittel, um die soziale Revolution einzuleiten. Doch hüten wir uns vor der verhängnisvollen Illusion, der bewaffnete Aufstand sei durch den Generalstreik überflüssig geworden.[12]

---

11 Beispielsweise hatte Malatesta schon 1894 in einem Artikel betont: Wir müssen, »während wir bereit sind, von jeder sich bietenden Gelegenheit Gebrauch zu machen und alle Mittel anzuwenden, die mit unseren Prinzipien und unserer Sache übereinstimmen, woanders Mittel suchen, um unter den Massen die große Bewegung anzustoßen, die die bourgeoise Welt hinwegfegen wird, und das Mittel auf das die gegenwärtigen Ereignisse hindeuten ist - der Generalstreik. Ein Streik, der innerhalb einer der großen Industrien, wie im Bergbau oder im Eisenbahnwesen, mehr oder weniger vollständig stattfindet, und der mit dem Ausfall, den er in den abhängigen Industrien bewirken würde, enorme Menschenmassen in den Kampf hineinziehen würde und verhältnismäßig leicht in eine Revolution umgewandelt werden könnte.« (The general strike and the revolution (1894), in: Davide Turcato (Hg.): The Method of Freedom. Oakland: AK Press, 2014: 181-185. Hier: 182; Übersetzung aus dem Englischen von Elke Gehweiler)

12 Eine solche Vorstellung wurde von Vertretern des revolutionären Generalstreiks verschiedentlich nahegelegt. Pierre Monatte ging in einer

Man behauptet, dass die Arbeiter, wenn sie die Produktion abrupt einstellen, die Bourgeoisie innerhalb weniger Tage aushungern werden und diese, vor Hunger sterbend, zur Kapitulation gezwungen sei. Ich kann mir kaum einen größeren Unsinn vorstellen. Die ersten, die während eines Generalstreiks am Hunger sterben, wären nämlich nicht die Angehörigen der Bourgeoisie, die über alle gehorteten Güter verfügen, sondern die Arbeiter, die allein ihre Arbeit zum Leben haben.

So, wie man uns den künftigen Generalstreik geschildert hat, ist er eine reine Utopie. Entweder wird der Arbeiter, nach drei Tagen Streik dem Hungertode nahe, mit hängendem Kopf wieder an den Arbeitsplatz zurückkehren, und wir sind um eine Niederlage reicher. Oder aber er wird sich der Produkte mit Gewalt bemächtigen. Wem sieht er sich gegenüber, der ihn daran hindern könnte? Soldaten, Polizisten und auch den Bourgeois selbst, und dann muss das Problem eben doch mit Gewehren und Bomben gelöst werden. Damit haben wir den Aufstand, und der Sieg gehört dem Stärkeren.

Bereiten wir uns also lieber auf diesen unvermeidbaren Aufstand vor, anstatt uns darauf zu beschränken, den Generalstreik als ein alle Übel behebendes Allheilmittel zu preisen. Man sollte hier nicht einwenden, die Regierung sei bis an die Zähne bewaffnet und werde immer stärker sein als die Aufständischen. In Barcelona waren die Truppen 1902 nicht sehr zahlreich. Aber man war nicht auf den bewaffneten Kampf vorbereitet, und die Arbeiter, die nicht verstanden hatten, dass die Regierung der wahre Gegner

---

Replik auf diesen Punkt Malatestas ein – und kritisierte: »Als ich an diesem Abend Malatesta die neuen revolutionären Vorstellungen heftig kritisieren hörte, glaubte ich, eine Stimme aus ferner Vergangenheit zu vernehmen. Diesen Vorstellungen, deren schonungsloser Realismus ihm Angst macht, hat Malatesta letzten Endes nicht mehr entgegengesetzt als die alten Ideen des Blanquismus, der sich einbildete, die Welt durch einen siegreichen bewaffneten Aufstand zu erneuern.« (Congrès Anarchiste tenu à Amsterdam (Août 1907). Compte-rendu analytique des Seances et Résumé des Rapports sur l'État du Movement dans le monde entier. Paris: La Publication Sociale, 1908: 89)

ist, schickten Abgesandte zum Gouverneur, um ihn aufzufordern, die Unternehmer zum Nachgeben zu veranlassen.

Überhaupt gehört der Generalstreik, auch wenn man ihn auf das reduziert, was er wirklich ist, immer noch zu den zweischneidigen Schwertern, die man mit sehr viel Vorsicht handhaben muss. Die Lebensmittelversorgung duldet keine längere Unterbrechung. Man muss sich also mit Gewalt der Vorräte bemächtigen, und zwar sofort, ohne erst darauf zu warten, bis sich der Streik zum Aufstand ausgeweitet hat.

Es geht also nicht so sehr darum, die Arbeiter aufzufordern, die Arbeit einzustellen, als vielmehr darum, dass sie sie zu ihrem eigenen Nutzen fortsetzen. Denn sonst würde der Generalstreik bald in eine allgemeine Hungersnot ausarten, selbst wenn man sich energisch genug gezeigt hätte, gleich zu Beginn alle in den Geschäften gelagerten Güter zu beschlagnahmen. Im Grunde geht die Idee des Generalstreiks von einer völlig falschen Annahme aus: von der Vorstellung nämlich, dass die Menschheit von den Gütern, die die Bourgeoisie angehäuft hat, wer weiß wie viele Monate und Jahre leben könne, ohne zu arbeiten. Diese Vorstellung hat die Verfasser zweier Propagandabroschüren begeistert, die vor etwa zwanzig Jahren erschienen sind: *Les produits de la terre* und *Les produits de l'industrie*.[13] Meiner Meinung nach haben diese

13 Die beiden fraglichen Broschüren stammen aus den Jahren 1884/85 und 1887 und waren von der damaligen Hilfskraft des bekannten Anarchisten und Geographen Elisée Reclus (1830-1905), Henri Sensine (1854-1937) verfasst, der »die anarchistischen Ideen nicht teilte, aber soziale Gefühle hegte« (Max Nettlau: Geschichte der Anarchie. Band 3. Die historische Entwicklung des Anarchismus in den Jahren 1880-1886 (1931). Münster: Bibliothek Thélèlme, 1996: 404). Schon damals hatte Malatesta als einer der wenigen gegen die dort formulierten Thesen Einspruch erhoben: »Auf der anderen Seite haben die Sozialisten, besonders die Anarchisten, die dem Unterschied zwischen dem, was in der heutigen Gesellschaft produziert werden könnte, und dem, was tatsächlich produziert wird, nicht genügend Aufmerksamkeit schenken, entgegnet, dass es keine Lebensmittelknappheit gibt und dass die gesamte soziale Frage eine bloße Verteilungsfrage ist. Und, um es auf die Spitze zu treiben, kommen einige Kameraden daher, die ihre Berechnungen auf mehr oder weniger gut interpretierte Statistiken stützen

Broschüren mehr Schaden angerichtet als Nutzen gebracht. Die heutige Gesellschaft ist nicht so reich wie man glaubt. Kropotkin hat einmal nachgewiesen, dass England im Falle einer plötzlichen Stillegung der Produktion nur noch für einen Monat Lebensmittel hätte; London nur noch für drei Tage. Ich weiß sehr wohl, dass es das oft zitierte Phänomen der Überproduktion gibt. Aber jede Überproduktion wird durch eine Krise, die die Ordnung in der Industrie bald wiederherstellt, augenblicklich aufgefangen. Die Überproduktion ist immer nur vorübergehend und relativ.

Fassen wir nun zusammen. Ich habe es früher bedauert, dass sich die Genossen von der Arbeiterbewegung fernhielten. Heute bedaure ich, dass viele von Euch in das gegenteilige Extrem verfallen sind und sich ganz von dieser Bewegung vereinnahmen lassen. Noch einmal: Die Arbeiterorganisation, der Streik, der Generalstreik, die direkte Aktion, der Boykott, die Sabotage und der bewaffnete Aufstand sind alles nur *Mittel*. Die Anarchie ist das *Ziel*. Die anarchistische Revolution, wie wir sie anstreben, geht weit über die Interessen einer einzelnen Klasse hinaus. Sie beabsichtigt, die derzeit unterdrückte Menschheit vollständig zu befreien und zwar in dreifacher, nämlich wirtschaftlicher, politischer und moralischer Hinsicht. Hüten wir uns also vor jeder einseitigen und oberflächlichen Aktionsmethode. Der Syndikalismus, der wegen der Arbeitermacht, die er uns zur Verfügung stellt, eine hervorragende Aktionsmethode ist, kann aber nicht

---

und behaupten, dass, sogar unter dem jetzigen bourgeoisen Produktionssystem, zweimal mehr Lebensmittel produziert werden als gebraucht werden, und eine viermal so große Anzahl an Industrieprodukten im Vergleich zu der Anzahl, von der die Wissenschaft sagt, dass die Menschen sie zum Essen und Tragen benötigen, das heißt, um alle unsere Bedürfnisse zu decken. So unsinnig es dem unvoreingenommenen Beobachter auch scheint, wurde diese Behauptung ohne Überprüfung und beinahe dogmatisch übernommen – das ist die Tendenz des Menschen, blind an alles zu glauben, was ihm genehm und gefällig ist – und sie wird unaufhörlich wiederholt ohne Prüfung ihrer Wahrhaftigkeit.« (The products of soil and industry (1891), in: Davide Turcato (Hg.): The Method of Freedom. Oakland: AK Press, 2014: 149-153. Hier: S.149f.; Übersetzung aus dem Englischen von Elke Gehweiler)

unser einziges Mittel sein. Noch viel weniger darf er dazu führen, dass wir das einzige Ziel, das eine Anstrengung wert ist, aus den Augen verlieren: die Anarchie.

Der individualistische Amoralismus und die Anarchie (1913/1914)[1]

I. Die tragischen Banditen[2]

Es scheint eigentlich zu spät, um über dieses Thema zu sprechen. Doch das Thema bleibt aktuell. Zwar geht es um vergangene Ereignisse und Diskussionen, aber auch um solche, die sich jederzeit wiederholen können - vor allem, solange die Bedingungen, die zu ihnen führen, nicht beseitigt sind.

Wir sprechen von ein paar Individuen, die gestohlen und dafür getötet haben. Sie waren nicht wählerisch und schossen auf jeden, der sich zwischen sie und das Geld stellte, das sie wollten. Ihre Opfer waren Menschen, die sie nicht kannten, darunter Arbeiter, die genauso, oder sogar noch mehr, unter den gesellschaftlichen Verhältnissen zu leiden haben wie sie.

Im Grunde ist das Ganze wenig überraschend. Vom Baum des Privilegs fallen immer unreife Früchte. Das gesamte gesellschaftliche Leben ist von Betrug und Gewalt gekennzeichnet. Menschen, die arm geboren werden, sehen sich Sorgen und Erniedrigungen

---

1 Veröffentlicht als Broschüre unter dem Titel *L'Amoralisme Individualiste et L'Anarchie* in »Les Editions de ›L'Emanzipateur« (Belgien, 1913/1914) Der erste Teil, »Die tragischen Banditen«, erschien wohl ursprünglich unter dem Titel »Banditi rossi« in der Zeitschrift *Volontà* (Ancona, 15. Juni 1913), der zweite Teil, »Anarchismus und Amoralismus«, geht auf den Artikel »Errori e Rimedi«, erschienen in *L'Anarchia* (London, August 1896) zurück. Die Herkunft des dritten Teils »Das Recht zu urteilen« ließ sich nicht klären. Möglicherweise war es eine Antwort auf eine Polemik des (späteren) Attentäters Émile Henry (1872-1894) gegen Malatestas Artikel »Ein wenig Theorie« (in diesem Band), in der er die Position vertrat, dass Anarchisten kein Recht hätten, über anarchistische Attentate negativ zu urteilen. Aus dem Französischen übersetzt von Gabriel Kuhn.

2 Hintergrund der Broschüre sind die kontroversen Diskussionen um die Aufsehen erregenden Überfälle der sogenannten Bonnot-Bande in den Jahren 1911/1912, einer Gruppe von Individualanarchisten um Jules Bonnot (1876-1912), die auch als »tragische Banditen« bezeichnet worden waren.

aller Art ausgesetzt. Geld ist zur Befriedigung unserer Bedürfnisse und dem Erlangen sozialen Respekts unverzichtbar. Gleichzeitig ist es für viele Menschen unmöglich, eine ehrliche und würdige Arbeit zu finden. Wie soll es da erstaunen, wenn sich von Zeit zu Zeit unglückliche und unterdrückte Seelen von der bürgerlichen Moral beeinflussen lassen? Und was sollen diese Seelen tun? Sie können sich nicht unter dem Schutz der Polizei die Arbeit anderer aneignen - also stehlen sie. Sie können keine militärischen Feldzüge oder den Verkauf von Gift, das sie als Lebensmittel anpreisen, planen - also bedienen sie sich eines Dolchs oder Revolvers.

So weit ist alles recht einfach. Nun gibt es aber unter diesen »Banditen« welche, die sich als Anarchisten bezeichnen. Das macht vieles schwieriger.

Die Bürger nutzen den Eindruck, den diese Aktivitäten auf die Öffentlichkeit machen, um den Anarchismus zu verunglimpfen und ihre eigene Macht zu festigen. Auch die Polizei profitiert davon. Oft genug werden die besagten Aktivitäten sogar von der Polizei angezettelt. Damit wächst die Bedeutung der Beamten, die gleichzeitig ihre Bedürfnisse der Kriminalisierung und des Tötens zufrieden stellen können. Außerdem verdienen sie gut an vergossenem Blut (in der Form von barem Geld genauso wie durch Beförderungen). Dem gegenüber stehen Genossen, die es nicht wagen, Menschen zu verurteilen, die sich als Anarchisten bezeichnen. Einige unter ihnen, die Romantiker des Abenteuers, feiern zudem den Mut dieser Menschen und den Gesetzesbruch, ohne sich um das Wie und Warum zu kümmern. Mir erscheint es jedoch wichtig, das Phänomen in Ruhe zu untersuchen.

Nur so können wir Schlussfolgerungen für unser eigenes Handeln ziehen und anderen Menschen Ratschläge erteilen. Wir müssen uns fragen, in welchem Verhältnis die Aktivitäten dieser Männer zu unseren Überzeugungen stehen. Es reicht nicht aus, sie alleine nach ästhetischen Kriterien zu beurteilen.

Sicher, diese Männer waren mutig, und der Mut ist eine schöne und noble Eigenschaft. Aber abgesehen davon, dass Mut manchmal nichts anderes heißt, als in guter physischer Verfassung zu sein, kann er dem Guten wie dem Schlechten dienen. Mutige Männer finden sich unter den Märtyrern der Freiheit genauso wie unter den schlimmsten Tyrannen. Sie finden sich unter Revolutionären genauso wie unter Soldaten, bei der Polizei oder in der Camorra. Gewöhnlich bezeichnen wir diejenigen, die ihren Mut in den Dienst des Guten stellen, als Helden, während wir diejenigen, die Schlechtes tun (und im schlimmsten Fall rücksichtslose und blutrünstige Scheusale sind), als Schurken bezeichnen. Damit haben wir durchaus recht.

Dass den Aktivitäten, um die es hier geht, etwas Romantisches und in gewissem Sinne ästhetisch Ansprechendes innewohnt, verleugne ich keineswegs. Doch entlässt das auch die poetischen Bewunderer der »schönen Tat« nicht aus der Verantwortung nachzudenken.[3]

Ein schnelles Auto, das von Menschen gelenkt wird, die mit Brownings bewaffnet Schrecken verbreiten und eine Spur des Todes hinterlassen, ist zweifelsohne ein modernes Phänomen[4] – aber das macht diese Menschen nicht besser als die Brigadiers mit Federhüten und Donnerbüchsen, die eine Gruppe Reisender überfallen und ausrauben, oder die feudalen Barone, die in ihrer Rüstung hoch zu Ross die Abgabe des Leibeigenen fordern. Würde die italienische Regierung nicht nur aus Schauspielern, Dummköpfen und Dieben bestehen, hätte sie den Feldzug in Libyen vielleicht auch ästhetisch ansprechend gestalten können – aber wäre er deshalb weniger kriminell und verwerflich gewesen?[5]

---

3 Vielleicht eine polemische Anspielung auf Laurent Teilhade (1854-1919), französischer Satiriker und Dichter, der eine zeitlang im Kontakt mit den Pariser Anarchisten stand und im Zusammenhang mit Akten der »Propaganda der Tat« gesagt haben soll: »Wen interessiert das Opfer, wenn die Geste schön ist.«

4 Die Bonnot-Bande unternahm (anscheinend) als erste Überfälle mit Hilfe von Automobilen.

5 Unter dem Liberalen Giovanni Giolitti beschloss die italienische Regierung im Sommer 1911 der Türkei den Krieg zu erklären und marschierte in die von dieser besetzten Provinz in Nordafrika ein. In der seinerzeitigen Kontroverse sprach sich Malatesta vehement gegen den

Freilich handelte es sich bei unseren Banditen nicht (oder nicht nur) um gewöhnliche Verbrecher.

Es gab unter diesen Dieben desillusionierte Idealisten und unter diesen Mördern heroische Naturen, die sich unter anderen Umständen - oder unter dem Einfluss anderer Ideen - als solche hätten beweisen können. Für alle, die diese Menschen kannten, steht außer Zweifel, dass sie reflektierten und dass ihre starke Reaktion gegen die gesellschaftlichen Verhältnisse sowie ihr leidenschaftlicher Versuch, dem eigenen Willen zu folgen und die eigenen Bedürfnisse zu befriedigen, einem speziellen Verständnis des Lebens und des Kampfes entsprang.

Aber sind ihre Vorstellungen anarchistische?

Können sie sich, selbst im weitesten Sinne, mit dem Anarchismus in Einklang bringen lassen? Oder stehen sie in völligem Gegensatz zu ihm?

Das ist die Frage, um die es hier geht.

* * *

Eroberungskrieg aus: »Wir verabscheuen den stets brudermordenden, schädlichen Krieg und wollen die soziale Revolution für die Befreiung; wir verurteilen die Kämpfe zwischen den Völkern und rufen auf zum Kampf gegen die herrschenden Klassen. Wenn es aber unglücklicherweise zu einem Konflikt zwischen Volk und Volk kommt, dann sind wir auf der Seite des Volkes, das seine Unabhängigkeit verteidigt. (...) Heute, da Italien in ein anderes Land einmarschiert, und auf dem Marktplatz von Tripoli der Galgen Victor Emanuels errichtet wird, ist edel und tugendhaft die Revolte der Araber gegen den italienischen Tyrannen. (...) Für die Ehre Italiens hoffen wir, dass das wieder zur Vernunft gekommene italienische Volk es schafft, die Regierung zum Rückzug aus Afrika zu zwingen; und wenn nicht, dann hoffen wir, dass es den Arabern gelingt, sie zu vertreiben.« (Franco Bertolucci: »Kein Mann, kein Geld für den Krieg«. Italienische Anarchisten und Syndikalisten und der Erste Weltkrieg, in: Andreas Hohmann (Hg.): Ehern, tapfer, vergessen. Die unbekannte Internationale. Lich: Edition AV, 2014: 139-180. Hier: S.146) Siehe hierzu auch Malatestas Artikel »The War and the Anarchists« (1912), in: Davide Turcato (Hg.): The Method of Freedom. Oakland: AK Press, 2014: 353-358.

Der Definition nach ist ein Anarchist jemand, der weder Unterdrücker noch Unterdrückter sein will. Er ist jemand, der sich nach dem größtmöglichen Glück, der größtmöglichen Freiheit und der größtmöglichen Selbstverwirklichung *aller* Menschen sehnt.
Seine Ideale und Wünsche beruhen auf Mitgefühl, Liebe und Respekt. Diese Empfindungen müssen stark genug sein, um das Glück anderer genauso anzustreben wie das eigene und auf persönliche Vorteile zu verzichten, die von anderen Opfer verlangen.
Ist diese Voraussetzung nicht gegeben, wie kann der Anarchist dann ein Feind der Unterdrückung sein, anstatt selbst zu einem Unterdrücker zu werden?
Der Anarchist weiß, dass Einzelne nicht außerhalb der Gesellschaft leben können. Er weiß, dass sich die Menschlichkeit der Einzelnen den Errungenschaften vergangener Generationen verdankt und ihr Überleben von der Zusammenarbeit mit ihren Zeitgenossen abhängt.
Er weiß, dass die Handlungen der Einzelnen direkt oder indirekt das Leben aller anderen beeinflussen. Kurz, er begreift das Gesetz der Solidarität, welches das natürliche ebenso wie das gesellschaftliche Leben prägt; und nachdem er sich nach Freiheit für alle sehnt, muss er darauf bedacht sein, dass dieses Gesetz auch von allen begriffen wird, da nur dies gleiche Voraussetzungen schaffen kann. Solange Menschen dies nicht bewusst ist, bleibt viel dem Zufall überlassen und eine Minderheit kann herrschen und ausbeuten und vom Nachteil anderer profitieren.
Es gibt nur die folgenden Alternativen: unterdrückt sein, unterdrücken oder zum Wohle aller zusammenzuarbeiten. Die Anarchisten bemühen sich, es könnte nicht anders sein, um Letzteres: um freie und freiwillige Formen der Zusammenarbeit.
Wir wollen hier nicht philosophieren und von Egoismus, Altruismus und anderen großen Dingen sprechen. Ja, wir sind Egoisten in dem Sinne, dass wir nach unserer eigenen Befriedigung streben. Doch für Anarchisten besteht die größte Befriedigung im Glück aller, in einer Gesellschaft von Brüdern, von gesunden, intelligenten, gebildeten und frohen Menschen. Dafür kämpfen

sie. Niemand, der bereit ist, in einer Gesellschaft von Sklaven zu leben und von Sklavenarbeit zu profitieren, kann jemals Anarchist sein.

Es gibt starke, kluge und leidenschaftliche Individuen mit hohen materiellen und geistigen Ansprüchen, die das Schicksal zu Unterdrückten gemacht hat und die sich um jeden Preis von diesem Schicksal befreien wollen. Sie zögern dabei nicht, selbst zu widerwärtigen Unterdrückern zu werden. Diese Individuen finden sich in der gegenwärtigen Gesellschaft eingeengt und betrachten daher *jede* Form von Gesellschaft mit Misstrauen und Hass. Gleichzeitig wissen sie, dass sie ohne andere Menschen nicht existieren können. Also versuchen sie, anderen ihren Willen aufzuzwingen. Manche stellen dabei gerne ihre Belesenheit zur Schau und nennen sich »Übermenschen«. Sie wollen »ihr eigenes Leben leben«, und zwar skrupellos. Die Revolution - und die Zukunft überhaupt - wird ihnen zum Gegenstand des Spotts. Es geht ihnen um das Jetzt, das sie erleben wollen, ohne Rücksicht auf andere. Sie opfern ihre Menschlichkeit - wie es manche von ihnen ausdrücklich formuliert haben - dem »intensiven Leben«.[6]

Diese Menschen sind Rebellen, aber keine Anarchisten. Ihre Mentalität ist die missglückter Bürger. Wenn sie die Möglichkeit haben, zu richtigen Bürgern zu werden, ergreifen sie diese. Ihre Rolle spielen sie dabei ausgezeichnet.

Sie mögen im Zuge des Kampfes an unserer Seite auftauchen, aber wir können, sollen und wollen nicht mit ihnen verwechselt werden. Und sie wissen das.

* * *

Trotzdem bezeichnen sich viele von ihnen gerne als Anarchisten. Das ist wahr - und bedauerlich.

---

6 Gemeint sind hier jene (meist individualistische) Anarchisten, die sich auf Max Stirner (1806-1856) und vor allem Friedrich Nietzsche (1844-1900) beriefen. In den 1890er Jahren setzte in Teilen des Anarchismus deren Rezeption ein, die zu vielerlei Auseinandersetzungen führte - und die der Sozialdemokratie immer wieder Munition zu ihrer Polemik gegen *den* Anarchismus insgesamt gab.

Auf der einen Seite können wir den Namen, den sie für sich wählen, nicht beeinflussen. Auf der anderen Seite können wir selbst nicht einen Namen aufgeben, der unsere Ideen treffend zusammenfasst und der uns logisch wie historisch zukommt. Wir können jedoch unnötige Verwirrung vermeiden - zumindest so weit wie möglich.

Wie kann es dazu kommen, dass Individuen einen Namen für sich in Anspruch nehmen, der in direktem Gegensatz zu ihren Handlungen steht? Wie können sie den gleichen Namen verwenden wie Menschen, die ganz andere Ziele haben?

Von den dubiosen Machenschaften der Polizei war bereits die Rede. Es ist nicht schwierig zu beweisen, dass manche Taten, die man anarchistisch genannt hat, in den Lasterhöhlen der Pariser Polizei erdacht und auf Befehl der Polizeichefs - Andrieux, Goron und anderer - durchgeführt wurden.

Als der Anarchismus in Frankreich immer stärkere Verbreitung fand, hatte die Polizei die geniale Idee, die Bewegung von innen zu bekämpfen. Dies war der Taktik der schlauesten Jesuiten würdig. Es wurden Provokateure in die Reihen der Anarchisten eingeschleust, die sich einen ultrarevolutionären Anstrich gaben und die anarchistischen Ideen so sehr pervertierten, dass sie grotesk und zum völligen Gegenteil ihrer Ursprünge wurden. Die Polizei gründete und finanzierte Zeitungen und provozierte sinnlose Verbrechen, die man dann als anarchistisch ausgab. Man missbrauchte junge, naive und idealistische Menschen, die man kurz darauf fallen ließ. Gleichzeitig gelang es mithilfe der bürgerlichen Presse, einen Teil der Bevölkerung davon zu überzeugen, dass diese Menschen tatsächlich den Anarchismus repräsentierten. Die französischen Genossen haben gute Gründe zu glauben, dass diese Taktik immer noch angewandt wird und auch auf die Aktivitäten Einfluss hatte, von denen hier die Rede ist. Manchmal wurden Taten begangen, die über die Pläne der Polizei hinausgingen. Doch der Polizei nutzten sie in jedem Fall.

Die Polizei ist aber nicht der einzige Faktor. Es gibt noch andere, weniger widerliche, aber nicht weniger verhängnisvolle. So sind Schriftsteller und Journalisten immer gerne bereit, sich aufsehenerregenden Themen zu widmen. Als daher spektakuläre Attentate die öffentliche Aufmerksamkeit auf den Anarchismus lenkten, begannen viele von ihnen, sich mit diesem zu beschäftigen. Das Bild, das sie von ihm malten, entsprach ihrer bürgerlichen Gesinnung. Der Anarchismus wurde zu einem spannenden Thema für neugierige junge Mädchen und gelangweilte alte Damen, hatte aber nicht das Geringste mit einer emanzipatorischen Massenbewegung zu tun. Menschen, die gut schreiben, können alles Mögliche behaupten, das niemand versteht, und gerade deshalb bewundert werden, hat es immer gegeben. Hieß es nicht irgendwann in Italien, dass Gabriele d'Annunzio[7] ein Sozialist sei?

Doch nach einiger Zeit kehren praktisch alle dieser »Intellektuellen« wieder in den Schoss der bürgerlichen Gesellschaft zurück, wo sie ihren Ruf ausschlachten. Sie offenbaren sich damit als nach Anerkennung strebende Abenteurer des Wortes, die großen Schaden anrichten.

* * *

Dazu würde es freilich nie kommen, gäbe es auf der Welt nur Menschen mit klaren Ideen, die genau wissen, was sie wollen und dementsprechend handeln. Doch dem ist nicht so. Es gibt viele Menschen, deren Geist zerstreut und deren Seele unsicher ist und die von einem Extrem zum anderen pendeln.

Und so gibt es beispielsweise jene, die sich als Anarchisten bezeichnen und ernsthaft glauben, solche zu sein, wenn sie abscheuliche (wenn auch angesichts der gesellschaftlichen Umstände erklärbare) Taten rechtfertigen, indem sie sagen, dass die Bürger ebenso und sogar noch schlimmer handeln. Das ist wahr. Aber warum sollte man selbst besser sein, wenn man nicht besser handelt?

Die Bürger werden angeklagt, weil sie dem Arbeiter den Ertrag seiner Arbeit nehmen; doch alle schweigen, wenn jemand diesem Arbeiter auch noch das Bisschen nimmt, das ihm der Bürger lässt.

---

7 Gabriele d'Annunzio (1863-1938): Italienischer Schriftsteller und Dichter.

Alle empören sich darüber, dass Kapitalisten Menschen unter schlechten Bedingungen arbeiten lassen; aber niemand empört sich über jene, die diese Arbeiter niederstechen, um an ein klein bisschen Geld zu kommen.

Alle verachten den Kredithai, der einem armen Teufel für zehn geliehene Francs einen Franc Zinsen abverlangt; aber niemand erhebt seine Stimme, wenn jemand diesem armen Teufel alle zehn Francs nimmt, ohne ihm vorher irgendetwas geliehen zu haben.

Die Leute, von denen ich hier spreche, sind arm im Geiste; gerade deshalb glauben sie, anderen Menschen von Natur aus überlegen zu sein. Sie verachten die »dummen Massen« und fügen den Arbeitern, Armen und Unglücklichen ungeniert Schaden zu, da diese »nicht rebellieren und daher die gegenwärtige Gesellschaftsordnung unterstützen«.

Ich kenne einen rücksichtslosen und gewissenlosen Kapitalisten, der sich in Cafés gerne als Sozialist, ja sogar als Anarchist, ausgibt. Er verleugnet nicht, ein brutaler Ausbeuter zu sein, aber er erklärt dies auf ähnliche Weise. »Meine Arbeiter«, sagt er, »verdienen es, so behandelt zu werden, wie ich sie behandle, weil sie sich mir unterwerfen; sie sind sklavische Naturen und unterstützen damit das bürgerliche Regime.« Und so weiter. Genau so sprechen die Anarchisten, die den Unterdrückten weder Sympathie noch Solidarität entgegenbringen. Der Schluss dieser Logik wäre aber, dass die wirklichen Freunde der Anarchisten die Kapitalisten und ihre wirklichen Feinde die Masse der Unterdrückten sind. Wie kann man dann aber von Emanzipation reden? Anarchisten dieser Art sollten sich vielmehr mit den Bürgern unterhalten und uns in Frieden lassen.

* * *

Ich habe genug gesagt und sollte abschließen.

Ich tue das, indem ich denjenigen einen Rat erteile, die »ihr eigenes Leben leben wollen«, ohne sich in irgendeiner Weise um das Leben anderer zu kümmern.

Diebstahl und Mord sind gefährliche Methoden und im Allgemeinen wenig produktiv. Solche Methoden zu wählen, führt

meist dazu, im Gefängnis oder unter der Guillotine zu landen, vor allem, wenn man unvorsichtig ist und die Aufmerksamkeit der Polizei auf sich zieht, indem man sich als Anarchist bezeichnet und unter Anarchisten verkehrt.
Man macht also ein sehr schlechtes Geschäft.
Im Gegensatz dazu ist es leicht, eine bürgerliche Karriere zu machen, wenn man schlau, motiviert und skrupellos ist. Insofern ist es ein viel besseres Geschäft, mithilfe legalen Diebstahls und Mordes zu einem guten Bürger zu werden. Das empfehle ich den Anarchisten, von denen hier die Rede ist; zumal sie es damit auch vermeiden, dem Anarchismus Schaden zuzufügen, was in ihrem Sinne sein sollte, wenn sie nun wirklich intellektuelle Sympathien für ihn hegen.

II. Anarchismus und Amoralismus

Es gibt heute eine ganze Reihe von Menschen, die sich als Anarchisten bezeichnen. Die Auffassungen des Anarchismus sind dabei vielfältig und oft genug widersprüchlich. Es verwundert demnach nicht, wenn Menschen, die mit unseren Ideen in keiner Weise vertraut sind, nicht auf Anhieb zwischen zwei einander entgegengesetzten, aber unter dem gleichen Namen auftretenden Strömungen unterscheiden können; genauso wenig wie es verwundert, wenn sie uns und unserer Botschaft mit Argwohn und Skepsis begegnen.
Wir können, wie bereits gesagt, andere nicht davon abhalten, den Namen zu verwenden, den sie für sich verwenden wollen. Gleichzeitig nutzt es nichts, wenn wir selbst diesen Namen aufgeben. Die Menschen würden einfach glauben, dass wir unsere Ansichten geändert haben.
Gleichzeitig können – und müssen – wir den Unterschied zwischen uns und denjenigen klarmachen, deren Auffassung des Anarchismus sich von der unseren unterscheidet oder die auf der Basis der gleichen theoretischen Überzeugungen andere praktische Schlussfolgerungen ziehen. Wir können dies aber nur tun, wenn wir unsere Ideen deutlich aussprechen und ohne zu zögern klarstellen, wenn ihnen – oder den mit ihnen einhergehenden

moralischen Werten – etwas widerspricht. Dabei dürfen wir keine Rücksicht auf die Personen oder Gruppen nehmen, deren Handlungen zu einer solchen Klarstellung Anlass geben. Schließlich ist die angebliche Zusammengehörigkeit von Personen, die nicht zusammengehören, einer der Hauptgründe für die gegenwärtigen Unklarheiten.
Es gibt Genossen, die sich für Handlungen begeistert haben, die sie ablehnen, sobald sie von Bürgern begangen werden. Es scheint so, als gäbe es für diese Genossen nur ein einziges Kriterium, um eine gute von einer schlechten Handlung zu unterscheiden: Wurde sie von einer Person begangen, die sich als Anarchist bezeichnet, oder nicht? Hinter einer solchen Auffassung liegen viele Missverständnisse. Das Resultat ist, dass einige Genossen in der Praxis Aktionen gutheißen, die sie theoretisch ablehnen, und andere Genossen diesen Widerspruch akzeptieren. In jedem Fall befinden sich heute in unserer Mitte Leute, die sich über den Sozialismus, die Anarchie und alles, was nicht unmittelbar mit ihren eigenen Interessen zu tun hat, mokieren.
Die erwähnten Missverständnisse können hier nicht methodisch und auch nicht vollständig präsentiert werden. Ich werde mich daher auf die offensichtlichsten bzw. häufigsten von ihnen konzentrieren.

* * *

Lasst uns von der Moral sprechen.
Nicht selten begegnet man Anarchisten bzw. Leuten, die sich als solche bezeichnen, die jede Moral verneinen. Ursprünglich wollen sie damit nur auf theoretischer Ebene klarstellen, dass sie keiner absoluten, ewigen und unveränderlichen Moral das Wort reden. Auf praktischer Ebene wollen sie gegen die bürgerliche Moral revoltieren, welche die Ausbeutung der Massen legitimiert und alles sanktioniert, was die Interessen der Privilegierten schwächt oder bedroht. Dann kommt es jedoch zu einer bekannten Entwicklung: Schritt für Schritt wird das rhetorische Mittel zu einer Wirklichkeit, und einige vergessen, dass die gegenwärtige Moral nicht nur aus Dogmen von Priestern und Kapitalisten be-

steht, die damit ihre Herrschaft absichern wollen, sondern auch aus Richtlinien des Handelns, ohne die unsere kollektive Existenz unmöglich wäre. Tatsächlich machen diese Richtlinien den Großteil der gegenwärtigen Moral aus.

Die Zurückweisung durch Zwang auferlegter Regeln bedeutet also nicht, sich jeder moralischen Rücksichtnahme und Verantwortung zu entziehen. Eine bestimmte Moral kann nur dann bekämpft werden, wenn man ihr eine theoretisch wie praktisch überlegene Moral gegenüberstellt. Die Kritiker der Moral vergessen das oft. Manchen von ihnen werden – unter dem Einfluss ihrer Persönlichkeit und der gesellschaftlichen Bedingungen – »amoralisch« (eigentlich »*un*moralisch«), das heißt, Menschen ohne jede Regeln, ohne jede Richtlinien für ihr Handeln, völlig dem Impuls hingegeben. So mögen sie heute auf ihr letztes Stück Brot verzichten, um einem Genossen zu helfen, während sie morgen einen Menschen töten, um ins Freudenhaus gehen zu können!

Die Moral bezeichnet das Handeln, das die Menschen als gut ansehen. Man mag die Moral einer bestimmten Zeit, eines bestimmten Landes oder einer bestimmten Gesellschaft ablehnen (so wie wir beispielsweise die bürgerliche Moral ablehnen), aber eine Gesellschaft ohne jede Moral ist undenkbar. Genauso undenkbar ist es, dass ein Mensch zwar Bewusstsein, aber keine Kriterien für gutes bzw. schlechtes Handeln hat, und zwar für ihn selbst wie auch für andere.

Wenn wir die gegenwärtige Gesellschaft bekämpfen, stellen wir die Moral der Liebe und der Solidarität der bürgerlichen, individualistischen Moral bzw. der Moral des Kampfes und der Konkurrenz gegenüber. Gleichzeitig versuchen wir, Institutionen zu etablieren, die unseren Vorstellungen menschlicher Beziehungen entsprechen. Wenn uns das kein Anliegen wäre, warum sollten wir es dann ungerecht finden, wenn die Bürger das Volk ausbeuten?

* * *

Wir stoßen oft auf die folgende verheerende Argumentation, die manche ernst meinen und andere als Ausrede verwenden: die gegenwärtige Gesellschaft erlaubt es nicht, moralisch zu sein, weswegen sich die gegenwärtige Gesellschaft auch nicht auf moralischem Wege verbessern lässt; vielmehr müssen wir die herrschenden Bedingungen zu unserem Vorteil wenden, das heißt, auch wir müssen ohne Rücksicht auf andere handeln; ändern können wir unser Verhalten erst, wenn sich die gesellschaftlichen Verhältnisse verändert haben.

Jeder Anarchist und Sozialist versteht, dass das gegenwärtige ökonomische System die Menschen dazu führt, gegeneinander zu kämpfen. Er versteht auch, dass die persönliche Veränderung alleine die gesellschaftlichen Bedingungen nicht verändern kann. Doch gleichzeitig kann es ohne persönliche Veränderung keine gesellschaftliche Veränderung geben.

Wir alle sind gezwungen, im Widerspruch zu unseren Ideen zu leben. Ausnahmslos. Wir sind jedoch Anarchisten und Sozialisten, weil wir darunter leiden und versuchen, diesen Widerspruch so weit wie möglich zu minimieren. Wenn wir uns einfach an die gesellschaftlichen Verhältnisse anpassen, geht diese Dimension verloren und wir werden zu ganz normalen Bürgern; zu Bürgern ohne Geld vielleicht, aber nichtsdestotrotz zu Bürgern in unserem Denken und Handeln.

III. Das Recht zu urteilen

Man könnte Bände über die Probleme schreiben, die von sprachlichen Mängeln herrühren, und selbst dann wäre das Thema noch nicht ausgeschöpft. Es gibt Synonyme, Wörter mit doppelter Bedeutung usw. Ein Beispiel bieten die Verwirrungen, zu denen es kommt, wenn es um unser Recht zu urteilen geht.

Die Minderheit der glücklichen und privilegierten Menschen, die historisch die arbeitenden Massen unterdrückt und ausgebeutet haben, hat schrittweise Werte und Institutionen geschaffen, die ihre Herrschaft absichern, rechtfertigen und fortsetzen. Mithilfe des Militärs und anderer Formen physischen Zwangs (der immer das erste Mittel der Verteidigung und das letzte Mittel der Unterdrückung ist) wurde eine »Moral« geschaffen, die den Interessen der Herrschenden entspricht und alles, was diesen Interessen widerspricht, kriminalisiert. Das Gesetz soll die Unterdrückten zwingen, die Moral der Herrschenden zu respektieren. Implementiert wird das Gesetz von den Beschützern und Verteidigern der bestehenden Ordnung, die wir »Richter« nennen: sie bestimmen die Verfehlungen und bestrafen die Täter. Daher überrascht es nicht, wenn die Herrschenden den Richtern seit jeher besonderes gesellschaftliches Ansehen und besondere Privilegien sichern.

Die Justiz gehört zu den größten Schandflecken der Menschheit. Die Richter verfolgen jeden rebellischen Gedanken und jede rebellische Handlung. Sie machen all jene zu Märtyrern, die ein wenig Licht ins Dunkel bringen und einen Teil der Wahrheit offenbaren. Sie schicken all jene ins Gefängnis oder aufs Schafott, die sich gegen Herrschaft auflehnen und für Gerechtigkeit kämpfen. Sie füllen Gefängnisse mit Menschen, die vom Leben benachteiligt wurden.

Die Menschen, die wir in den Gefängnissen finden, sind - selbst, wenn sie grauenhafte Taten begangen haben - aufgrund der gesellschaftlichen Umstände dort. Sie sind dort aufgrund eines Regimes, das sie bestraft, um sich selbst zu verteidigen.

Die Richter sichern dem System Anerkennung und Unterstützung, indem sie sich als Garanten der Gerechtigkeit inszenieren. Würde sich das System einzig auf militärische Macht stützen, würde dies nie gelingen. Die angebliche Unabhängigkeit und Unbestechlichkeit der Richter (das eine ist verlogener als das andere) macht sie zu ebenso eifrigen wie gehorsamen Instrumenten der Herrschaft und der Rache großer wie kleiner Tyrannen. Die Richter haben eine wichtige gesellschaftliche Position inne, sie verfügen über das Leben, die Freiheit und die Bedürfnisse anderer, und sie machen das Urteilen zu ihrem Beruf. All dies führt zu einem moralischen Verfall, der sie letzten Endes zu Monstern macht, die für jedes Gefühl der Menschlichkeit taub sind und für die es zur Selbstverständlichkeit wird, andere leiden zu lassen.

Es überrascht in keiner Weise, wenn die Richter und ihre Institutionen der »Gerechtigkeit« seit jeher ein Angriffsziel derjenigen sind, die Freiheit und wirkliche Gerechtigkeit lieben und für sie kämpfen.

All das Wissen, das wir heute vom Einfluss des Erbes und der gesellschaftlichen Bedingungen auf die menschliche Persönlichkeit haben, macht deutlich, wie begrenzt das Prinzip der »individuellen moralischen Verantwortung« ist. Die Psychologie bietet im Allgemeinen keine Erklärungen für das Handeln von Menschen, sondern macht in erster Linie deutlich, wie komplex das menschliche Seelenleben ist. Angesichts dessen wird verständlich, warum manche behaupten, dass der Mensch kein Recht zu urteilen habe.

Wir Anarchisten wollen alle Gewalt und allen Zwang aus menschlichen Beziehungen beseitigen. Das heißt auch, dass wir mehr Grund als alle anderen haben, gegen das Recht zu urteilen zu protestieren, in dessen Namen Menschen bestraft werden, die sich nicht dem Gesetz der Herrschenden unterwerfen.

* * *

Doch Urteilen bedeutet auch, seiner Meinung bzw. Einschätzung Ausdruck zu verleihen. In diesem Sinne handelt es sich um nichts anderes als das einfache Recht der Kritik bzw. das Recht, zu allem und jedem seine Gedanken zu formulieren. Dieses Recht ist der Grundstein jeder Form von Freiheit. Es Menschen vorzuenthalten, bedeutet nicht nur, jede Möglichkeit des Fortschritts zu verhindern, sondern überhaupt jede intellektuelle und moralische Kultur.

Es ist außerordentlich schwierig, gerecht zu urteilen, wenn es um die moralischen Dimensionen einer menschlichen Handlung geht. Wir alle machen Fehler. Das bedeutet auch, dass wir alle in unserem Urteilen vorsichtig sein müssen. Wir müssen bereit sein, unsere Urteile zu ändern und dürfen niemals den Anspruch der Unfehlbarkeit erheben. Wir müssen versuchen, eine Handlung als Handlung zu beurteilen, ungeachtet dessen, wer sie begangen hat. Doch bedeutet das nicht, dass uns irgendjemand das Recht des Urteilens an sich absprechen kann, das heißt, das Recht zu denken und das Recht zu sagen, was man denkt.

Wie erwähnt, jeder Mensch kann sich irren und in seinem Urteil ungerecht sein. Aber die Freiheit, sich zu irren, ist untrennbar mit der Freiheit verbunden, das zu verteidigen, was wahr und gerecht ist. Jeder Mensch muss die absolute Freiheit haben, das zu sagen und zu verbreiten, was er will, unter der Bedingung, dass er anderen seine Ansicht nicht mit Gewalt aufzwingt und keine Waffen gebraucht außer jenen der Vernunft.

Die doppelte Bedeutung des Wortes »urteilen« hat in gewissen anarchistischen Kreisen für Konfusion gesorgt. Manche Genossen haben den Schluss gezogen, dass Anarchisten niemals urteilen dürfen. Dies wurde besonders deutlich anlässlich einiger Aktionen, die von Anarchisten unterschiedlich eingeschätzt wurden. Aber warum sollen Anarchisten einem Recht entsagen (dem der absoluten Freiheit), das sie für alle anderen einfordern? Anarchisten wettern gegen Doktrinen und Päpste aller Art. Sie wollen permanenten gesellschaftlichen Fortschritt. Doch wie soll es zu diesem kommen, wenn man das Recht bzw. die Praxis gegenseitiger Kritik aufgibt und damit das wichtigste Mittel jeden Fortschritts?

Anarchisten sollen kein Recht zu urteilen haben? Aber wie sollen sie die gegenwärtige Gesellschaft bekämpfen können, wenn sie diese nicht als verwerflich verurteilen? Außerdem: ist es nicht ein Urteil zu behaupten, dass man kein Recht zu urteilen hat? Urteilt man dann nicht über den, der urteilt?

Im Grunde handelt es sich hier um nichts anderes als um eine – mehr oder weniger unbewusste – Heuchelei des Geistes als Resultat sprachlicher Verwirrung. Die Wahrheit ist, dass manche Menschen denjenigen das Recht zu urteilen absprechen wollen, die nicht so urteilen wie sie. Gut, in manchen Fällen spricht man sich auch selbst das Recht zu urteilen ab – nämlich dann, wenn man nicht weiß, wie man urteilen soll.

Anarchisten haben ihre Prinzipien vergessen[1]

Auf die Gefahr hin, als Einfaltspinsel zu gelten, gestehe ich, es niemals für möglich gehalten zu haben, dass Sozialisten - oder selbst Sozialdemokraten - einem Krieg wie dem gegenwärtig Europa verwüstenden Beifall spenden und freiwillig, sei es auf der Seite Deutschlands oder der Alliierten, an ihm teilnehmen würden. Was aber soll man sagen, wenn Anarchisten dasselbe tun - zwar nicht viele, das stimmt, darunter jedoch einige der geschätztesten und angesehensten Genossen?[2]

---

1 Ursprünglich veröffentlicht unter dem Titel »Anarchists have forgotten their Principles« in der Zeitschrift *Freedom* (London), Nummer 307 (November 1914). Aus dem Englischen übersetzt von Felix Kurz.

2 Die vorliegende Stellungnahme hat zum Hintergrund den kriegsbefürwortenden Kurs mancher Anarchisten (vor allem) aus Malatestas Londoner Umfeld. Besonders nahe ging Malatesta dabei der Zusammenstoß mit seinem alten Freund Peter Kropotkin, über den er gegen Ende seines Lebens rückblickend schreibt: »[I]n der Tat gab es zwischen uns niemals eine ernsthafte Unstimmigkeit bis zu dem Tag, an dem sich im Jahre 1914 eine Frage praktischen Verhaltens stellte, die sowohl für mich als auch für ihn von grundlegender Bedeutung war: die Frage der Haltung nämlich, die die Anarchisten gegenüber dem Krieg einnehmen sollten. Bei dieser unseligen Gelegenheit erwachten und erstarkten bei Kropotkin seine alten Vorlieben für alles Russische oder Französische, und er erklärte sich zum leidenschaftlichen Anhänger der *Entente*. Er schien zu vergessen, daß er Internationalist, Sozialist und Anarchist war; er vergaß, was er selbst kurz zuvor über den Krieg gesagt hatte, den die Kapitalisten vorbereiteten. Er begann, die schlimmsten Staatsmänner und die Generäle der Entente zu bewundern, behandelte die Anarchisten, die sich weigerten, der *Heiligen Allianz* beizutreten, als Feiglinge und beklagte es, daß Alter und Gesundheit ihm untersagten, ein Gewehr zu nehmen und gegen Deutschland zu marschieren. Eine Verständigung war daher nicht möglich: für mich war es ein wirklich krankhafter Fall. Jedenfalls war es einer der schmerzhaftesten, tragischsten Momente meines Lebens (und ich wage zu sagen, auch des seinen), als wir nach einer außerordentlich mühseligen Diskussion wie Gegner, ja fast wie Feinde auseinandergingen.« (Peter Kropotkin. Erinnerungen und Kritik eines alten Freundes (1931), in: Errico Malatesta: Gesam-

Es wird behauptet, die gegenwärtige Situation offenbare den Bankrott »unserer Formeln« - d.h. unserer Prinzipien - und man müsse sie revidieren.
Allgemein gesprochen muss jede Formel revidiert werden, wenn die gegebenen Fakten sie als unzureichend erweisen; doch das ist heute nicht der Fall, wo nicht etwa Mängel unserer Formeln, sondern die Tatsache, dass sie vergessen und verraten wurden, zu einem Bankrott führen.
Lasst uns zu unseren Prinzipien zurückkehren.
Ich bin kein »Pazifist«. Ich kämpfe, wie wir alle, für den Triumph von Frieden und Brüderlichkeit unter allen Menschen; doch ich weiß, dass der Wunsch, nicht zu kämpfen, nur dann erfüllt werden kann, wenn keine Seite dies tun möchte, und dass, solange es Menschen gibt, die die Freiheiten anderer verletzen, diese anderen sich verteidigen müssen, wenn sie nicht ewig geschlagen werden wollen; und ebenso weiß ich, dass Angriff häufig die beste, oder einzige, Verteidigung ist. Außerdem denke ich, dass die Unterdrückten immer in einer Situation legitimer Selbstverteidigung sind und immer das Recht haben, die Unterdrücker anzugreifen. Ich räume deshalb ein, dass es notwendige, heilige Kriege gibt: Kriege der Befreiung, die in der Regel »Bürgerkriege«, d.h. Revolutionen sind.
Doch was hat der gegenwärtige Krieg mit der menschlichen Emanzipation gemein, um die es uns geht?
Heute hören wir, wie Sozialisten - nicht anders als irgendein Bürger - von »Frankreich«, »Deutschland« und anderen politischen und nationalen Gebilden, die das Ergebnis historischer Kämpfe sind, so reden, als wären es homogene ethnographische Einheiten mit jeweils eigenen Interessen, Bestrebungen und eigener Mission, die im Gegensatz zu denen der rivalisierenden Einheiten stehen. Dies mag relativ gesehen stimmen, solange die Unterdrückten, namentlich die Arbeiter, kein Selbstbewusstsein haben und die Ungerechtigkeit ihrer Unterdrücker nicht zu erkennen vermögen. Dann kommt es allein auf die herrschende Klasse an; und auf-

melte Schriften. Band 2. Berlin: Karin Kramer Verlag, 1980: 56-66. Hier: S.58f.)

grund des Bedürfnisses, ihre eigene Macht zu erhalten und zu vergrößern, ja sogar aufgrund eigener Vorurteile und Auffassungen mag es dieser Klasse gelegen scheinen, rassische Bestrebungen und Rassenhass zu entfachen und ihre Nation, ihre Herde, gegen »fremde« Länder in Marsch zu setzen, um diese ihren gegenwärtigen Unterdrückern zu entwinden und der eigenen politisch-ökonomischen Herrschaft zu unterwerfen.

Doch die Aufgabe derer, die wie wir das Ende jeglicher Unterdrückung und Ausbeutung des Menschen durch den Menschen anstreben, besteht darin, ein Bewusstsein des Interessenantagonismus zwischen Herrschern und Beherrschten, zwischen Ausbeutern und Arbeitern zu wecken und innerhalb jedes Landes den Klassenkampf sowie die grenzüberschreitende Solidarität aller Arbeiter zu entfalten, gegen jegliches Vorurteil und jegliche Begeisterung für Rasse oder Nationalität.

Und wir haben dies schon immer getan. Wir haben immer propagiert, dass die Arbeiter aller Länder Brüder sind und dass der Feind - der »Fremde« - der Ausbeuter ist, ob er nun in der Nähe oder in einem fernen Land geboren ist, ob er dieselbe Sprache oder irgendeine andere spricht. Wir haben unsere Freunde, unsere Kampfgefährten, ebenso wie unsere Feinde immer nach den von ihnen vertretenen Ideen und ihrer Position im sozialen Kampf, niemals aber mit Blick auf Rasse oder Nationalität bestimmt. Wir haben den Patriotismus, ein Relikt der Vergangenheit, das den Interessen der Unterdrücker gute Dienste leistet, immer bekämpft; und wir waren stolz darauf, nicht nur in Worten, sondern im Tiefsten unserer Seele Internationalisten zu sein.

Und nun, da die grauenvollsten Folgen kapitalistischer und staatlicher Herrschaft selbst den Blinden zeigen, dass wir im Recht waren, verbünden sich die Sozialisten und viele Anarchisten in den kriegführenden Staaten mit der Regierung und der Bourgeoisie ihres jeweiligen Landes, vergessen sie den Sozialismus, den Klassenkampf, die internationale Brüderlichkeit und alles übrige.

Welch‘ tiefer Fall!

Es mag sein, dass die gegenwärtigen Ereignisse gezeigt haben, dass nationale Gefühle lebendiger, Gefühle internationaler Bruderschaft hingegen schwächer verwurzelt sind, als wir dachten; aber das sollte ein Grund mehr sein, unsere antipatriotische Propaganda zu verstärken, anstatt sie aufzugeben. Die Ereignisse zeigen auch, dass etwa in Frankreich religiöse Gefühle stärker und Priester einflussreicher sind, als wir meinten. Ist das ein Grund dafür, dass wir zum römischen Katholizismus konvertieren?

Mir ist bewusst, dass es Umstände geben kann, unter denen das allgemeine Wohl die Hilfe aller erfordert - etwa eine Epidemie[3], ein Erdbeben oder eine Invasion von Barbaren, die alles töten und zerstören, was in ihre Hände gerät. In einem solchen Fall muss der Klassenkampf, müssen die Unterschiede in der sozialen Stellung vergessen werden, um gemeinsam gegen die gemeinsam erfahrene Bedrohung vorzugehen - allerdings unter der Bedingung, dass beide Seiten diese Unterschiede vergessen. Wenn sich während eines Erdbebens Menschen in einem Gefängnis befinden und bei dessen Einsturz ums Leben zu kommen drohen, dann haben wir die Pflicht, alle, selbst die Wärter, zu retten - unter der Bedingung, dass die Wärter ihrerseits zunächst die Zellentüren aufschließen. Treffen sie dagegen alle Vorkehrungen, um die Inhaftierung der Gefangenen während und nach der Katastrophe sicherzustellen, dann haben die Gefangenen gegenüber sich selbst und ihren inhaftierten Gefährten die Pflicht, die Wärter ihrem Schicksal zu überlassen und die Gelegenheit zu nutzen, sich selbst zu retten.

Kommt es zu einer Invasion des *heiligen Bodens des Vaterlands* durch ausländische Soldaten und sollte die privilegierte Klasse ihre Privilegien aufgeben und so handeln, dass das »Vaterland« tatsächlich das gemeinsame Eigentum aller Einwohner wird, dann wäre es richtig, dass alle gemeinsam gegen die Invasoren kämpfen. Wollen die Könige aber Könige bleiben, die Grundbesitzer *ihr* Land und *ihre* Häuser retten und die Händler *ihre* Güter schützen - und sogar noch teurer verkaufen -, dann sollten die Arbei-

3 Diese Anmerkung hat auch einen biographischen Hintergrund. So sind Malatesta und einige seiner Genossen im Jahr 1884 nach Neapel geeilt, wo die Cholera ausgebrochen war, um der Bevölkerung zu helfen.

ter, die Sozialisten und Anarchisten sie sich selbst überlassen und nach einer Gelegenheit Ausschau halten, sich der Unterdrücker im eigenen Land ebenso zu entledigen wie der aus dem Ausland anrückenden.

Es ist unter allen Umständen die Pflicht der Sozialisten, und besonders der Anarchisten, alles zu tun, was den Staat und die kapitalistische Klasse schwächen kann, und allein das Interesse des Sozialismus zur Richtschnur des Handelns zu machen; oder, sofern sie der materiellen Machtmittel entbehren, um wirkungsvoll für ihre Sache einzutreten, wenigstens der Sache des Feindes jede freiwillige Unterstützung zu verweigern und sich aus dem Geschehen herauszuhalten, um zumindest ihre Prinzipien zu retten - was gleichbedeutend damit ist, die Zukunft zu retten.

Alles bisher Gesagte ist Theorie, und als Theorie akzeptieren es vielleicht auch die meisten derer, die in der Praxis das genaue Gegenteil tun. Wie also kann man es auf die gegenwärtige Situation beziehen? Was sollten wir tun, worauf sollten wir - im Interesse unserer Sache - hoffen?

Ein Sieg der Alliierten, so heißt es auf dieser Seite des Rheins, wäre das Ende des Militarismus, der Triumph der Zivilisation, der internationalen Gerechtigkeit etc. Dasselbe wird auf der anderen Seite der Front über einen deutschen Sieg gesagt.

Persönlich habe ich, wenn ich den »tollwütigen Hund« von Berlin und den »alten Henker« von Wien nüchtern beurteile, nicht mehr Vertrauen in den blutrünstigen Zar oder in die englischen Diplomaten, die Indien unterdrücken, die Persien verrieten, die die Burenrepubliken zerschlagen haben; oder in die französische Bourgeoisie, die die Eingeborenen Marokkos massakriert hat; oder in die belgische, die die Grausamkeiten im Kongo zugelassen und erheblich davon profitiert hat - und ich erinnere hier nur an einige beliebig ausgewählte ihrer Untaten, und rede gar nicht von dem, was alle Regierungen und alle kapitalistischen Klassen gegen die Arbeiter und Rebellen im eigenen Land tun.

Meines Erachtens würde ein Sieg Deutschlands gewiss den Triumph von Militarismus und Reaktion bedeuten; doch ein Sieg der Alliierten würde eine russisch-englische (d.h. knuto-kapitalistische) Herrschaft in Europa und Asien, würde die allgemeine Wehrpflicht und die Entwicklung eines militaristischen Geistes in England sowie eine klerikale, möglicherweise monarchistische Reaktion in Frankreich bedeuten.

Außerdem ist es meines Erachtens sehr wahrscheinlich, dass keine der Seiten einen definitiven Sieg erringen wird. Nach einem langen Krieg und gewaltigem Verlust an Menschenleben und Vermögen, wenn beide Seiten erschöpft sind, wird man irgendeinen Friedensvertrag zusammenflicken, der alle Fragen offen lässt und dergestalt einem neuen, noch mörderischeren Krieg den Boden bereitet.[4]

Die einzige Hoffnung heißt Revolution; und da ich in Anbetracht der gegenwärtigen Lage denke, dass die Revolution aller Wahrscheinlichkeit nach zuerst in einem besiegten Deutschland ausbrechen würde, hoffe ich aus diesem Grund - und nur aus diesem Grund - auf die Niederlage Deutschlands.

Ich mag natürlich im Irrtum sein über die richtige Position. Doch für alle Sozialisten (Anarchisten und andere) elementar und grundlegend zu sein scheint mir die Notwendigkeit, sich von jeglichem Kompromiss mit den Regierungen und den herrschenden Klassen fernzuhalten, um in der Lage zu sein, jede sich möglicherweise bietende Gelegenheit zum eigenen Vorteil nutzen, und in jedem Fall, um unsere Vorbereitungen und Propaganda für die Revolution neu aufzunehmen und fortzusetzen.

---

4 Dies lässt sich wohl als eine hellsichtige Vorwegnahme des Versailler Vertrags und der Entwicklung der Nachkriegszeit - hin zum Zweiten Weltkrieg - interpretieren.

Anarchisten als Regierungsbefürworter (1916)[1]

Unlängst ist ein Manifest erschienen, unterzeichnet von Kropotkin, Malato und einem Dutzend weiterer alter Genossen, in dem sie, genau wie die Regierungen der Entente, die einen Kampf bis zum Äußersten, bis zur Niederwerfung Deutschland fordern, gegen die Idee eines »verfrühten Friedens« Stellung bezogen. Die kapitalistische Presse veröffentlicht, mit sichtlicher Befriedigung, Auszüge aus diesem Manifest, das sie als Werk »führender Vertreter der internationalen anarchistischen Bewegung« ausgibt. Die Anarchisten, die fast durchweg ihren Überzeugungen treu geblieben sind, haben die Pflicht, gegen diesen Versuch zu protestieren, den Anarchismus für die Fortsetzung eines blutigen Gemetzels zu vereinnahmen, das nie zu der Hoffnung Anlass gab, die Sache von

---

1 Veröffentlicht unter dem Titel »Pro-Government Anarchists« in der Zeitschrift *Freedom* (London), Nummer 324 (April 1916). Der Übersetzung liegt die Wiedergabe des Artikels in der von Sébastien Faure herausgebenen *Encyclopédie anarchiste* unter dem Stichwort »Seize (le manifeste des)« zugrunde. Das komplette Stichwort wurde aus dem Französischen übersetzt von Michael Halfbrodt und findet sich in: Andreas Hohmann (Hg.): Ehern, tapfer, vergessen. Die unbekannte Internationale. Lich: Edition AV, 2014: 13-53. Der Abdruck erfolgt mit freundlicher Genehmigung von Michael Halfbrodt und Andreas Hohmann.
Im Februar 1916 wurde eine Erklärung, das berühmt berüchtigte »Manifest der Sechzehn« veröffentlicht, in dem sich führende Anarchisten für eine Weiterführung des Krieges gegen das Deutsche Reich aussprachen, sei doch »die deutsche Aggression eine – in die Tat umgesetzte – Bedrohung nicht nur unserer Emanzipationshoffnungen, sondern der menschlichen Entwicklung schlechthin«. Die Verfasser, unter anderem Jean Grave, Peter Kropotkin und Charles Malato, wandten sich damit auch gegen eine anarchistische Erklärung aus dem Jahre 1915 – »Die anarchistische Internationale und der Krieg« –, in der sich gleichermaßen gegen sämtliche am Krieg beteiligten Mächte ausgesprochen worden war. Malatesta war einer der Unterzeichner letzterer Erklärung. Siehe zu alledem (auch die jeweiligen Texte) in: Ham Day: Das Manifest der Sechzehn (1933), in: Andreas Hohmann (Hg.): Ehern, tapfer, vergessen. Die unbekannte Internationale. Lich: Edition AV, 2014: 13-53.

Freiheit und Gerechtigkeit zu fördern und das sich inzwischen als absolute Sackgasse erweist, selbst aus Sicht der Herrschenden, egal, auf welcher Seite des Schützengrabens sie stehen.

Die Aufrichtigkeit und die guten Absichten derer, die das Manifest unterzeichnet haben, stehen außer Frage. Doch so schmerzlich es sein mag, sich mit alten Freunden zu überwerfen, die der Sache, die in der Vergangenheit einmal unsere gemeinsame war, so viele gute Dienste erwiesen haben, so es ist es dennoch - aus Gründen der Ehrlichkeit und im Interesse unserer emanzipatorischen Bewegung - unerlässlich, sich von Genossen zu trennen, die anarchistische Ideen für vereinbar halten mit der Tatsache, dass man die Regierungen und die Kapitalistenklasse mancher Länder in ihrem Kampf gegen die Kapitalisten und Regierenden anderer Länder unterstützt.

Im Laufe des gegenwärtigen Krieges haben wir gesehen, wie sich Republikaner in den Dienst von Königen stellten, Sozialisten gemeinsame Sache mit der herrschenden Klasse machten, Arbeitervertreter den Interessen von Kapitalisten dienten; doch diese Leute sind allesamt, in unterschiedlichem Ausmaß, Konservative, die an die Mission des Staates glauben, und ihr Zögern ist verständlich, wenn man bedenkt, dass der einzige Ausweg in der Beseitigung jeder staatlichen Gängelung, in der Entfesselung der sozialen Revolution besteht. Doch auf Seiten der Anarchisten ist ein solches Zögern unverständlich. Wir behaupten, dass der Staat unfähig ist, irgendetwas Gutes zu bewirken. Sowohl auf internationaler Ebene als auch in individuellen Beziehungen kann er Aggression nur bekämpfen, indem er selbst zum Aggressor wird; er kann das Verbrechen nur verhindern, indem er noch größere Verbrechen organisiert und begeht. Selbst angenommen - was weit von der Wahrheit entfernt ist -, dass Deutschland die Alleinschuld für den gegenwärtigen Krieg trägt, so ist erwiesen, dass man Deutschland, wenn man Regierungsmethoden befolgt, nur widerstehen kann, indem man alle Freiheiten beseitigt und allen Kräften der Reaktion ihre Macht zurückerstattet.

Abgesehen von einer revolutionären Massenbewegung gibt es keinen anderen Weg, der Bedrohung durch eine disziplinierte Armee zu widerstehen, als eine noch stärkere und noch diszipliniertere Armee aufzustellen, sodass die entschiedensten Antimilitaristen, sofern sie keine Anarchisten sind und vor der Zerstörung des Staates zurückschrecken, keine andere Wahl haben, als zu glühenden Militaristen zu werden. Tatsächlich haben sie, in der fragwürdigen Hoffnung, den preußischen Militarismus zu zerschlagen, jeden Freiheitsgeist und alle freiheitlichen Traditionen aufgegeben, haben England und Frankreich verpreußt, haben sich dem Zarismus unterworfen, haben das Prestige des wankenden italienischen Throns wiederhergestellt.

Können Anarchisten auch nur einen Moment lang einen solchen Zustand billigen, ohne jegliches Recht verwirkt zu haben, sich Anarchisten zu nennen? Was mich betrifft, so ist mir selbst die gewaltsam aufgezwungene Fremdherrschaft, gegen die sich Widerstand regt, noch lieber als die Unterdrückung im Inneren, die demütig, fast dankbar ertragen wird, in der Hoffnung, dass uns auf diesem Wege ein größeres Übel erspart bleibt. Es ist sinnlos, wie die Verfasser und Unterzeichner des fraglichen Manifestes, zu behaupten, dass ihre Haltung durch außergewöhnliche Umstände bedingt sei und dass, wenn der Krieg erst einmal vorbei ist, jeder in sein Lager zurückkehren und für sein eigenes Ideal kämpfen wird. Denn wenn es jetzt notwendig ist, einträchtig mit der Regierung und dem Kapitalismus zusammenzuarbeiten, um sich vor der »teutonischen Gefahr« zu schützen, wird es auch nach dem Krieg notwendig sein. Egal, wie vernichtend die Niederlage der deutschen Armee ausfällt – sofern sie überhaupt geschlagen wird –, es wird niemals möglich sein, die deutschen Patrioten davon abzuhalten, auf Rache zu sinnen und sie vorzubereiten. Und die Patrioten anderer Regionen werden sich, aus ihrer Sicht vollkommen zu Recht, bereit halten wollen, um sich nicht überrumpeln zu lassen. Das bedeutet, dass der preußische Militarismus eine stehende und dauerhafte Einrichtung in allen Ländern wird. Was werden dann die angeblichen Anarchisten sagen, die jetzt den Sieg einer der kriegführenden Allianzen herbeiwünschen? Werden sie, wenn sie sich Antimilitaristen nennen, für Abrüstung, Wehrdienstverweigerung, Sabotage der Landesverteidigung eintreten, nur um sich beim geringsten Anzeichen eines neuen Krieges in Werbeoffiziere der Regierungen zu verwandeln, die sie zuvor hatten entwaffnen und lahmlegen wollen?

Es heißt, dergleichen würde sich erübrigen, wenn das deutsche Volk sich seiner Tyrannen entledigen würde und durch die Beseitigung des Militarismus in seinem Land keine Bedrohung für Europa mehr wäre. Doch würden die Deutschen nicht in der berechtigten Überzeugung, dass eine englische und französische Herrschaft (vom zaristischen Russland ganz zu schweigen) für die Deutschen nicht angenehmer wäre als eine deutsche Herrschaft über Franzosen und Engländer, gegebenenfalls lieber abwarten wollen, dass die Russen und die anderen ihren eigenen Militarismus abschaffen und bis dahin ihre Armee weiter aufrüsten? Und was dann? Wie lange soll man die Revolution aufschieben? Und die Anarchie? Müssen wir ewig warten, dass die anderen anfangen?

Die Maxime ihres Handelns ist den Anarchisten durch die unerbittliche Logik ihrer Ziele eindeutig vorgegeben.

Der Krieg hätte durch die Revolution verhindert werden müssen oder zumindest durch die Angst der Regierungen vor einer drohenden Revolution. Die Stärke und das Geschick, die dazu notwendig gewesen wären, haben gefehlt. Der Frieden muss durch die Revolution erzwungen werden, oder zumindest durch den Versuch, sie herbeizuführen. Dazu fehlt es derzeit wiederum an Stärke und Geschick. Nun gut! Es gibt nur einen Ausweg: es in der Zukunft besser zu machen. Mehr denn je müssen wir jeden Kompromiss ablehnen, die Kluft zwischen Kapitalisten und Lohnsklaven, Regierenden und Regierten vertiefen, die Enteignung des Privateigentums und die Zerstörung des Staates propagieren, als einzige Mittel, um ein brüderliches Zusammenleben der Völker sowie Freiheit und Gerechtigkeit für alle zu garantieren. Und wir müssen uns darauf vorbereiten, all das auch zu bewerkstelligen. Bis dahin halte ich es für ein Verbrechen, auch nur das Geringste zu unternehmen, was diesen Krieg verlängern könnte, der Menschen mordet, Wohlstand vernichtet und das Wiederaufleben des Kampfes um Befreiung verhindert. Ich

denke, dass wer einen »Krieg bis zum Äußersten« propagiert, in Wahrheit das Spiel der Regierenden in Deutschland betreibt, die ihre Untertanen täuschen und ihren Kampfesmut anstacheln, indem sie ihnen einreden, ihre Gegner wollten das deutschen Volk unterwerfen und knechten.
Jetzt, wie seit jeher, muss unsere Devise lauten: ›Nieder mit den Kapitalisten und den Regierungen, allen Kapitalisten und allen Regierungen!‹ Und die Völker sollen leben, alle Völker!...

Vereinigte proletarische Front (1920)[1]

Traurig zu sagen, dass es sogar heute, am Vorabend des Kampfes, an dem die alte Welt bereits wackelt und es nur einen entschlossenen Stoß braucht, um sie für immer und ewig zu stürzen, noch immer einige Arbeiter gibt, die andere Arbeiter bekämpfen und fast hassen, nur weil diese anderen rivalisierenden Organisationen und Parteien angehören.

Diese Teilung in den Rängen der Arbeiter ist heute noch die einzige Hoffnung auf Erlösung der Bourgeoisie und der Regierung, und daher ist jeder, der, aus welchem Grund auch immer, die Feuer der Zwietracht anfacht, anstatt danach zu streben, alle Kräfte der Revolution unter einem einzigen Schirm zu vereinigen, ein Verräter an der Sache der menschlichen Emanzipation.

Wir sind Anarchisten und wir kämpfen einzig für den Erfolg unseres Ideals. Aber der erste Schritt auf dem Weg, der uns zu unserem strahlenden Ideal führen soll, ist der Umsturz der etablierten Institutionen und daher sind alle, die gegen diese Institutionen kämpfen, unsere Waffenbrüder.

Während andere, angetrieben von einem Geist der Rivalität und einer Gier nach Vormacht, versuchen mögen, uns als Sektierer darzustellen, strecken wir immer noch allen aufrichtigen Menschen die Hand entgegen und bekämpfen nur diese Methoden, die unserer Ansicht nach der Revolution entgegenstehen; und solche Menschen, wo immer sie auftauchen, verraten schlicht die Sache, der sie zu dienen vorgeben.

In Italien gibt es zwei bedeutende proletarische Organisationen, die sich augenscheinlich das Ziel gesetzt haben, das kapitalistische

---

1 Veröffentlicht unter dem Titel »Fronte Unico Proletario« in der Zeitschrift *Umanità Nova* (Mailand), Nummer 35 (8. April 1920). Eine englische Version findet sich in: Davide Turcato (Hg.): The Method of Freedom. Oakland: AK Press, 2014: 397-398.

System zu zerstören: Die *Confederazione Generale del Lavoro*[2] und die *Unione Sindacale Italiana*.[3]
Unsere hauptsächliche Sympathie gilt der *Unione Sindacale*, da viele unserer Genossen unter ihren Anführern sind und ihre Methoden der direkten Aktion am besten zu unserer Taktik passt.
Nichtsdestoweniger sind viele unserer Genossen in der *Confederazione del Lavoro* und die der *Confederazione* zugehörigen Massen sind - und das ist am Wichtigsten - echte Arbeiter, die tatsächlich vom selben Geist angetrieben sind, wie die Mitgliedermassen der *Unione Sindacale*. Zuvorderst müssen sich die Massen beider Organisationen mit einander verbrüdern und zusammen kämpfen.
Falls die Regelungen der *Confederazione* so sind, dass sie dem aufrichtigen Ausdruck der Wünsche der Mitglieder entgegenwirken, so müssen diese Regelungen bekämpft werden und es muss die Anstrengung geben, diese zu ändern; falls, wie wir den Eindruck haben, viele der Anführer der *Confederazione* Kollaborateure sind, die eifrig jede Andeutung einer Revolte auslöschen, jede Bewegung ersticken, dann müssen diese Anführer bekämpft werden und es müssen Maßnahmen getroffen werden, die sicherstellen, dass die Massen sich nicht wie Schafe von schlechten Hirten führen lassen.
Aber die Massen müssen vereinigt sein und es wäre ein tödlicher Fehler zu versuchen, eine Organisation zur Stärkung der anderen

---

2 *Confederazione Generale del Lavoro:* 1906 gegründete Gewerkschaftsorganisation, die im Anschluss an den Ersten Weltkrieg großen Mitgliederzuwachs hatte, und über 2.000.000 organisierte Mitglieder besaß. Stand unter eher reformistisch-sozialistischer Führung und in - mehr oder weniger - enger Beziehung zur Sozialistischen Partei Italiens. An der Basis der *Confederazione* waren allerdings auch Anarchisten tätig.

3 *Unione Sindacale Italiana*: Revolutionär-syndikalistische Gewerkschaft, die sich kurz vor dem Ersten Weltkrieg gegründet hatte und in den Jahren 1919/1920 einen gewaltigen Mitgliederzuwachs verzeichnete (Zwischen 300.000 und 500.000 Mitglieder). In der *Unione* waren viele Anarchisten oder mit diesen sympathisierende Personen organisiert, ihr bedeutendste Figur in der Nachkriegszeit war Armando Borghi (1882-1968), der selbst dem Anarchismus - und Malatesta - nahestand.

aufzulösen. Alle Organisationen müssen dadurch vorangetrieben werden, dass wir in sie eintreten und unseren Geist einbringen.
Die Arbeiter sollten Folgendes bedenken:
Wenn die Chefs sie ausbeuten, achten sie nicht auf die Parteizugehörigkeit, sondern lassen sie gleichermaßen verhungern; wenn die *Carabinieri* ihre Brust mit Blei durchlöchern, fragen sie vorher nicht, welche Art von Mitgliedsausweis sie in ihrer Tasche tragen.
Lasst Euch wenigstens dies eine Lektion sein.

Die beiden Wege: Reformen oder Revolution? Freiheit oder Diktatur? (1920)[1]

Die gegenwärtigen gesellschaftlichen Verhältnisse können nicht ewig dauern - nunmehr kann man sagen, dass sie nicht mehr lange dauern können.

Darüber sind sich alle einig - zumindest alle, die nachdenken.

Konservative im wirklichen Sinne des Wortes gibt es nicht mehr.

Es gibt jedoch solche, die vom Augenblick profitieren wollen, die vor allem solange wie möglich im Genuss ihrer Privilegien bleiben wollen und sich nicht darum kümmern, ob nach ihnen die Sintflut kommt. Und es gibt auch üble Reaktionäre, die die Entwicklung der Welt nach rückwärts lenken, jeden Befreiungsversuch im Blut ersäufen und die Massen der Herrschaft des Schwertes unterwerfen wollen. Aber es ist alles vergeblich. Die Reaktion kann lediglich die aufsteigende Morgenröte mit blutigerem Rot färben, aber es wird ihr nicht gelingen, die drohende Katastrophe zu verhindern.

Die Massen wollen sich nicht mehr unterwerfen.

Solange man glaubte, dass Leiden eine von Gott auferlegte Strafe oder Prüfung seien und dass man in einer anderen Welt reichlich für alles auf dieser Welt erlittene Unglück entlohnt werden würde, war die Errichtung und Aufrechterhaltung eines ungerechten Systems möglich, in dem Wenige anderen ihren Willen aufzwingen und sie nach ihrem Belieben ausbeuten und unterdrücken.

Aber dieser Glaube, der zudem niemals sehr wirksam war, da er nie verhindern konnte, dass sich die Menschen um ihre irdischen Interessen kümmern (weshalb es der Religion nicht gelungen ist, Rebellionen zu verhindern und den Fortschritt vollständig zu

---

1 Zuerst veröffentlicht unter dem Titel »Le due vie: Riforme o rivoluzione? Libertà o dittatura?«, in: *Umanità Nova* (Mailand) Nummer 136 (5. August 1920), Nummer 142 (12. August 1920) und Nummer 145 (15. August 1920). Die Übersetzung aus dem Italienischen stammt von Elke Wehr und findet sich in: Errico Malatesta: Gesammelte Schriften. Band 1. Berlin: Karin Kramer Verlag, 1977: 126-135.

unterdrücken), dieser Glaube, behaupte ich, hat stark nachgelassen und ist dabei zu verschwinden. Selbst die Priester sehen sich gezwungen – um die Religion und mit dieser auch sich selbst zu retten – so zu tun, als wollten sie die soziale Frage lösen und das Leiden der Arbeiter mildern.

Sobald die Arbeiter ihre gesellschaftliche Situation begreifen, ist es unmöglich, dass sie für alle Zeiten bereit sind, zu arbeiten, zu leiden und ihr ganzes Leben lang für die Unternehmer zu produzieren, mit nichts weiter vor sich als der düsteren Aussicht auf ein Alter ohne gesichertes Heim und ohne gesicherte Nahrung, Es ist unmöglich, dass sie, die die Produzenten jeglichen Reichtums sind und wissen, dass sie genug produzieren können, um die Bedürfnisse aller reichlich zu befriedigen, sich für alle Zeiten mit einem armseligen Leben abfinden, das ständig vom Gespenst der Arbeitslosigkeit und des Hungers bedroht ist. Sie, die über eine bessere Ausbildung verfügen, sich in der Berührung mit einer – wenn auch zum Nutzen anderer geschaffenen – Kultur gebildet haben und bereits die Stärke, die ihnen Einheit und Kühnheit verleihen können, erfahren haben, können sich unmöglich damit zufrieden geben, die untere und verachtete Klasse zu bleiben und nicht zu einem großen Teil die Freuden des Lebens für sich zu fordern.

Wer heute Proletarier ist, weiß, dass er in der Regel dazu verurteilt ist, sein ganzes Leben Proletarier zu bleiben, es sei denn, es käme zu einer allgemeinen Änderung der gesellschaftlichen Ordnung. Er weiß, dass diese Änderung nicht ohne die Mitwirkung der anderen Proletarier zustande kommen kann und sucht daher die zu ihrer Durchsetzung erforderliche Stärke in der Einheit aller Proletarier.

Die Bourgeoisie und die Regierenden, die diese vertreten und schützen, sind sich dieser Tatsache bewusst und sehen die Notwendigkeit, auf die eine oder andere Weise Vorkehrungen zu treffen, um nicht von einer schrecklichen gesellschaftlichen Katastrophe überrollt zu werden, umso mehr, als es nicht an klugen Bourgeois fehlt, die begreifen, dass der gegenwärtige Aufbau der Gesellschaft unhaltbar und im Grunde genommen auch für seine Nutznießer selbst verhängnisvoll ist.

Daher ist früher oder später eine plötzliche oder schrittweise Änderung notwendig.
Aber wie wird diese Veränderung beschaffen sein und wie weit wird sie gehen?
Die jetzige Gesellschaft ist in Besitzende und Proletarier geteilt. Sie kann geändert werden, indem die Daseinsbedingung des Proletariers abgeschafft wird und alle zu Mitbesitzern des gesellschaftlichen Reichtums werden. Sie kann aber auch geändert werden, indem diese grundsätzliche Bedingung aufrechterhalten wird, den Arbeitern jedoch eine bessere Behandlung zuteil wird. Im ersten Fall wären die Menschen frei und sozial gleich, sie würden das gesellschaftliche Leben entsprechend den Wünschen eines jeden organisieren und sämtliche Möglichkeiten der menschlichen Natur könnten sich unbegrenzt entfalten. Im zweiten Fall wären die Proletarier wohlgenährte Lasttiere und in der Lage von Sklaven, die mit ihren gütigen Herren zufrieden sind.
Freiheit oder Sklaverei: Anarchie oder Knechtschaft.
Aus diesen beiden möglichen Lösungen ergeben sich zwei divergierende Richtungen, die am konsequentesten auf der einen Seite von den Anarchisten und auf der anderen von den sogenannten reformistischen Sozialisten vertreten werden. Der Unterschied ist folgender: während die Anarchisten wissen und sagen was sie wollen, nämlich die Zerstörung des Staates und die freie Organisation der Gesellschaft auf der Grundlage ökonomischer Gleichheit, befinden sich die Reformisten im Widerspruch zu sich selbst, da sie sich als Sozialisten bezeichnen, während sie in Taten darauf abzielen, das kapitalistische System zu humanisieren und es dadurch zu verewigen und somit den Sozialismus negieren, der vor allem Aufhebung der Teilung der Menschen in Proletarier und Besitzende bedeutet.

Aufgabe der Anarchisten – und wir würden sagen aller wahren Sozialisten – ist es, sich dieser Tendenz zur Knechtschaft zu widersetzen, einer Tendenz zu einem Zustand gemäßigter Sklaverei, der die Menschheit ihrer besten Eigenschaften und die fortschreitende Zivilisation ihrer höchsten Errungenschaften berauben würde, unterdessen aber auch die elende Lage und die Erniedrigung, in der die Massen leben, aufrechterhält, indem ihnen gepredigt wird, Geduld zu haben und alle Hoffnung in die Fürsorge des Staates und die Güte und Klugheit der Unternehmer zu setzen.

Die ganze sogenannte Sozialgesetzgebung, die ganzen staatlichen Maßnahmen, die die Arbeit »schützen« und den Arbeitern ein Minimum an Wohlstand und Sicherheit garantieren sollen, sind, ebenso wie die ganzen von klugen Kapitalisten angewandten Methoden, den Arbeiter mit Prämien, Renten und anderen Vergünstigungen an die Fabrik zu binden, wenn nicht eine Lüge und eine Falle, so doch ein Schritt zu dieser Knechtschaft, die die Emanzipation der Arbeiter und den Fortschritt der Menschheit bedroht.

Gesetzlich festgesetzte Mindestlöhne, gesetzliche Begrenzung des Arbeitstages, obligatorisches Schlichtungsverfahren, rechtsverbindliche Tarifverträge, Rechtspersönlichkeit der Arbeitervereinigungen, von der Regierung vorgeschriebene Hygienemaßnahmen in den Fabriken, staatliche Kranken-, Arbeitslosen-, Unfallversicherungen, Altersrenten, Gewinnbeteiligung usw. usw. sind allesamt Maßnahmen dafür, dass die Proletarier ewig Proletarier und die Besitzenden ewig Besitzende bleiben, Maßnahmen, die den Arbeitern (wenn überhaupt) ein wenig mehr Wohlstand und Sicherheit verschaffen, sie jedoch ihrer ohnehin geringen Freiheit berauben und die Teilung der Menschen in Herren und Knechte verewigen.

Es ist sicher richtig, dass die Arbeiter in Erwartung der Revolution - die dadurch auch einfacher wird - die Forderung erheben, mehr zu verdienen und weniger und unter besseren Bedingungen zu arbeiten; es ist gut, dass die Arbeitslosen nicht vor Hunger sterben, dass die Kranken und Alten nicht ihrem Schicksal überlassen werden. Aber das und anderes können und müssen die Arbeiter von sich aus erreichen, durch den direkten Kampf gegen die Unternehmer, mit Hilfe ihrer Organisationen, mit individuellen und kollektiven Aktionen, die in jedem Individuum das Gefühl persönlicher Würde und das Bewusstsein seiner Rechte entwickeln.

Geschenke des Staates, *Geschenke* der Unternehmer sind vergiftete Früchte, die den Samen der Knechtschaft in sich tragen. Sie müssen zurückgewiesen werden.

* * *

Hat man einmal erkannt, dass alle Reformen, die die Teilung der Menschen in Besitzende und Proletarier und damit das Recht einiger weniger, von der Arbeit der anderen zu leben, unangetastet lassen, Reformen, die als wohltätige Zugeständnisse des Staates und der Unternehmer erreicht und akzeptiert werden, nur die Rebellion der Unterdrückten gegen die Unterdrücker abschwächen und einen Zustand der Knechtschaft herbeiführen können, in dem die Menschheit endgültig in herrschende und beherrschte Klassen geteilt wäre, dann bleibt keine andere Lösung als die Revolution: eine radikale Revolution, die den ganzen Staatsorganismus zerschlägt, die Besitzer des gesellschaftlichen Reichtums enteignet und alle Menschen ökonomisch und politisch gleichstellt.
Diese Revolution muss notwendigerweise gewaltsam sein, obwohl Gewalt an sich ein Übel ist. Sie muss gewaltsam sein, weil es Torheit wäre zu hoffen, dass die Privilegierten die Schädlichkeit und Ungerechtigkeit ihrer Privilegien einsehen und sich entschließen, freiwillig auf sie zu verzichten. Sie muss gewaltsam sein, weil die vorübergehende revolutionäre Gewalt das einzige Mittel ist, der größeren, fortwährenden Gewalt ein Ende zu bereiten, die die breite Masse der Menschen in einem Zustand der Sklaverei hält.
Man mag auch Reformen durchführen, wenn sie möglich sind. Sie können dann momentan von Vorteil sein und bewirken, dass die Massen zu immer größeren Ansprüchen und zu immer weitergehenden Forderungen angespornt werden, wenn die Proletarier sich das Bewusstsein dafür bewahren, dass Unternehmer und Regierende ihre Feinde sind, dass alle ihre Zugeständnisse ihnen mit Gewalt oder durch die Angst vor Gewalt entrissen wurden und schnell wieder zurückgenommen würden, wenn diese Angst nicht mehr bestünde. Kämen die Reformen dagegen durch Vereinbarungen und Zusammenarbeit zwischen Herrschenden und Beherrschten zustande, würden sie nur noch die Ketten

verstärken, mit denen die Arbeiter vor den Karren der Parasiten gespannt sind.
Im Übrigen scheint die Gefahr heute überwunden zu sein, dass Reformen die Massen besänftigen und zu einer Festigung und Verewigung des bürgerlichen Systems führen. Nur durch bewussten Verrat jener, denen es mit sozialistischer Propaganda gelungen ist, das Vertrauen der Arbeiter zu erwerben, könnte diesen Reformen ein Wert zuerkannt werden.

Die Blindheit der herrschenden Klasse und die durch den Krieg beschleunigte naturwüchsige Entwicklung des kapitalistischen Systems haben zur Folge, dass jede für die Besitzenden annehmbare Reform unfähig ist, die Krise zu beenden, die das Land erschüttert.
Daher ist die Revolution zwingend, daher wird die Revolution kommen.
Aber wie muss diese Revolution durchgeführt werden, wie muss sie vor sich gehen?
Am Anfang muss natürlich die Erhebung stehen, die das materielle Hindernis, die bewaffneten Kräfte der Regierung, die sich jeder gesellschaftlichen Veränderung widersetzen - hinwegfegt.
Da wir uns in einer Monarchie befinden, ist es wünschenswert und vielleicht unerlässlich, dass an der Erhebung sämtliche antimonarchistischen Kräfte beteiligt sind.[2] Darauf muss man sich moralisch und materiell so gut es nur irgend geht vorbereiten und vor allem von allen spontanen Unruhen im Volk profitieren und versuchen, sie auszudehnen und in entscheidende Bewegungen zu verwandeln, damit die Gefahr vermieden wird, dass, während

2 In diese Richtung hatte Malatesta schon in seiner Broschüre *Contro la Monarchia* (1899) argumentiert, in der er für ein anti-monarchistisches Zweckbündnis zum Sturz der Monarchie warb: »Wir laden all die Feinde der Monarchie ein, die ernsthaft anstreben diese zu beenden, sich mit dieser Arbeit der praktischen Vorbereitung zu beschäftigen.« (Against the Monarchy (Appeal to all forward-looking men) (1899), in: Davide Turcato (Hg.): The Method of Freedom. Oakland: AK Press, 2014: 269-276. Hier: S.276)

die Parteien sich vorbereiten, die Kräfte des Volkes in isolierten Aktionen verbraucht werden.

Aber was muss nach der siegreichen Erhebung, nach dem Fall der Regierung getan werden?

Wir, die Anarchisten, wollen, dass in jedem Ort die Arbeiter oder genauer derjenige Teil der Arbeiter mit dem größeren Bewusstsein und dem größeren Initiativgeist, alle Arbeitswerkzeuge, allen Reichtum, Grund und Boden, Rohstoffe, Häuser, Maschinen, Lebensmittel usw. in Besitz nehmen und auf bestmögliche Weise die neue Form des gesellschaftlichen Lebens organisieren. Wir wollen, dass die Landarbeiter, die heute für Landbesitzer arbeiten, die Rechte der Besitzenden nicht mehr akzeptieren, die Arbeit zum eigenen Nutzen weiterführen und intensivieren und für den Austausch der Produkte mit den Industrie- und Transportarbeitern in Verbindung treten; dass die Industriearbeiter, Ingenieure und Techniker eingeschlossen, die Fabriken in Besitz nehmen, die Arbeit zum eigenen Nutzen und zum Nutzen der Gesamtheit weiterführen und intensivieren und sofort die Produktion aller Fabriken, die heute unnütze oder schädliche Erzeugnisse herstellen, auf die Produktion der für die Bedürfnisse der Öffentlichkeit am dringendsten erforderlichen Erzeugnisse umstellen; dass die Eisenbahner weiterhin für den Betrieb der Eisenbahnen sorgen, aber im Dienst der Gesamtheit; dass Komitees von Freiwilligen oder von der Bevölkerung Gewählten unter direkter Kontrolle der Masse von allen verfügbaren Wohnungen Besitz ergreifen, um, so gut es der Augenblick erlaubt, die Bedürftigsten zu beherbergen; dass weitere Komitees ebenfalls unter direkter Kontrolle der Masse die Versorgung und Verteilung der Lebensmittel übernehmen; dass sämtliche Angehörige der jetzigen Bourgeoisie gezwungen werden, in der Masse der bisherigen Proletarier aufzugehen und wie die anderen zu arbeiten, um dieselben Vorteile wie die anderen zu genießen. Und all dies sofort, noch am Tag der siegreichen Erhebung oder am folgenden Morgen, ohne auf Befehl eines Zentralkomitees oder irgendeiner anderen Autorität zu warten.

Das ist es, was die Anarchisten wollen und das würde auch spontan geschehen, wenn die Revolution wirklich eine soziale Revolution und nicht nur einfach eine politische Änderung sein soll, die nach einigen Umwälzungen wieder die früheren Verhältnisse einführen würde.

Denn entweder nimmt man der Bourgeoisie sofort die ökonomische Macht, oder sie ergreift in kurzer Zeit auch wieder die politische Macht, die ihr durch die Erhebung entrissen wurde. Und um der Bourgeoisie die ökonomische Macht nehmen zu können, muss sofort eine neue ökonomische Ordnung auf der Grundlage von Gerechtigkeit und Gleichheit organisiert werden. Die ökonomischen Bedürfnisse, zumindest die grundlegendsten, gestatten keinen Aufschub und müssen sofort zufriedengestellt werden. Die »zentralen Komitees« tun nichts oder aber werden erst dann aktiv, wenn sie nicht mehr gebraucht werden.

* * *

Im Gegensatz zu den Anarchisten gibt es viele Revolutionäre, die kein Vertrauen in den schöpferischen Geist der Massen haben, die glauben, dass sie das unfehlbare Rezept für das universale Glück besitzen, die mögliche Reaktion, vielleicht mehr noch die Konkurrenz anderer Parteien und gesellschaftsreformerischer Schulen fürchten und daher die Macht ergreifen und die heutige »demokratische« Regierung durch eine diktatorische Regierung ersetzen wollen.

Also eine Diktatur: aber wer werden die Diktatoren sein? Sie meinen natürlich die Führer ihrer Partei. Weil sie es so gewohnt sind oder aus dem bewussten Wunsch heraus, klare Erklärungen zu vermeiden, sagen sie auch *Diktatur des Proletariats*, aber diese hat sich nunmehr endgültig als Farce erwiesen.

Lenin (oder jemand an seiner Stelle) drückt sich folgendermaßen aus (siehe *Avanti* vom 20. Juli 1920[3]):

---

3 Der angesprochene Artikel ist mit »Geselle« gezeichnet und wurde unter dem Titel »Come Lenin rinunzia alla Dittatura del Proletario« (»Wie Lenin auf die Diktatur des Proletariats verzichtet«) in der Zeitschrift *Avanti*, dem Organ der Sozialistischen Partei Italiens veröffentlicht. Die Ausführungen Geselles wandten sich gegen eine, so meinte er,

»Die Diktatur bedeutet Zerschlagung der Bourgeoisie durch eine revolutionäre Avantgarde (das ist die Revolution und nicht schon die Diktatur), *im Gegensatz zu der Auffassung, dass es vor allem notwendig sei, bei den Wahlen eine Mehrheit zu erringen. Die Mehrheit erlangt man durch die Diktatur und nicht etwa die Diktatur durch die Mehrheit.«* (Das ist richtig, aber wenn eine Minderheit die Macht ergriffen hat und dann die Mehrheit erringen muss, ist es eine Lüge, von der Diktatur des Proletariats zu sprechen. Das Proletariat ist ganz offensichtlich die Mehrheit).

»Die Diktatur bedeutet Anwendung von Gewalt und Terror.« (Durch wen und gegen wen? Da angenommen wird, dass sich die Mehrheit ablehnend verhält und da sich die Anhänger der Diktatur nicht vorstellen können, dass die Massen ihre Ketten abwerfen und die öffentlichen Angelegenheiten selbst in die Hände nehmen, müssen offenbar Gewalt und Terror gegen alle angewandt werden, die sich dem Willen der Diktatoren nicht unterwerfen, und zwar mit Hilfe von Schergen, die im Dienste dieser Diktatoren stehen).

»Die Zulassung der Presse- und Versammlungsfreiheit hieße der Bourgeoisie gestatten, die öffentliche Meinung zu vergiften.« (Nach Errichtung der Diktatur des »Proletariats«, das aus der Gesamtheit der Arbeiter bestehen müsste, gibt es also noch eine Bourgeoisie, die, statt zu arbeiten, in der Lage sein wird, die »öffentliche Meinung« zu vergiften, eine öffentliche Meinung, die nichts mit jenen Proletariern zu tun hat, die die Diktatur bilden sollen? Es wird also allmächtige Zensoren geben, die entscheiden werden, was gedruckt werden darf und was nicht und Polizeipräsidenten, die man um Erlaubnis bitten muss, wenn man eine Versammlung abhalten will. Unnötig zu sagen, wie die Freiheit

in sozialdemokratischen Kreisen geborene Legende, wonach Lenin und die Bolschewiki ihre Theorien verwässert hätten, um die Anziehungskraft der gerade erst gegründeten Dritten Internationale zu vergrößern. Geselle listet - wohl um die anti-opportunistische Linienfestigkeit Lenins zu demonstrieren - dagegen zehn Punkte, über Notwendigkeit und Charakter der Diktatur des Proletariats auf, welche zu akzeptieren, für alle Kandidaten zur Pflicht gemacht wurde, die in die Dritte Internationale aufgenommen werden wollten.

aussehen würde, die man denen lässt, die den jeweils Herrschenden nicht gehorchen).

»Erst nach der Expropriation der Expropriateure, nach dem Sieg, wird das Proletariat die Massen der Bevölkerung für sich gewinnen, die zuvor der Bourgeoisie folgten.« (Aber noch einmal: was ist das für ein Proletariat, das nicht die arbeitende Masse ist? Proletarier heißt also nicht, wer kein Eigentum hat, sondern wer bestimmte Ideen hat und einer bestimmten Partei angehört?)

Lassen wir also diesen irrigen Begriff der Diktatur des Proletariats, der Anlass zu zahlreichen Missverständnissen ist, beiseite und befassen wir uns damit, was Diktatur wirklich bedeutet, nämlich absolute Herrschaft einer oder mehrerer Personen, die mit Unterstützung einer Partei oder einer Armee die gesellschaftliche Macht ergreifen und ihren Willen mit »Gewalt und Terror« durchsetzen.

Wie dieser Wille beschaffen sein wird, hängt davon ab, welchen Menschen es in der konkreten Situation gelingen wird, in den Besitz der Macht zu gelangen. In unserem Fall nehmen wir an, dass es der Wille der Kommunisten sein wird, ein Wille also, der von dem Wunsch beseelt ist, das Wohl aller zu verwirklichen.

Dies ist schon deshalb sehr zweifelhaft, weil diejenigen, die aufgrund ihrer Fähigkeiten am ehesten in der Lage sind, die Macht zu ergreifen, im allgemeinen nicht die Aufrichtigsten sind, die sich der Sache der Öffentlichkeit am meisten verpflichtet fühlen; und wenn man den Massen die Notwendigkeit der Unterwerfung unter eine neue Regierung predigt, ebnet man damit nur den Weg für Intriganten und ehrgeizige Streber.

Aber nehmen wir einmal an, dass die neuen Regierungen, die Diktatoren, welche die Ziele der Revolution verwirklichen sollen, wahre Kommunisten sind, voll Eifer und überzeugt, dass von ihrem Werk, von ihrer Energie das Glück der Menschheit abhängt. Es wären Menschen von der Art eines Torquemada[4] oder Robespierre[5], die für einen guten Zweck und im Namen des privaten

4 Siehe Fußnote 9, S.40.

5 Siehe Fußnote 7, S.40.

oder öffentlichen Wohls jeden Widerspruch ersticken und jeden Ansatz freien und spontanen Lebens zerstören würden: unfähig, die praktischen Probleme zu lösen, die sie der Zuständigkeit der Betroffenen entzogen haben, müssten sie dann im guten oder im bösen ihren Platz den Restauratoren der Vergangenheit überlassen.

Prinzipiell gerechtfertigt wird die Diktatur mit der Unfähigkeit der Massen und der Notwendigkeit, die Revolution vor reaktionären Angriffen zu schützen.

Wären die Massen wirklich diese wilde Herde, die unfähig ist, ohne den Hirtenstab zu leben, gäbe es nicht schon eine ausreichend große und bewusste Minderheit, die fähig ist, die Massen durch Propaganda und Beispiele mitzureißen, dann würden wir schon eher die Reformisten verstehen, die die Volkserhebung fürchten und die Illusion haben, sie könnten allmählich, durch kleine Reformen, die nichts als Flickwerk sind, den bürgerlichen Staat untergraben und den Weg zum Sozialismus ebnen; wir würden diese *Erzieher* besser verstehen, die den Einfluss der Umwelt nicht genügend in Betracht ziehen und daher hoffen, die Gesellschaft verändern zu können, indem sie zuerst alle Individuen ändern; jedoch könnten wir keinesfalls die Anhänger der Diktatur verstehen, die die Massen »mit Gewalt und Terror« erziehen und bessern wollen und somit Gendarmen und Zensoren zu den obersten Instanzen dieser Erziehung machen müssten.

In Wirklichkeit könnte niemand die revolutionäre Diktatur errichten, wenn nicht zuvor das Volk die Revolution gemacht und so durch Taten bewiesen hätte, dass es fähig ist, sie zu machen; und in diesem Fall würde sich die Diktatur nur der Revolution aufpfropfen, sie irreleiten, ersticken und abtöten.

Bei einer politischen Revolution, deren ganzes Ziel ist, die Regierung zu Fall zu bringen während die ganze herrschende gesellschaftliche Organisation unangetastet bleibt, ist es möglich, ein diktatorisches Regime zu errichten, das seine Anhänger an die Stelle der verjagten Beamten setzt und von oben her die neue Herrschaft organisiert.

Bei einer sozialen Revolution jedoch, in der sämtliche Grundlagen des gesellschaftlichen Zusammenlebens umgewälzt werden, in der die absolut notwendige Produktion sofort zum Nutzen und Vorteil der Arbeiter wiederaufgenommen werden muss, in der die Verteilung unverzüglich nach dem Grundsatz der Gerechtigkeit geregelt werden muss, hätte eine Diktatur keinerlei Funktion. Entweder würde das Volk in den verschiedenen Gemeinden und Industrien selbst alles in die Hand nehmen oder aber die Revolution wäre gescheitert.

Im Grunde genommen wünschen die Anhänger der Diktatur (und einige geben es bereits offen zu) für sofort vielleicht nur eine politische Revolution, das heißt sie wollen ohne weiteres die Macht ergreifen und dann die Gesellschaft schrittweise durch Gesetze und Verordnungen verändern. In diesem Fall würden sie wahrscheinlich die Überraschung erleben, ganz andere an der Macht zu sehen als sich selbst; aber in jedem Fall müssten sie als erstes für die Organisation der bewaffneten Gewalt (die Polizisten) sorgen, die notwendig ist, um die Einhaltung ihrer Gesetze zu erzwingen. Unterdessen würde die Bourgeoisie, die im wesentlichen Besitzerin des Reichtums geblieben wäre, nach Überwindung der kritischen Phase des Volkszorns die Reaktion vorbereiten, die Reihen der Polizei mit eigenen Agenten füllen, das Unbehagen und die Enttäuschung jener ausbeuten, die die sofortige Verwirklichung des Paradieses auf Erden erwartet hatten... und wieder die Macht ergreifen, indem sie entweder die Diktatoren für sich gewinnt oder sie durch ihre eigenen Leute ersetzt.

Die Angst vor der Reaktion, die als Rechtfertigung für die Diktatur dient, entsteht gerade dadurch, dass man vorgibt, die Revolution zu machen und gleichzeitig noch eine privilegierte Klasse bestehen lässt, die in der Lage ist, erneut die Macht ergreifen zu können.

Wenn man dagegen mit der vollständigen Enteignung beginnt, dann wird es keine Bourgeoisie mehr geben und alle Lebenskräfte

des Proletariats, alle vorhandenen Fähigkeiten, können für den Wiederaufbau der Gesellschaft eingesetzt werden.
Im Übrigen könnte in einem Land wie Italien (um das bereits Gesagte auf das Land anzuwenden, in dem sich unsere Aktivitäten abspielen), in einem Land, in dem die Massen von libertären und rebellischen Gedanken erfüllt sind, in dem die Anarchisten - weniger durch ihre Organisation als durch den Einfluss, den sie ausüben können - eine beträchtliche Kraft darstellen, der Versuch, eine Diktatur zu errichten, nur den Bürgerkrieg zwischen Arbeitern und Arbeitern entfesseln und nur mit Hilfe der grausamsten Gewaltherrschaft erfolgreich sein.
Dann gute Nacht Kommunismus!
Es gibt nur einen möglichen Weg der Rettung: *die Freiheit.*

Die Anarchisten in der Arbeiterbewegung
(Bericht für den Kongress der *Unione Anarchica Italiana*) (1921)[1]

Die Arbeiter - zu denen ich natürlich auch die Landarbeiter und alle rechne, die von ihrer Hände Arbeit leben - sind, mit Ausnahme jenes Bodensatzes der Gesellschaft, den Elend und Unterdrückung zur völligen Ohmacht verurteilt haben, die hauptsächliche Kraft der Revolution. Sie sind es, die am unmittelbarsten die Auswirkungen der schlechten Gesellschaftsordnung verspüren, sie sind die ersten, unmittelbaren Opfer der Ungerechtigkeit, sie sehnen mehr oder weniger bewusst eine radikale Umgestaltung der Gesellschaft herbei, die größere Gerechtigkeit und Freiheit mit sich bringt.

Angesichts der eigenen Machtlosigkeit gab es jahrhundertelang unter den Arbeitern stets das Bestreben, sich in verschiedenen Formen zusammenzuschließen, um sich gegenseitig in den lebensnotwendigen Bedürfnissen und der Verteidigung der eigenen Interessen unterstützen zu können.

Infolge der Entwicklung der großen Industrie, des Fortschritts der Kommunikationsmittel und der allgemeinen Entwicklung der Gesellschaft haben diese Arbeiterzusammenschlüsse nunmehr riesige Ausmaße angenommen und stellen eine der wichtigsten Erscheinungen der heutigen Gesellschaft dar, die allgemein als »Arbeiterbewegung« bezeichnet wird.

Unmittelbarer Zweck dieser Bewegung ist es, die Lebensbedingungen des Arbeiters so weit wie möglich Tag für Tag zu verbessern. Wer in eine Arbeitervereinigung eintritt, tut dies im allgemeinen

---

1 Ursprünglich veröffentlicht unter dem Titel »Gli Anarchi nel Movimento operaio« in der Zeitschrift *Umanità Nova* (Rom), Nummer 168 (26. Oktober 1921), Nummer 169 (27. Oktober 1921) und Nummer 170 (28. Oktober 1921). Die deutsche Übersetzung stammt von Elke Wehr und findet sich in: Errico Malatesta: Gesammelte Schriften. Band 2. Berlin: Karin Kramer Verlag, 1980: 99-107.
Die *Unione Anarchica Italiana* war die zentrale anarchistische Organisation in Italien. Gegründet wurde sie 1920, und ersetzte die im Vorjahr gegründete *Unione Comunista Anarchica Italiana*.

in der Absicht und Hoffnung, mehr zu verdienen, eine weniger bedrückende Arbeit zu machen, unter menschlicheren hygienischen Bedingungen zu leben und setzt sein Vertrauen in die kollektive Macht, die es ermöglichen soll, diese Verbesserungen allmählich zu erringen. Aber da jede Aktion eine Idee entstehen lässt, tauchen sehr bald Theorien und Ideologien auf, die die Bewegung zu erklären und zu rechtfertigen suchen. Und da die Praxis des Kampfes zeigt, dass auch die Vereinigung, mag sie auch die gesamte Masse der Arbeiter umfassen, nicht imstande ist, über einen bestimmten Punkt hinaus Verbesserungen zu erreichen und die den vorherrschenden ökonomischen und politischen Kräften abgerungenen Fortschritte auf Dauer zu sichern, entsteht das Bedürfnis, nach den Gründen dieser Machtlosigkeit zu suchen, und sehr bald gehen die Bestrebungen und Theorien über die von den herrschenden Institutionen vorgezeichneten Grenzen hinaus. Bald wird das Recht des Unternehmers überhaupt in Frage gestellt, das Privateigentum an Grund und Boden und an den Arbeitswerkzeugen in Zweifel gezogen.

Von nun an reift innerhalb der Arbeiterassoziation der Gedanke der sozialen Revolution heran, und alle, die aus materiellen oder ideellen Gründen an der Aufrechterhaltung oder der Veränderung der gegenwärtigen Gesellschaft interessiert sind, machen sich ans Werk: die einen, um dem Impuls der Bewegung durch mehr oder weniger illusorische Konzessionen und alle möglichen Täuschungen oder Gewalttätigkeiten Einhalt zu gebieten, die anderen, um die Bewegung bis zur letzten Konsequenz voranzutreiben und sie zum Werkzeug der Verwirklichung der eigenen Ideale zu machen. Jetzt geschieht im kollektiven Leben der Gesellschaft nichts mehr ohne Beteiligung oder zumindest Zustimmung der organisierten Massen.

Selbstverständlich können die Anarchisten nicht gleichgültig gegenüber dieser Bewegung sein, sei es, weil sie selbst fast alle Handarbeiter sind und nicht interesselos den Kämpfen gegenüberstehen können, die die Arbeiter in den Fabriken und auf dem Land sowohl für die Erfordernisse des täglichen Lebens als auch aus Solidarität mit ihren Arbeitsgefährten führen, sei es, weil sie jeder Massenbewegung mit Sympathie begegnen, sie unterstützen und versuchen müssen, sie auf den Weg der vollständigen Befreiung mittels direkter Aktion zu führen, da sie davon ausgehen, dass ihr Ideal universellen Wohlstandes und völliger Freiheit nur direkt durch das Werk der Betroffenen verwirklicht werden kann.

Dies wurde stets von der großen Mehrheit der Anarchisten erkannt, die ja selbst sogar oft Initiatoren der Bewegung waren.[2] Dennoch haben wir aufgrund unserer kritischen Einstellung und unserer seit jeher mangelnden Fähigkeiten, uns mit dem Vorhandenen zu begnügen, nicht immer den besonderen Charakter, die unvermeidlichen Zwänge eines naturgemäß in einer bürgerlichen Ordnung geführten Arbeiterkampfes erkannt. Wir haben es nicht verstanden, unsere Taktik als Anarchisten mit diesen Zwängen in Einklang zu bringen und haben zusammenhanglos und unschlüssig gehandelt mit dem Ergebnis, dass wir in der Bewegung nicht einen der Überlegenheit unserer Ideen und unserem Initiativgeist entsprechenden Einfluss ausgeübt haben und oft erleben mussten, dass andere aus der von uns begonnenen Arbeit Nutzen zogen.

Es ist daher angebracht, auf diese Frage zurückzukommen, sie gründlich zu prüfen und sich über die Richtschnur einig zu werden, der wir zum größten Nutzen unserer Zielsetzungen folgen müssen.

Wenn man einmal absieht von den Konservativen und Bourgeois aller Schattierungen, die sich - wenn überhaupt - nur mit dem Zweck für die Arbeitervereinigungen interessieren, durch Täuschungsmanöver der aufkommenden Flut der Befreiung Einhalt zu gebieten und eine Bewegung, die ihrem Wesen nach auf Befreiung abzielt, zum Werkzeug der Versklavung zu machen, gibt es unter den gesellschaftlichen Neuerern drei hauptsächliche Parteien (oder Richtlinien). Diese sind sich in Bezug auf die kleinen, täglich zu führenden Kämpfe zur Verteidigung der Arbeiter-

2 Tatsächlich hatten Anarchisten führenden Anteil an der Gewerkschaftsbewegung, bzw. an den (explizit) revolutionär ausgerichteten Gewerkschaften, in Frankreich zum Beispiel Fernand Pelloutier (1867-1901) und Émile Pouget (1860-1931).

interessen im bürgerlichen System mehr oder weniger einig oder sollten dies sein, unterscheiden sich jedoch grundlegend in den Endzielen, zu denen sie die Bewegung führen wollen, und somit in der Art der Propaganda, die sie innerhalb der Bewegung betreiben, und in den Organisationsformen, die sie jeweils bevorzugen: es sind dies die Sozialisten, die Syndikalisten und die Anarchisten, die allesamt überzeugt davon sind, dass man zur Befreiung der Arbeiter und Errichtung einer besseren Gesellschaftsordnung das kapitalistische System beseitigen muss, jedoch unterschiedliche Vorstellungen von der zukünftigen Gesellschaft und den Mitteln und Wegen ihrer Verwirklichung haben.

Die Sozialisten, zu denen ich auch die Fraktion rechne, die sich jetzt kommunistisch nennt[3], wollen die Regierung übernehmen, wobei jetzt unwichtig ist, ob mit legalen Mitteln oder mit Gewalt. Sie glauben, das Rezept für die Heilung aller Übel und Lösung aller sozialen Probleme zu besitzen und wollen dieses, ihr Rezept im Namen einer vorgeblichen, legal festgestellten Mehrheit oder durch eine von einigen Personen im Namen ihrer Partei usurpierte Diktatur durchsetzen. Die Massen sollen nur die nötigen Stimmen dafür liefern, dass die Parteiführer an die Macht gelangen können, und die ganze Taktik ist darauf ausgerichtet, die Arbeiterorganisationen der Partei zu unterwerfen. Aus diesem

---

3 Gemeint ist die im Januar 1921 gegründete Kommunistische Partei Italiens, die sich von der Sozialistischen Partei abgespalten hatte. Zum Begriff »kommunistisch« in diesem Kontext, siehe den 17.Punkt der 21 Aufnahmebedingungen für die Mitgliedschaft in der Kommunistischen Internationale: Alle »Parteien, die sich der Kommunistischen Internationale anschließen wollen, [müssen] ihren Namen ändern. Jede Partei, die der Kommunistischen Internationale beitreten will, muß den Namen führen: Kommunistische Partei dieses oder jenes Landes (Sektion der III. Internationale). Die Frage der Benennung ist keine bloß formale Angelegenheit, sondern eine politische Frage von großer Bedeutung. Die Kommunistische Internationale hat der ganzen bürgerlichen Welt und allen gelben sozialdemokratischen Parteien entschiedenen Kampf angesagt. Jedem einfachen Werktätigen muß der Unterschied zwischen den kommunistischen Parteien und den alten offiziellen ›sozialdemokratischen‹ oder ›sozialistischen‹ Parteien, die das Banner der Arbeiterklasse verraten haben, vollkommen klar sein.«

Grund entziehen sich die sozialistischen (und mehr noch die kommunistischen) Führer der Organisationen soweit wie möglich der Kontrolle der Organisierten, ersticken jede Autonomie und jeden Initiativgeist und erziehen die Arbeiter unter dem Vorwand der *Disziplin* der kollektiven Aktionen zum passiven Gehorsam gegenüber den Führern. Auf diese Weise schmieden sie sich die Waffen, die ihnen zur Macht verhelfen sollen und bereiten die Massen darauf vor, sich gelehrig dem Diktat der Regierung von morgen zu beugen.

Die Syndikalisten sind libertärer in ihren Vorstellungen. Sie wollen den Staat überflüssig machen, ihn mit Hilfe der Gewerkschaften entmachten und zerstören und diesen allmählich sämtliche Aufgaben des gesellschaftlichen Lebens übertragen. Natürlich müssen zu diesem Zweck die Produktionsmittel (Boden, Rohstoffe, Maschinen usw.) Kollektiveigentum der untereinander föderierten Gewerkschaften werden.

Es ist hier nicht der Ort, dieses Programm zu diskutieren. Sicher ist jedoch, dass man zu seiner Verwirklichung zuerst die Eigentümer des gesellschaftlichen Reichtums enteignen müsste, und da diese von der bewaffneten Gewalt des Staates geschützt werden, müsste man zunächst diese Gewalt besiegen. Und obwohl die Syndikalisten in der Theorie gerne behaupten, dass der Syndikalismus sich selbst genüge[4], sind sie dann in der Praxis gezwungen, entweder - durch Wahlen oder Gewalt - den Staat zu erobern und Sozialisten zu werden oder aber ihn zu zerstören und Anarchisten zu werden.

Diese programmatische Unbeständigkeit spiegelt sich in der Geschichte der Arbeiterorganisationen mit syndikalistischer Tendenz wider: früher oder später kommt eine Situation, in der man vom rein gewerkschaftlichen Terrain zum politischen Kampf im eigentlichen Sinne übergehen muss, und dann tritt die Divergenz und Unvereinbarkeit zwischen Reformisten und Revolutionären, Parlamentariern und Antiparlamentariern, Sozialisten und Anarchisten zutage, die sich unter dem Deckmantel einer vermeintli-

---

4 Siehe hierzu Malatestas »Redebeitrag auf dem Internationalen anarchistischen Kongress in Amsterdam« (1907) in diesem Band.

chen gewerkschaftlichen Neutralität zusammengefunden hatten.[5] Und dann beginnen die inneren Kämpfe und Spaltungen. Unterdessen, solange dieses Missverständnis andauert, wird in diesen Organisationen die direkte Aktion geprobt, lässt man auch den fortschrittlichsten Strömungen Propagandafreiheit und werden die Massen an Stolz und Kampfbereitschaft gewöhnt, was die beste Lehre für die Vorbereitung der Revolution ist. Wir Anarchisten können uns ebensowenig mit diesen wie mit irgendeiner anderen Arbeiterorganisation identifizieren, aber wir müssen diese Organisationen den anderen vorziehen, da sie ein geeigneteres Feld für die Ausdehnung unseres Einflusses sind; wir müssen sie unterstützen, uns in allen Formen, die nicht in Widerspruch zu unseren Ideen stehen, an ihnen beteiligen, ohne uns jedoch deshalb den Eintritt in irgendeine andere Organisation zu versagen, in der wir nützliche Propagandatätigkeit, Kritik und anspornenden Einfluss zu entfalten können glauben. Dies haben wir bisher mit mehr oder weniger Erfolg getan; jetzt ist es Zeit, so glaube ich, dass wir uns über ein einheitliches Vorgehen einig werden, damit wir mit größerer Wirkung Einfluss auf die Bewegung nehmen und sie besser für unsere Ziele einsetzen können.

***

Die Arbeiterorganisationen sind unter Bedingungen, und Zwängen tätig, die die Position der in ihren Reihen aktiven Anarchisten oft schwierig und manches Mal mit ihren Vorstellungen unvereinbar macht, immer vorausgesetzt, dass man von der theoreti-

5 Eine solche Neutralität ist paradigmatisch in der bekannten Charta von Amiens der französischen CGT festgeschrieben worden, in der es heißt, dass, »insofern es die individuelle Ebene betrifft, (...) es jedem Mitglied gänzlich freisteht, außerhalb der Gewerkschaft an solchen Kämpfen teilzunehmen, die seiner philosophischen oder politischen Auffassung entsprechen, und verlangt dafür von ihm lediglich, die Meinungen, die er in diesem Zusammenhang vertritt, nicht in das Syndikat hineinzutragen« (Charta von Amiens (1906), in: Émile Pouget: Die Revolution ist Alltagssache. Schriften zur Theorie und Praxis des revolutionären Syndikalismus. Übersetzt, eingeleitet und kommentiert von Michael Halfbrodt. Lich: Edition AV, 2014: 291-294. Hier: S.291).

schen Aufklärung, von der zukunftsbezogenen Propaganda zu den praktischen Maßnahmen des konkreten Kampfes übergehen muss.
Da die Gewerkschaften den Zweck haben, die gegenwärtigen, unmittelbaren Interessen der Arbeiter in einer von Privateigentum und Lohnarbeit bestimmten Gesellschaftsordnung zu vertreten, da sie die größtmögliche Anzahl von Arbeitern ohne Rücksicht auf religiöse und politische Meinungsunterschiede oder auf das Vorhandensein irgendeiner bestimmten Überzeugung überhaupt vereinen wollen, da sie gezwungen sind, die Auswirkungen zu mildern, ohne die Ursache der Unterdrückung der Arbeiter zerstören zu können, mögen sie auch die Abschaffung der Lohnarbeit und die vollständige Befreiung in ihr Programm geschrieben haben, müssen sie in der täglichen Praxis die Tatsache der Herrschaft und des kapitalistischen Profits akzeptieren und sich darauf beschränken, diese Herrschaft durch ständigen Widerstand weniger absolut zu machen und dem Produzenten einen größeren Anteil am Produkt zu sichern. In dieser Bewegung muss auch der entschiedenste Revolutionär den Weg des Reformismus beschreiten, der darin besteht, Schritt für Schritt Verbesserungen zu erringen, die dann mit einem Schlage verloren gehen, sobald Profit und kapitalistische Konkurrenz – die nach wie vor bestehenden Gründe für das gesellschaftliche Übel – immer neue Krisen der Arbeitslosigkeit auslösen, die zum Kampf um das tägliche Brot unter den Arbeitern selbst führen. Denn Vorteile der revolutionären Methode, die man vorbringen kann, um die Notwendigkeit der Revolution begreiflich zu machen, haben nur dann eine positive Wirkung, wenn die Revolution gemacht wird. Und die Revolution kann man nicht alle Tage machen!
Aber das ist das Wenigste. Die gravierendste Schwierigkeit liegt in den widerstreitenden Interessen der verschiedenen Berufsgruppen der Arbeiter einerseits und in dem Interessenkonflikt zwischen Produzenten und Konsumenten andererseits.
Man behauptet gewöhnlich, dass die Proletarier im Kampf gegen die Unternehmer ein gemeinsames Interesse haben und daher alle miteinander solidarisch sein müssen – und das trifft

auch zu, wenn es um das Interesse geht, das Unternehmertum zu beseitigen und eine Gesellschaft zu errichten, in der alle für das größtmögliche Wohl aller und eines jeden arbeiten. Aber es trifft überhaupt nicht zu in der heutigen Gesellschaft, in der Industrielle und Landbesitzer darauf aus sind, die Produktion zu beschränken, um die Preise steigen zu lassen, sich einen höheren Profit zu sichern und darüber hinaus die Löhne niedrig halten zu können und auf diese Weise Mangel an Produkten und an Arbeit herbeiführen.

So ergibt sich ein oft ungewollter und unbewusster, doch natürlicher und zwangsläufiger Interessengegensatz zwischen dem Arbeitenden und dem Arbeitslosen, zwischen dem Inhaber einer guten und sicheren Stelle und den der weniger verdient und stets in Gefahr ist, entlassen zu werden, zwischen dem, der einen Beruf beherrscht und dem, der ihn erlernen will, zwischen dem Mann, der das Monopol der Berufsausübung hat und der Frau, die ihren Blick auf das Terrain der ökonomischen Konkurrenz richtet, zwischen dem einheimischen und dem eingewanderten Arbeiter, zwischen dem Spezialisten, der den anderen das Erlernen seines Faches untersagen möchte und denen, die dieses Monopol nicht anerkennen wollen und schließlich ganz allgemein zwischen den einzelnen Berufsgruppen, wenn vorübergehende oder ständige Interessen der einen mit denen der anderen in Konflikt geraten. Einige Berufsgruppen ziehen Vorteile aus den Schutzzöllen, andere leiden darunter; einige wünschen gewisse Eingriffe staatlicher Autorität, gewisse Gesetze und Regelungen, während andere unter besseren Bedingungen kämpfen, wenn sich die Regierung nicht in ihre Angelegenheiten einmischt.

Darüber hinaus herrscht ein ständiger Interessenwiderspruch zwischen einer jeden Berufsgruppe und den anderen Arbeitern, sofern letztere Konsumenten der Produkte der ersteren sind. Jede Lohnerhöhung einer Gruppe drückt sich in einem erhöhten Preis ihres Produktes aus und schadet der Öffentlichkeit, bis die Erhöhung der Löhne sämtlicher Berufsgruppen das Gleichgewicht wieder herstellt und den Vorteil der Lohnerhöhung zunichte macht.

So kam es, dass viele Arbeiterorganisationen, die durch die Initiative weniger großherziger, von Solidarität und stolzem Kampfgeist erfüllter Personen entstanden waren, schließlich ihre Forderungen mäßigten, sich korrumpierten und in geschlossene Korporationen verwandelten, je umfangreicher und mächtiger sie wurden und nur noch um das Interesse ihrer Mitglieder im Gegensatz zu dem der Nichtmitglieder besorgt waren.

Wenn wir zu alledem noch die parasitäre Bürokratie dieser Organisationen rechnen, die Führer, die sich an ihre Spitze stellen und - um sich dort zu halten - nicht besser als die Politiker ihr Spiel mit den antiproletarischen oder anti-libertären Bestrebungen treiben, denen sie oft zu folgen gezwungen sind und schließlich die abstoßenden, doch unvermeidlichen Kontakte mit den Behörden, dann werden die Antipathie und die feindselige Haltung begreiflich, die einige Genossen - heute sind es meines Glaubens nur noch sehr wenige - den Arbeiterorganisationen gegenüber an den Tag legten.

***

Ist es denn für die Anarchisten ratsam, nützlich, ja überhaupt möglich, außerhalb der Arbeiterorganisationen zu bleiben oder sich nur passiv an ihnen zu beteiligen, nur insofern sie Arbeiter sind, die arbeiten müssen und nicht zu Streikbrechern werden wollen?

Meiner Meinung nach wäre dies eine Dummheit, die in der Praxis auf einen Verrat an der Sache der Revolution oder, allgemeiner, an der Sache des Fortschritts und der Befreiung der Menschen hinauslaufen würde.

Die Arbeiterbewegung ist nunmehr einer der wesentlichsten Faktoren der Geschichte - heute und in der nächsten Zukunft. Sie außer acht zu lassen, hieße, sich außerhalb des wirklichen Lebens stellen, darauf verzichten, spürbaren Einfluss auf die Ereignisse zu nehmen und zulassen, dass Sozialisten, Kommunisten, Klerikale und andere Regierungsparteien das Vertrauen der Massen gewinnen, indem sie die gegenwärtigen, oft geringfügigen und nur vorübergehenden, doch unmittelbar wichtigen Interessen der

Arbeiter verteidigen oder zu verteidigen vorgeben. Haben sie erst einmal dieses Vertrauen gewonnen, dann nutzen sie es aus, um mit dieser oder einer anderen Ordnung an die Macht zu kommen und das Volk weiterhin in Knechtschaft zu halten.

Die für den Widerstand gegen die Unternehmer gebildeten Arbeiterorganisationen sind das beste Mittel, vielleicht das einzige, das allen zugänglich ist, um in ständigen Kontakt mit den großen Massen zu gelangen, um die Propaganda unserer Ideen zu betreiben, um sie für die Revolution vorzubereiten und für jede vorbereitende oder entscheidende Aktion auf die Straße zu bringen. Sie vermitteln den noch gelehrigen und unterwürfigen Unterdrückten ein Bewusstsein ihrer Rechte und der Stärke, die sie in der Einheit mit ihren Gefährten finden können. In diesen Organisationen begreifen sie, dass der Unternehmer ihr Feind ist, dass die Regierung, schon ihrem Wesen nach Dieb und Unterdrücker, stets bereit ist, die Unternehmer zu schützen und bereiten sich geistig auf den totalen Umsturz der herrschenden Gesellschaftsordnung vor.

Außerhalb der Arbeiterassoziationen können wir weder mündliche noch schriftliche Propaganda betreiben, keine Arbeits- oder Aktionsgruppen bilden, nicht bei allen Gelegenheiten unseren Mann stehen: wir wären niemals imstande, dem Lauf der Ereignisse unsere Richtung zu geben und müssten uns anderen anschließen, anderen anbieten, die Nutzen aus unserer Arbeit und unseren Opfern ziehen würden zu Zwecken, die nicht die unsrigen oder den unsrigen sogar entgegengesetzt wären.

Im Übrigen sind wir aufgrund unseres Programms mehr als jede andere Partei an einer breiten Entwicklung der Arbeiterbewegung interessiert. Wir wollen nicht regieren und wollen, soweit es in unseren Kräften steht, verhindern, dass andere regieren, das heißt mit Gewalt die eigenen Pläne und sozialen Systeme durchsetzen. Wir wollen, dass sich die neue Gesellschaft nach dem freien, wechselnden und fortschreitenden Willen der Massen (zu denen natürlich auch wir gehören) entwickelt, und zu diesem Zwecke ist es nützlich, ist es notwendig, dass am Tage der Revolution eine größtmögliche Anzahl von wie auch immer organisierten Arbeitern vorhanden ist, die bereit sind, die Produktion fortzusetzen, die notwendigen Verbindungen unter den einzelnen Ortschaften und Berufsgruppen herzustellen, für die Verteilung und für alle Bedürfnisse des Lebens zu sorgen, ohne jemandem die Macht zu geben, mit der Gewalt der »roten Garden« den eigenen Willen und die eigenen Interessen durchzusetzen.

Meiner Meinung nach müssten die Anarchisten daher in alle Arbeiterorganisationen gehen, dort Propaganda betreiben, Einfluss erringen und sämtliche Aufgaben und Verantwortungen übernehmen, die mit ihrer Eigenschaft als Anarchisten vereinbar sind.

Dabei besteht natürlich die Gefahr der Anpassung, der Abweichung, der Korruption, und viele schmerzhafte und schimpfliche Beispiele lassen sich gegen meine These anführen.

Doch was ist zu tun? Will man handeln, dann muss man auch die Risiken des Handelns in Kauf nehmen, in diesem Fall moralische Risiken, und sie durch die Einhaltung einer fest umrissenen Verhaltensrichtschnur und durch ständige gegenseitige Kontrolle unter den Genossen zu verringern suchen.

Wenn es Genossen gibt, die die Anarchie als ein Ideal individueller und gesellschaftlicher Vervollkommnung betrachten, das vielleicht in einigen tausend Jahren verwirklicht wird, und glauben, dass alles, was heute zu tun ist, sich darauf beschränkt, die Fackel des Glaubens für einige Wenige weiter brennen zu lassen, dann haben sie gute Gründe, sich in sicherer Entfernung von *unsauberen* Kontakten und kompromittierenden Positionen zu halten.

Doch die große Mehrheit der Anarchisten und besonders die Mitglieder der U.A.I. [*Unione Anarchica Italiana*] sind der Auffassung - wenn ich sie richtig verstehe -, dass der Einzelne sich weder vervollkommnen noch die Anarchie sich - nicht einmal in einigen tausend Jahren - verwirklichen würde, wenn nicht zuvor in einer von den bewussten Minderheiten durchgeführten Revolution die notwendigen Bedingungen der Freiheit und des Wohlstandes geschaffen werden. Aus diesem Grund wollen wir die Revolution so schnell wie möglich machen, und dazu müssen wir alle nützlichen Kräfte und alle geeigneten Gelegenheiten ausnutzen, die die Geschichte uns bieten mag.

Die Arbeiterorganisationen können nicht ausschließlich aus Anarchisten bestehen, und dies wäre auch nicht wünschenswert, denn dann wären sie ein unnützes Duplikat der anarchistischen Gruppierungen und würden ihren besonderen Zweck verfehlen. Die Anarchisten, die in diesen Organisationen arbeiten, können sich nicht immer als Anarchisten verhalten, wie man sich eben in der gegenwärtigen Gesellschaft nicht als Anarchist verhalten kann, aber sie können anarchistische Gruppen bilden, die eine Antriebs- und Kontrollfunktion ausüben und soweit wie möglich ihren anarchistischen Prinzipien treu bleiben müssen.

Es gibt in Italien verschiedene, große Arbeiterorganisationen.[6] Wir müssen in allen aktiv sein und kämpfen, in allen kann man Propaganda betreiben und ein Vorbild an Tatkraft und solidarischer Gesinnung sein. Wo es nötig ist, müssen wir die Organisationen vorziehen, die uns am nächsten stehen, aber deshalb dürfen wir nicht die anderen dem Monopol unserer Gegner überlassen. Wir müssen uns in der Arbeit, die wir in den verschiedenen Organisationen leisten, gegenseitig unterstützen und verständigen und unsere Haltung und unser Vorgehen bei den verschiedenen, sich uns bietenden Gelegenheiten absprechen und koordinieren.

In diesem Sinne würde ich vorschlagen, dass alle Anarchisten, die einigen Einfluss in den Arbeiterorganisationen haben, untereinander eine permanente Verständigung herstellen und in regelmäßiger Verbindung bleiben, um gemeinsames Handeln zu ermöglichen.

---

6 Malatesta wird hier vor allem die beiden Gewerkschaften *Confederazione del Lavoro* und *Unione Sindacale Italiana* vor Augen gehabt haben – siehe seinen Text »Vereinigte proletarische Front« (1920) in diesem Band.

Syndikalismus und Anarchismus (1922)[1]

Man hatte mich aufgefordert, ja durch freundliches Drängen fast gezwungen, auf der Schlusssitzung des letzten Kongresses der *Unione Sindacale Italiana* zu sprechen.[2] Dabei habe ich Dinge gesagt, welche die »reinen Syndikalisten« empörte und einigen Genossen missfielen, vielleicht weil sie sie für unangebracht hielten. Sie haben aber auch - und das ist das Schlimmste - bei Personen, die nichts mit der *Unione Sindacale* zu tun haben und von meinen Ideen und Zielen sehr weit entfernt sind, mehr oder weniger starken Beifall von falscher Seite provoziert.

Und dabei wiederholte ich doch nur Meinungen, die ich schon tausendmal ausgedrückt habe und die für mich integrierender Bestandteil des anarchistischen Programms sind!

Es empfiehlt sich also, noch einmal darauf zurückzukommen.

Man darf den »Syndikalismus«, der Theorie und Methode für die Lösung der sozialen Frage sein will, nicht mit Aufstieg, Existenz und Aktivitäten der Arbeitergewerkschaften gleichsetzen.

Die Arbeitergewerkschaften (das heißt die Vereinigungen des Widerstands ebenso wie andere Erscheinungsformen der Arbeiterbewegung) sind zweifellos nützlich: sie stellen sogar eine notwendige Phase im Aufstieg des Proletariats dar. Sie tragen dazu bei, den Arbeitern ihre reale Situation als Ausgebeutete und Sklaven bewusst zu machen, entwickeln in ihnen den Wunsch nach Änderung der Verhältnisse, gewöhnen sie an Solidarität und Kampf und machen ihnen durch die Praxis des Kampfes begreiflich, dass die Unternehmer ihre Feinde sind und die Regierung die Unternehmer schützt. Sicher sind die Verbesserungen, die durch den Arbeitskampf erreicht werden können, gering; sie las-

1 Ursprünglich veröffentlicht unter dem Titel »Sindacalismo e Anarchismo« in der Zeitschrift *Umanità Nova* (Rom), Nummer 82 (6. April 1922). Die deutsche Übersetzung stammt von Elke Wehr und findet sich in: Errico Malatesta: Gesammelte Schriften. Band 1. Berlin: Karin Kramer Verlag, 1977: 160-166.

2 Gemeint ist der Kongress der *Unione Sindacale Italiana* in Rom (März 1922).

sen das Prinzip der Ausbeutung und Unterdrückung einer Klasse durch die andere bestehen und laufen stets Gefahr, vom Spiel der herrschenden ökonomischen Kräfte illusorisch oder geradewegs zunichte gemacht zu werden. Aber mögen diese Verbesserungen auch zweifelhaft und illusorisch sein, so verhindern sie auf der anderen Seite doch auch, dass die Masse abstumpft und sich mit einem stets gleichbleibenden Elend abfindet, ja, dass sie die Vorstellung von und den Wunsch nach einem besseren Leben überhaupt aufgibt. Und die Revolution die wir wollen, nämlich eine Revolution, die von den Massen ausgeht und durch die Aktion der Masse vorangetrieben wird, ohne Befehle einer offenen oder verschleierten Diktatur, könnte unmöglich stattfinden und sich konsolidieren, wenn es nicht zuvor eine breite Massenbewegung gibt.

Im Übrigen ist die Gewerkschaftsbewegung, was immer man von ihr auch halten mag, eine Realität, die sich aufdrängt und zu ihrer Existenz nicht unserer Anerkennung bedarf. Sie ist unter den gegenwärtigen gesellschaftlichen Verhältnissen die natürliche Konsequenz der beginnenden Auflehnung der Unterdrückten und es wäre nicht nur schädlich, sondern auch absurd, wollte man verlangen, dass die Arbeiter in Erwartung der völligen Emanzipation, die nur das Resultat radikaler gesellschaftlicher Änderung durch die Revolution sein kann, auf die Durchsetzung unmittelbarer, wenn auch geringfügiger, Verbesserungen verzichten sollen.

Wir Anarchisten, die wir vor allem die Verwirklichung unseres Ideals erreichen wollen - weshalb wir der Arbeiterbewegung beileibe nicht gleichgültig gegenüberstehen - müssen daher aktiv an dieser Bewegung teilnehmen; wir müssen uns darum bemühen, dass diese Bewegung, die sich den zufälligen Erfordernissen des täglichen Kampfes anpassen muss, gleichzeitig unseren Bestrebungen so wenig wie möglich zuwiderläuft und immer mehr zu einem wirksamen Mittel im Dienste der Bewusstseinsbildung und der Revolution wird.

Aber all dies ist nicht »der Syndikalismus«, der in sich abgeschlossene Theorie und Praxis sein will und behauptet, dass die Organisation der Arbeiterschaft, deren Zweck im Widerstand und im täglichen Kampf für gegenwärtig erreichbare Verbesserungen liegt, allein durch ihr Anwachsen und ihre Ausbreitung zur vollständigen Umgestaltung der gesellschaftlichen Institutionen führe und Bedingung und Garantie für eine egalitäre und libertäre Gesellschaft sei.

Es ist mehr als verständlich, dass jeder Mensch dazu neigt, seiner Arbeit, seiner Art von Tätigkeit, die größte Bedeutung beizumessen, und wenn bereits Menschen, die sich zum Beispiel mit Antialkoholismus[3], Neomalthusianismus[4], der Lebensmittelreform,

---

3 Das Thema Alkohol wurde beispielsweise sogar auf dem internationalen anarchistischen Kongress in Amsterdam angesprochen, wo ein gewisser Prof. J. van Rees eine Resolution einbrachte, nach der die »zukünftige anarchistische Gesellschaft (...) entweder eine Feindin vergiftender Getränke« sein wird, »oder sie wird gar nicht sein.« Laut Kongressbericht war es damals Malatesta, der den Widerspruch gegen diese Resolution zum Ausdruck brachte: »›Es wurde ein Resolution gegen den Alkoholismus vorgeschlagen‹, schrieb er [Malatesta, P.K.], ›aber man ging zur Tagesordnung über. Sicherlich hätte niemand etwas dagegen gehabt, eine Resolution gegen den Missbrauch alkoholischer Getränke anzunehmen, wenn auch vielleicht in der Überzeugung, dass sie nichts bewirken würde; aber der Resolutionsvorschlag verurteilte sogar den maßvollen Genuss und stufte ihn als schlimmer ein als den Missbrauch. Das ging uns zu weit; jedenfalls meinen wir, dass dies ein Thema ist, das eher von Ärzten diskutiert werden sollte..., vorausgesetzt, sie verstehen etwas davon'.« (Congrès Anarchiste tenu à Amsterdam (Août 1907). Compte-rendu analytique des Seances et Résumé des Rapports sur l'État du Movement dans le monde entier. Paris: La Publication Sociale, 1908: 107; Übersetzung aus dem Französischen von Michael Halfbrodt)

4 Der sogenannte »Neomalthusianismus« erfreute sich (nicht nur) in Teilen des Anarchismus großer Beliebtheit. Paul Robin, einer der zentralen Figuren dieser Richtung, hält als einen Grundsatz folgendes fest: »Um das Glück aller zu erringen, braucht es: 1.) eine gute Organisation der menschlichen Gesellschaft. Diese konnte mit den in ihrer großen Mehrzahl Quasi-Wilden der Vergangenheit und Gegenwart nicht erreicht werden. Das bleibt den kommenden Generation vorbehalten, die 2.) eine gute Erziehung erhalten haben. Aus dieser werden nur jene für sich und ihresgleichen den größtmöglichen Nutzen ziehen können, die 3.) von guter Geburt sind. Soziologische Erfahrungen, die in unserem heutigen Zustand gegensätzlicher Interessen, erbitterter

einer internationalen Sprache[5] usw. usw. beschäftigen, in ihrer verschwindend kleinen und fragmentarischen Aufklärungsarbeit irgendwann einmal das Allheilmittel für alle gesellschaftlichen Missstände sehen, dann ist es wirklich nicht verwunderlich, wenn die, die ihre ganze Begeisterung und Aktivität einer so bedeutenden und breiten Bewegung wie der Arbeiterbewegung gewidmet haben, aus dieser schließlich oft ein Universal- und Wundermittel machen.

In der Tat gab es besonders in Frankreich Anarchisten, die mit den besten Vorsätzen in die Arbeiterbewegung eingetreten waren, um unsere Propaganda und unsere Methoden in die Massen hineinzutragen. Sie wurden bald in den Bann dieser Bewegung gezogen, änderten ihre Ideen, schrieben auf ihre Fahnen *»der Syndikalismus genügt sich selbst«* ... und waren bald keine Anarchisten mehr.[6] Ganz zu schweigen von denen, die bewusst Verrat

---

Konkurrenz, von Kämpfen, Spaltungen, Hass unmöglich sind, werden von Menschen guten Willens, die alle die gleiche auf dem *Realen basierende* Bildung erhalten haben, die im Überfluss und in einem Milieu übereinstimmender Interessen leben, leicht zu machen sein. – Gute Erziehung ist eine, die sich ausschließlich auf wissenschaftliche Realitäten, Beobachtung, Experiment, Freiheit, Zuneigung gründet und von metaphysischen Rückständen gänzlich frei ist. Gute Geburt heißt, von Eltern guter Qualität, die sich in vollkommener Freiheit gewählt und nur mit überlegtem Willen Kinder geboren haben.« (Le Neo-Malthusianisme. Paris: Librairie de regeneration, 1905: 4f.; Übersetzung aus dem Französischen von Michael Halfbrodt)

5 Hier spielt Malatesta auf die, in anarchistischen Kreisen stark ausgeprägte Befürwortung des Esperanto an, einer Plansprache, die von Ludwik Lejzer Zamenhof (Pseudonym: »Dr. Esperanto«) in den 1880er Jahren entwickelt worden war, um eine leicht erlernbare, neutrale Sprache zur internationalen Verständigung zu entwickeln.

6 Tatsächlich haben sich viele revolutionäre Syndikalisten infolge der Oktoberrevolution vom Anarchismus ab- und vor allem dem Kommunismus zugewandt. Ein Beispiel wäre hier der zeitweise in der Kommunistischen Partei Frankreichs organisierte Pierre Monatte, mit dem Malatesta in Amsterdam über das Verhältnis von Syndikalismus und Anarchismus debattiert hatte (siehe Malatestas »Redebeitrag auf dem Internationalen anarchistischen Kongress in Amsterdam« (1907) in diesem Band).

begingen, überdies auch ihrer Überzeugung als Syndikalisten abschworen und sich unter Berufung auf die *heilige Allianz* in den Dienst der Regierung und der Unternehmer stellten.

Mag dieser Rausch des Syndikalismus auch erklärbar und entschuldbar sein, so ist dies doch nur ein Grund mehr, auf der Hut zu sein und nicht eine Kampfesform als einziges und sicheres Mittel für die Revolution zu betrachten, die zwar großes revolutionäres Potential in sich birgt, die aber, wenn sie nur ihren Eigengesetzen überlassen wird, auch zu einem Instrument der Erhaltung der Privilegien und der Anpassung der fortgeschrittensten Massen an die bestehenden gesellschaftlichen Institutionen werden kann.

* * *

Trotz all ihrer Verdienste und ihres Potentials kann die Arbeiterbewegung per se nicht eine revolutionäre Bewegung im Sinne der Negation der rechtlichen und sittlichen Grundlagen der gegenwärtigen Gesellschaft sein.

Wie jede neue Organisation kann sie, entsprechend dem Geist ihrer Gründer und dem Wortlaut ihrer Statuten, die höchsten Bestrebungen und radikalsten Ziele verfolgen, aber wenn sie die eigentliche Funktion einer Arbeitergewerkschaft erfüllen will, nämlich die Verteidigung der Interessen ihrer Mitglieder hier und jetzt, dann muss sie die Institution, die sie theoretisch ablehnt, in der Praxis anerkennen, sich den Umständen anpassen und jedes Mal aufs Neue versuchen, durch Verhandlungen und Nachgeben gegenüber Unternehmern und Regierung so viel wie möglich herauszuschlagen.

Kurz, Arbeitergewerkschaften sind ihrem Wesen nach reformistisch und nicht etwa revolutionär. Revolutionäres Denken muss durch die permanente Aktion der in ihren Reihen oder außerhalb tätigen Revolutionäre in sie hineingetragen, in ihnen entwickelt und aufrechterhalten werden, kann aber nicht die natürliche und normale Erklärung ihrer Funktion sein. Im Gegenteil, oft stehen die gegenwärtigen und unmittelbaren Interessen der organisierten Arbeiter, deren Schutz Aufgabe der Gewerkschaft ist, im Widerspruch zu den Idealvorstellungen und zukunftsweisenden Bestrebungen. Die Gewerkschaften können nur dann revolutionär handeln, wenn sie bereit sind, Opfer zu bringen und wenn sie das Ideal über unmittelbare Interessen stellen, das heißt nur dann, wenn sie aufhören ökonomistische Gewerkschaften zu sein und zu einer politischen Formation werden, die Idealvorstellungen vertritt, was jedoch bei den großen Organisationen nicht möglich ist, da diese nicht ohne die Zustimmung der Masse handeln können, die stets mehr oder weniger egoistisch, ängstlich und rückschrittlich ist.[7]

Aber das ist nicht das schlimmste.

Die kapitalistische Gesellschaft ist, allgemein ausgedrückt, so beschaffen, dass die Interessen jeder Klasse, jeder Berufsgruppe, jeder Einzelperson im Gegensatz zu denen aller anderen Klassen, aller

7 Vergleich hiermit eine klassisch revolutionär-syndikalistische Kritik an den »Gruppe[n] der Gleichgesinnten«: »Die Gesinnungsverwandten organisieren sich um bestimmte ›Ideen‹ und ›Meinungen‹, nicht um ›Interessen‹; sie gründen politische Clubs, Studienzirkel, Volkshochschulen usw. In diesen Gruppierungen finden wir geistigen Zusammenhalt, moralische Übereinkunft, gleichgerichtete Bestrebungen, ähnliche Hoffnungen und Zukunftserwartungen usw. Aber es fehlen ihnen die materiellen Grundlagen, die ihnen ein dauerhaftes Leben bescheren könnten. Sie sind aus verstandesmäßigen Überlegungen, aber nicht aus greifbaren Interessen hervorgegangen, sie laufen daher Gefahr, auseinanderzufallen, sobald die Wünsche, die sie bündeln, nicht mehr voll und ganz miteinander harmonieren, oder ein Projekt, dessen Verwirklichung zu lange auf sich warten lässt, die Energie der Beteiligten erschöpft. Solche Auflösungserscheinungen sind der Grund, warum Gesinnungsgemeinschaften nicht recht vorankommen. Sie können in Zeiten sozialen Aufruhrs einen beträchtlichen Aufschwung nehmen, doch das ist eine Erscheinung, die leicht täuscht. Da die Aufnahme neuer Mitglieder davon abhängt, dass diese die von ihnen vertretenen Theorien akzeptieren, ist die Rekrutierung mit Schwierigkeiten verbunden. Und da diesen Gruppierungen eben jedes materielle Interesse abgeht, neigen sie dazu, sich in Spitzfindigkeiten und Abstraktionen zu verlieren und sich von den Volksmassen zu isolieren.« (Émile Pouget: Das Syndikat (1904), in: ders.: Die Revolution ist Alltagssache. Schriften zur Theorie und Praxis des revolutionären Syndikalismus. Übersetzt, eingeleitet und kommentiert von Michael Halfbrodt. Lich: Edition AV, 2014: 79-105. Hier: S.87f.)

anderen Berufsgruppen und aller anderen Einzelpersonen stehen. In der Praxis ergeben sich jedoch zwischen Klassen und Einzelpersonen, die vom Standpunkt der sozialen Gerechtigkeit aus gesehen stets Freunde oder stets Feinde sein müssten, die seltsamsten Interessenverbindungen und Interessengegensätze. Und trotz der bejubelten proletarischen Solidarität stehen oft die Interessen einer Berufsgruppe innerhalb der Arbeiterschaft im Widerspruch zu denen anderer Arbeiter und stimmen mit den Interessen einer Gruppe von Unternehmern überein, ebenso wie trotz der angestrebten internationalen Solidarität die Arbeiter eines bestimmten Landes durch ihre gegenwärtigen Interessen an die einheimischen Kapitalisten gebunden sind und sich zum Kampf gegen die ausländischen Arbeiter veranlasst sehen: als Beispiele seien genannt das Verhalten der verschiedenen Arbeiterorganisationen gegenüber der Frage der Zolltarife und die freiwillige Beteiligung der Arbeitermassen an Kriegen zwischen den kapitalistischen Staaten.
Ich werde mich nicht damit aufhalten, zahlreiche Beispiele für Interessengegensätze zwischen den verschiedenen Gruppen von Produzenten und Konsumenten anzuführen, nicht nur aus Platzgründen, sondern auch, weil es mich ärgert zu wiederholen, was ich schon viele Male gesagt habe: Antagonismus zwischen Beschäftigten und Arbeitslosen, zwischen Männern und Frauen, zwischen einheimischen und ausländischen Arbeitern, zwischen Arbeitern, die eine öffentliche Dienstleistung in Anspruch nehmen und Arbeitern, die diese Leistung erbringen, zwischen denen, die einen Beruf beherrschen und denen, die einen erlernen wollen usw. usw.

Ich erinnere hier besonders an das Interesse, das die Arbeiter in der Luxusartikelproduktion am Wohlstand der reichen Klassen haben und an das Interesse mancher Berufsgruppen in den einzelnen Orten, in denen das »Geschäft« geht, wenn auch auf Kosten anderer Orte und zum Schaden der für die Masse nützlichen Produktion. Und was ist mit denen, deren Arbeit Schaden für die Gesellschaft und den einzelnen bedeutet, wenn diese keine andere Möglichkeit haben, ihren Lebensunterhalt zu verdienen? Man versuche einmal, in normalen Zeiten, wenn niemand an eine bevorstehende Revolution glaubt, von Arbeitsmangel bedrohte Werftarbeiter davon zu überzeugen, dass sie von der Regierung nicht den Bau eines neuen Panzerschiffs erbitten! Man löse einmal, wenn man kann, mittels der Gewerkschaft und indem man allen Beteiligten Gerechtigkeit widerfahren lässt, den Konflikt zwischen den Hafenarbeitern, die sich ihr Leben nur dadurch sichern können, dass sie die Arbeit für diejenigen monopolisieren, die diesen Beruf schon lange ausüben und den Neuankömmlingen, den *Gelegenheitsarbeitern*, die das Recht auf Arbeit und Leben für sich beanspruchen!

All dies und anderes, was noch gesagt werden könnte, beweist, dass die Arbeiterbewegung allein, ohne die revolutionären Ideale, die den gegenwärtigen und unmittelbaren Interessen der Arbeiter entgegenstehen, ohne die Kritik und den Anstoß der Revolutionäre, weit davon entfernt ist, zu einer gesellschaftlichen Veränderung zum Nutzen aller zu führen und dass sie dazu tendiert, berufsspezifische Egoismen zu schüren und eine Klasse privilegierter Arbeiter zu schaffen, die über der großen Masse der Besitzlosen steht.

Und es erklärt auch ganz allgemein die Tatsache, dass die Arbeiterorganisationen in allen Ländern umso konservativer und reaktionärer wurden, je mehr sie an Umfang und Stärke zunahmen und dass diejenigen, die ihre ganze Energie in ehrlicher Absicht auf die Arbeiterbewegung konzentriert haben und dabei das Ziel einer Gesellschaft des Wohlstands und der Gerechtigkeit für alle im Auge hatten, zu einer Sisyphusarbeit[8] verurteilt sind und ständig wieder von vorne beginnen müssen.

* * *

Die Behauptung der Syndikalisten, dass die Arbeiterorganisation von heute als Rahmen für die zukünftige Gesellschaft dienen und den Übergang vom bürgerlichen zum egalitären System erleichtern werde, ist falsch.[9]

---

8 Sisyphosarbeit meint in Anlehnung an eine Gestalt aus der antiken Mythologie eine sinnlose und dabei schwere Tätigkeit ohne absehbares Ende.

9 Bei Émile Pouget (1860-1931), einer der wichtigsten Figuren bei der Etablierung des revolutionären Syndikalismus in Frankreich,

Es ist dies eine Vorstellung, die bei den Mitgliedern der Ersten Internationale auf Zustimmung stieß[10], und wenn ich mich recht erinnere, wird in den Schriften Bakunins gesagt, dass die neue Gesellschaft durch den Eintritt aller Arbeiter in die Sektionen der Internationale verwirklicht würde.[11]

---

heißt es beispielsweise: »Proudhon hingegen sprach im Vorgriff auf den Syndikalismus vom kommenden wirtschaftlichen Föderalismus, der mit der ganzen Überlegenheit des Lebens die unbrauchbaren Konzepte jedes Politikantentums überwinden würde: der wirtschaftliche Föderalismus, der in den Arbeiterorganisationen heranreift, beinhaltet die Übernahme der wenigen nützlichen Funktionen, auf die der Staat seine scheinbare Daseinsberechtigung gründet, durch Gewerkschaftsorgane, bei gleichzeitiger Beseitigung seiner schädlichen, restriktiven und repressiven Funktionen, mittels derer sich die kapitalistische Gesellschaft am Leben hält. Doch um einen solchen gesellschaftlichen Aufschwung zu ermöglichen, bedarf es einer vorbereitenden Arbeit, die innerhalb der bestehenden Gesellschaft die dafür notwendigen Voraussetzungen schafft. Das ist die Aufgabe der Arbeiterklasse. So, wie der Bau eines Hauses mit dem Fundament beginnt, wird auch diese innere Umgestaltung, welche die Auflösung von Bestandteilen der alten Welt mit dem voranschreitenden Neuaufbau kombiniert, von unten nach oben erfolgen. Es geht nicht mehr darum, sich des Staates zu bemächtigen, seine Mechanismen zu verändern oder sein Personal auszutauschen; es geht darum, den Produktionsvorgang umgestalten, indem man den Chef aus dem Betrieb, aus der Fabrik verbannt und die Produktion für seinen Profit durch die gemeinschaftliche Produktion zum Nutzen aller ersetzt... was folgerichtig zum Ende des Staates führt. Dieses expropriatorische Werk hat bereits begonnen: Stück für Stück vollzieht es sich in den alltäglichen Kämpfen gegen den aktuellen Herrscher über die Produktion, den Kapitalisten« (Die direkte Aktion (1910), in: Émile Pouget: Die Revolution ist Alltagssache. Schriften zur Theorie und Praxis des revolutionären Syndikalismus. Übersetzt, eingeleitet und kommentiert von Michael Halfbrodt. Lich: Edition AV, 2014: 137-162. Hier: S.143f.).

10 Siehe hierzu zum Beispiel die Erörterungen der belgischen Delegierten auf dem Basler Kongress der Internationale (Sept. 1869).

11 In seiner Artikelserie »Politik der Internationale« (1869) schrieb Bakunin beispielsweise: »Die Gründer der internationalen Arbeiterassoziation handelten mit um so größerer Weisheit, als sie vermieden, politische und philosophische Prinzipien dieser Assoziation zugrunde zu legen und ihr zunächst als einzige Grundlage nur

Dies scheint mir jedoch ein Irrtum zu sein.

Der Rahmen der gegenwärtigen Arbeiterorganisation entspricht den heutigen Bedingungen wirtschaftlichen Lebens, das aus der geschichtlichen Entwicklung hervorgegangen und Resultat des Diktats der Kapitalisten ist. Die neue Gesellschaft kann aber nur verwirklicht werden, wenn mit diesem Rahmen gebrochen wird und neue Einrichtungen geschaffen werden, die den neuen Bedingungen und den neuen gesellschaftlichen Zielen entsprechen. Heute sind die Arbeiter nach Berufen, nach Industriezweigen, nach Arbeitgebern, gegen die sie kämpfen müssen oder nach Handelsbranchen organisiert.

Wozu werden diese Gruppierungen dienen, wenn nach Abschaffung der Arbeitgeber und Umwälzung des Handelssystems ein guter Teil der gegenwärtigen Berufe und Industrien verschwinden

---

den ausschließlich ökonomischen Kampf der Arbeit gegen das Kapital gaben, - da sie die Gewißheit hatten, daß, sobald ein Arbeiter dieses Terrain betritt, sobald er, auf sein Recht wie auf die numerische Stärke seiner Klasse vertrauend, sich mit seinen Arbeitsgenossen in einen solidarischen Kampf gegen die bürgerliche Ausbeutung einläßt, er notwendigerweise durch die Macht der Tatsachen selbst und durch die Entwicklung dieses Kampfes dahin geführt wird, bald alle politischen, sozialistischen und philosophischen Grundsätze der Internationale zu erkennen, welche Grundsätze tatsächlich nur die richtige Auseinandersetzung ihres Ausgangspunkts und ihres Zieles sind. (...) In politischer und sozialer Beziehung haben sie zur notwendigen Folge die Abschaffung der Klassen, folglich die der Bourgeoisie, der heute herrschenden Klasse; die Abschaffung aller Territorialstaaten, die aller politischen Vaterländer, und auf ihren Ruinen die Errichtung der großen internationalen Föderation aller nationalen und lokalen produktiven Gruppen. In philosophischer Beziehung, da sie nichts weniger anstreben als die Verwirklichung des menschlichen Ideals, des menschlichen Glücks, der Gleichheit, der Gerechtigkeit und der Freiheit auf der Erde, da sie dadurch alle himmlischen Ergänzungen und alle Hoffnungen auf eine bessere Welt ganz unnütz machen suchen, werden sie zur ebenso notwendigen Folge haben die Abschaffung der Kulte und aller religiösen Systeme." (Politik der Internationale (1869), in: Michail Bakunin: Gesammelte Werke. Band 2. Berlin: Karin Kramer Verlag, 1975: 76-91. Hier: S.79f.) Diese Artikelserie war auch als Broschüre nachgedruckt worden und erfreute sich bei revolutionären Syndikalisten einiger Beliebtheit.

muss – einige definitiv, weil sie unnütz und schädlich sind, einige nur vorübergehend, weil sie erst in Zukunft nützlich sein werden und in der stürmischen Zeit gesellschaftlicher Krise kein Grund und keine Möglichkeit für ihre Existenz besteht? Um nur ein Beispiel von tausend zu nennen: wozu werden die Organisationen der Marmorarbeiter in Carrara dienen, wenn die Umstände erfordern werden, dass diese Marmorarbeiter Land bestellen und die Nahrungsmittelproduktion steigern und den Bau von Marmordenkmälern und -palästen der Zukunft überlassen?

Gewiss können die Arbeiterorganisationen, besonders in ihrer genossenschaftlichen Form (die andererseits im kapitalistischen System dem Widerstand der Arbeiter tendenziell den Boden entzieht), dazu beitragen, dass die Arbeiter technische und administrative Fähigkeiten entwickeln; in der Phase der Revolution aber und für die gesellschaftliche Neuorganisation müssen sie verschwinden und in den neuen Gruppierungen des Volkes aufgehen, welche die Umstände erfordern werden. Und Aufgabe der Revolutionäre ist es, zu verhindern, dass sich in ihnen jener Korpsgeist entwickelt, der sie zu einem Hindernis für die Befriedigung der neuen gesellschaftlichen Bedürfnisse macht.

Daher ist die Arbeiterbewegung, wie ich meine, ein Mittel, das heute für die Bewusstseinsbildung und Erziehung der Massen und morgen für den unvermeidlichen revolutionären Angriff eingesetzt werden muss. Doch bringt dieses Mittel Nachteile und Gefahren mit sich. Und wir Anarchisten müssen uns bemühen, die Nachteile zu neutralisieren, die Gefahren abzuwehren und die Bewegung so weit wie möglich für unsere Ziele nutzbar zu machen.

Das bedeutet nicht, dass wir – wie behauptet wurde – die Arbeiterbewegung unserer Partei unterwerfen wollen. Gewiss wären wir erfreut, wenn *alle* Arbeiter, alle Menschen Anarchisten wären, denn dies ist das Endziel, das jeder Propagandist als Ideal anstrebt. Aber damit wäre die Anarchie Realität und es gäbe keinen Grund mehr für diese Diskussionen.

Beim gegenwärtigen Stand der Dinge wollen wir, dass die Arbeiterbewegung aller idealistischen Propaganda gegenüber offen ist,

dass sie an allen Erscheinungen des gesellschaftlichen Lebens – ökonomischer, politischer und moralischer Art – teilnimmt und dass sie frei von jeder Parteiherrschaft, sowohl von unserer als auch der anderer Parteien, bestehen und sich entwickeln kann.
Für uns hat es keine große Bedeutung, ob die Arbeiter mehr oder weniger wollen: wichtig ist, dass sie das, was sie wollen, selbst, mit ihren eigenen Kräften, mit ihrer *direkten Aktion* gegen die Kapitalisten und die Regierung zu erreichen suchen.
Denn eine kleine, mit eigener Kraft errungene Verbesserung ist durch ihre moralischen und, langfristig gesehen, materiellen Auswirkungen mehr wert als eine umfassende Reform, die von der Regierung oder den Kapitalisten aus taktischen Gründen oder auch nur aus reinem Wohlwollen zugestanden wurde.

Ein Anarchist mit sich selbst konfrontiert
Zum Interview mit Hermann Sandomirsky[1] (1922)

In der Ausgabe vom vergangenen Sonntag veröffentlichte ich ein Interview im Wortlaut, das mir der Genosse Sandomirski auf meine Bitte hin gewährt hat.[2] Ich tat dies, weil ich daran gewöhnt bin, beinahe jedes Mal, wenn ich die Leichtgläubigkeit hatte, ein Interview zu geben, meine Gedanken verfälscht oder zumindest abgeändert zu sehen, und weil ich nicht riskieren wollte, dass auch ich, freilich unabsichtlich, die Gedanken anderer abändere.

Was ich also veröffentlichte, waren Sandomirskis eigene Worte, getreu ins Italienische übersetzt, und er steht dafür ein. Was ich jetzt äußern will, sind meine Eindrücke zu dem veröffentlichten Interview und zu dem, was in dem allgemeinen Gespräch sonst noch gesagt wurde - und dafür stehe ich ein.

Kurz gesagt, Sandomirski scheint mir ein aufrichtiger Mann zu sein, der von seiner Mission so in Verlegenheit gebracht wird, dass ich ihn manchmal peinlich berührt fand. Es verwundert im

---

1 Zuerst veröffentlicht unter dem Titel »Un Anarchico alle prese con sé stesso. Intorno all'Intervista con Herrmann Sandamirsky« in der Zeitschrift *Umanità Nova* (Rom), Nummer 105 (4. Mai 1922). Die Übersetzung aus dem Italienischen stammt von Egon Günther und findet sich unter der Überschrift »Diskussionen mit einem Vertreter der Bolschewisten« in: Piero Brunello/Pietro di Paola (Hg.): Errico Malatesta. Ungeschriebene Autobiographie. Erinnerungen (1853-1932). Hamburg: Edition Nautilus, 2009: 160-164. Der Abdruck erfolgt mit freundlicher Genehmigung der Edition Nautilus.

2 Erschienen unter dem Titel »Un Anarchico russe sulla Situazione nell suo paese. Intervista con Hermann Sandamirsky« (Ein russischer Anarchist über die Situation in seinem Land). Interview mit Hermann Sandomirsky), in *Umanità Nova* (Rom), Nummer 103 (30. April 1922). Herman Sandomirsky (1882-1938): Russischer Anarchist, der vor dem Ersten Weltkrieg zu Verbannung verurteilt worden war und einige Jahre in Haft saß. Trat als sogenannter »Sowjet-Anarchist« für eine Kooperation mit den Bolschewiki ein, wandte sich schließlich ganz vom Anarchismus ab. Endete im Gulag infolge der großen »Säuberungen« unter Stalin Ende der 1930er Jahre.

Übrigen auch nicht, dass Sandomirski sich unbehaglich fühlt, wenn er als überzeugter und ergebener Anarchist, der für die Anarchie gekämpft und gelitten hat, glaubt, im Interesse der Revolution eine tyrannische Regierung verteidigen zu müssen, die nicht nur Methoden verfolgt, die den Methoden der Anarchisten diametral entgegengesetzt sind - was noch begreiflich wäre -, sondern darüber hinaus jede Äußerung anarchistischen Gedankenguts als konterrevolutionär unterdrücken will und die Anarchisten jagt, einkerkert und erschießt!
Sandomirski bestätigt den Vorwurf der Tyrannei, den man der russischen Regierung macht, und berichtet selbst von Verfolgung, Willkür, Erschießungen ohne Gerichtsverfahren und irrsinnigen Teufeleien der Polizei, bei denen unsere übelsten einheimischen Polizisten vor Neid erblassen würden.
Er räumt ein, dass die Sowjets (die Arbeiter- und Bauernräte) unbeliebt geworden sind, da sie sich bekanntlich aus hörigen Elementen zusammensetzen, die nur zu Werkzeugen der Zentralregierung taugen. Er bestätigt, dass von der Revolution nicht mehr viel übrigbleibt, besonders nach Genua[3], außer der moralischen Wirkung, die von der revolutionären Erschütterung und dem revolutionären Beispiel auf die Massen ausgegangen ist, weswegen man darauf bauen kann, dass Russland seinen grandiosen Marsch in die Zukunft wiederaufnehmen wird, sobald die Erschöpfung und die einstweilige Reaktion vorüber sind.
Aber er beteuert, dass jedes andere Regime, das an die Stelle des gegenwärtigen treten würde, so wie die Dinge stehen, noch reaktionärer, tyrannischer und blutrünstiger wäre.
Das ist das Hauptargument, womit Sandomirski seine Mitarbeit an der russischen Regierung rechtfertigt, und seine mehr oder weniger ausdrückliche Mahnung an uns, unsere Opposition gegenüber dieser Regierung zu mildern.

---

3 Vom 10. April bis 19. Mai fand in Genua die erste große Finanz- und Wirtschaftskonferenz nach dem Ersten Weltkrieg statt. Die bolschewistische Delegation, zu der auch Sandomirski gehörte, erreichte dort de facto die diplomatische Anerkennung der Sowjetunion.

Das russische Volk, sagt er, ist heute durch den Hunger in eine solche Lage gebracht worden, dass es jedem Usurpator folgen würde, der imstande ist, ihm ein Stück Brot anzubieten. Unter solchen Umständen ist eine *dritte Revolution*, die die wirkliche Macht der Sowjets wiederherstellen würde[4], unmöglich; und die bolschewistische Regierung, die heute die Revolution verkörpert, ist derzeit das geringere Übel. Sie könnte nur von den Reaktionären gestürzt werden, seien es nun Zaristen, Demokraten oder vermeintliche Sozialisten, die von den Bolschewisten gelernt haben, wie man sich an der Macht hält. Sie würden die Methoden der Bolschewisten nur kopieren und, wie sie selbst zugeben, ihr blutrünstiges Polizeiregime sogar noch übertreffen.

---

4 Der Begriff der »Dritten Revolution« wurde in Auseinandersetzungen mit den Bolschewiki immer wieder verwandt. Berühmt geworden ist er vor allem durch den sogenannten Aufstand von Kronstadt (Februar/März 1921), deren Akteure festhielten: »Als die Arbeiterklasse die Oktoberrevolution zum Erfolg führte, hoffte sie, ihre Befreiung zu erlangen. Das Ergebnis aber war eine noch größere Versklavung der menschlichen Freiheit. (...) Die Langmut der Werktätigen ist am Ende. Im Kampf mit der Unterdrückung und Gewalt flammte hier und dort im Land das Feuer des Aufstandes auf. Arbeiterstreiks brachen aus, aber die bolschewistischen Spitzel schliefen nicht und ergriffen alle Maßnahmen, um die unvermeidliche Dritte Revolution zu verhüten und zu unterdrücken. (...) Hier in Kronstadt wurde der Grundstein zur Dritten Revolution gelegt, die die letzten Ketten von den werktätigen Massen nehmen und zerbrechen wird und die einen neuen breiten Weg zu schöpferischer Tätigkeit im Geiste des Sozialismus freilegen wird. (...) Die Arbeiter und Bauern schreiten unaufhaltsam voran, sie lassen die Konstituante mit ihrer bürgerlichen Ordnung ebenso hinter sich wie die Diktatur der kommunistischen Partei mit ihrer Tscheka und ihrem Staatskapitalismus, die sich wie eine Todesschlinge um den Hals der werktätigen Massen legte und sie endgültig zu erwürgen drohte. Die jetzt vollzogene Umwälzung gibt den Werktätigen die Möglichkeit, endlich frei gewählte Sowjets einzusetzen, die ohne jeden gewaltsamen Druck einer Partei arbeiten, und die staatlichen Gewerkschaften in freie Vereinigungen der Arbeiter, der Bauern und der schaffenden Intelligenz umzugestalten. Der Polizeiknüppel der kommunistischen Autokratie ist endlich zerbrochen.« (Fritz Kool/Erwin Oberländer (Hg.): Dokumente der Weltrevolution. Band 2. Arbeiterdemokratie oder Parteidiktatur. Olten: Walter Verlag, 1967: 386-388)

Sandomirski zufolge würden selbst die in den Gefängnissen der Tscheka[5] sitzenden Anarchisten nach ihrer Freilassung anerkennen, dass es zur Rettung der Revolution notwendig sei, die bolschewistische Regierung zu verteidigen.

Es scheint mir eine sonderbare und unerhörte Zumutung, die eigenen Gegner zur Untätigkeit zu verurteilen und zum Schweigen zu bringen und zugleich ihre fragliche (sehr fragliche) Zustimmung verwerten zu wollen. Die Bolschewisten sollten den Anarchisten erst einmal ihre Freiheit zurückgeben, dann wird man schon sehen, was sie sagen und tun werden.

Was mich angeht, so zweifle ich nicht daran, dass ein neues Regime in Russland, in Ermangelung einer dritten Revolution, die die bolschewistische Macht durch das Werk des Volkes niederschlägt und die tatsächliche Vorherrschaft der Arbeiter wiederherstellt, heute ebenso wie das bolschewistische oder noch schlimmer sein wird. Als die *Umanità Nova* ihren Protest mit dem aller Sozialisten auf der ganzen Welt gegen die drohende Verurteilung und Hinrichtung der sogenannten Sozialrevolutionäre vereinte, hat sie sehr wohl darauf hingewiesen, dass wir nur deshalb protestierten, weil wir Gerechtigkeit und Freiheit für alle wollen und nicht etwa wegen einer besonderen Sympathie mit den Angeklagten, die Männer der Regierung sind, und, einmal an die Macht gelangt, dasselbe tun würden, was alle Regierenden tun.

Allerdings würde ich deshalb nicht die vorhandene Regierung unterstützen. Von zwei gleichwertigen Übeln wähle ich keines von beiden. Und Sandomirski, der darauf bestand, dass ich ihm sagen soll, ob ich der bolschewistischen Regierung eine demokratische oder vermeintlich demokratische Regierung vorziehen würde, antwortete ich, dass ich in der Lage, mich zwischen dem Galgen und der Guillotine entscheiden zu müssen, das Leben und die Freiheit wählen würde; und wenn ich nicht umhin

5 Infolge der Oktoberrevolution gegründete, mit besonderen Machtbefugnissen ausgestattete Geheimpolizei, die sich zur festen Stütze des bolschewistischen Herrschaftsapparats entwickelte.

könnte, dann würde ich mich zwar zur Hinrichtung zerren lassen, aber ich würde ihr niemals freiwillig zustimmen.
Das war auch die Haltung der Anarchisten zum Weltkrieg, die sie übereinstimmend mit der Mehrheit der italienischen und russischen Sozialisten vertraten.[6] Als sie sich zwischen dem deutschen Imperialismus und dem der Entente, zwischen dem deutsch-österreichischen Kapitalismus und dem anglofranzösischen entscheiden mussten, lehnten sie es ab, Partei zu ergreifen; sie haben ihren Möglichkeiten entsprechend, wenn es nicht anders ging, mit der Enthaltung sämtliche Imperialismen und Kapitalismen bekämpft und indem sie verhinderten, dass der Anarchismus und der Sozialismus in Schande untergingen, die Zukunft gerettet.
Überhaupt finde ich es, selbst als erklärter Gegner des Parlamentarismus und der Demokratie, nicht weniger absurd, die Tyrannei mit dem Argument verteidigen zu wollen, dass die Freiheit der anderen Regierungsformen eine Lüge ist. Ebenso wie alle Anarchisten weiß ich, dass die Freiheit und die Garantien der Verfassung nur in sehr geringem Maße für alle gelten und auf keinen Fall für die Armen.
Aber ich will mich deshalb nicht zum Verteidiger der absoluten Regierung aufschwingen. Ich kenne zum Beispiel die Missstände in den italienischen Polizeirevieren und Kasernen, ich kenne die ganze Infamie der geltenden Untersuchungshaft, aber ich will deshalb nicht die offizielle Wiedereinführung der Folter und der Erschießungen ohne Gerichtsverhandlung, wie ich andererseits auch nicht die Schandtaten, die man in Italien verübt, mit der Ausrede entschuldigen und ertragen will, dass man in Russland ähnliche und schlimmere verübt.

---

6 Zur Haltung der italienischen Anarchisten während des Ersten Weltkrieges, siehe: Franco Bertolucci: »Kein Mann, kein Geld für den Krieg«. Italienische Anarchisten und Syndikalisten und der Erste Weltkrieg, in: Andreas Hohmann (Hg.): Ehern, tapfer, vergessen. Die unbekannte Internationale. Lich: Edition AV, 2014: 139-180.

Was hätte Sandomirski von der Unverschämtheit des Zaren gehalten, hätte sich dieser zur Verteidigung seiner Selbstherrschaft der Argumente Kropotkins gegen die Konstituante bedient? Sehr zweifelhaft und gefährlich finde ich auch, was Sandomirski in Anlehnung an Monmousseau sagt: »Hat man sich zwischen einer Lehre und einer Revolution zu entscheiden, muss man die Lehre vergessen.«[7] In diesem Fall kann Lehre nur das Programm, das Ziel meinen, um dessentwillen man die Revolution will, und das eigene Programm gerade in dem günstigen Augenblick fallen zu lassen, da seine Verwirklichung ansteht, bedeutet wahrlich, sich in den Dienst eines jeden zu begeben, dem es gelungen ist, die Revolution zu gängeln und auszunutzen. Das ist noch der alte Betrug der »historischen Realität«, mit dem man zur Unterstützung des Krieges verleiten wollte. Unser Auftrag hingegen besteht darin, alle *Realitäten* zu bekämpfen, die uns schlimm dünken, ganz gleich ob man sie nun als revolutionär bezeichnet oder ob sie das Produkt einer gesellschaftlichen Katastrophe sind. Für uns ist die Revolution kein abstraktes Wesen, keine Gottheit, der wir huldigen. Es kann gute und schlechte Revolutionen geben; Revolutionen, die vorwärts drängen zu Gerechtigkeit und Freiheit, und Revolutionen, die in eine Vergangenheit aus Finsternis und Unterdrückung zurückführen. Wir beanspruchen das Recht, unsere Wahl anhand der Kriterien zu treffen, die unser Programm vorschlägt.

---

7 Möglicherweise ist hier Gaston Monmousseau (1883-1960) gemeint, ein revolutionärer Syndikalist mit anarchistischem Hintergrund aus Frankreich.

Demokratie und Anarchie (1924)[1]

Die diktatorischen Regierungen, die in Italien, Spanien und Russland wüten[2] und Neid und Verlangen der reaktionärsten oder feigsten Fraktionen der verschiedenen Länder hervorrufen, bereiten der bereits kraftlosen Demokratie gerade eine Art neuer Morgenröte. So kann man erleben, wie abgetakelte Regierungen, mit allen schlechten Kunstgriffen der Politik vertraut und verantwortlich für Unterdrückung und Massaker des arbeitenden Volkes, sich - sofern ihnen nicht der Mut dazu mangelt - als Verfechter des Fortschritts gebärden und versuchen, sich die nächste Zukunft im Namen des liberalen Ideals zu sichern. Und angesichts der Situation könnte ihnen das sogar gelingen.

Die Verfechter der Diktatur haben leichtes Spiel, wenn sie die Demokratie kritisieren und all ihre Mängel und Lügen hervorheben. Und ich erinnere mich an jenen Hermann Sandomirski[3], einen Anarchisten mit bolschewistischen Neigungen, mit dem wir zur Zeit der Konferenz in Genua mit gemischten Gefühlen Kontakt hatten und der jetzt versucht, Lenin ebenso wie Bakunin zu gleichen: zur Verteidigung des russischen Regimes zog Sandomirski seinen ganzen Kropotkin heran, um zu beweisen, dass die Demokratie nicht die beste der vorstellbaren Gesellschaftsordnungen sei. Da es sich um einen Russen handelte, kam mir durch seine Argumentation - und ich glaube, ich sagte ihm dies auch - eine ähnliche Überlegung in den Sinn, die gewisse Landsleute von ihm anstellten: als Antwort auf die Entrüstung der zivilisierten Welt gegenüber dem Zaren, der Frauen nackt auspeitschen und

1 Veröffentlicht in der Zeitschrift *Pensiero e Volontà* (Rom, 15. März 1924). Die deutsche Übersetzung stammt von Elke Wehr und findet sich in: Errico Malatesta: Gesammelte Schriften. Band 2. Berlin: Karin Kramer Verlag, 1980: 179-183.

2 Gemeint sind die vermeintliche »Diktatur des Proletariats« in der Sowjetunion, die faschistische Herrschaft Mussolinis in Italien, sowie die Diktatur Miguel Primo de Riveras in Spanien.

3 Siehe den Text »Ein Anarchist mit sich selbst konfrontiert. Zum Interview mit Hermann Sandomirsky« (1922) in diesem Band.

aufhängen ließ, verwiesen sie auf die Gleichheit der Rechte und damit auch der Verantwortlichkeiten von Mann und Frau. Diese Gefängnisaufseher und Schafotterbauer erinnerten sich nur dann an die Rechte der Frau, wenn sie ihnen als Vorwand für neue Schandtaten dienen konnten! So zeigen sich die Anhänger der Diktatur nur dann als Gegner der Demokratie, wenn sie entdeckt haben, dass es eine Regierungsform gibt, die Willkür und Anmaßung der Machthaber noch größeren Raum lässt.

Es gibt meiner Meinung nach keinen Zweifel daran, dass schlimmste Demokratie der besten Diktatur stets vorzuziehen ist, und sei es auch nur vom Standpunkt der Erziehung aus. Sicher ist die Demokratie, die sogenannte Regierung des Volkes, eine Lüge, doch die Lüge bindet den Lügner stets ein wenig und schränkt seine Willkür ein. Sicher ist das »souveräne Volk« Souverän einer Farce, ein Sklave mit einer Krone und einem Zepter aus Pappmaché; sich für frei zu halten, auch wenn man es nicht ist, ist jedoch stets besser als sich Sklave zu wissen und die Sklaverei als eine gerechte und unvermeidliche Sache hinzunehmen.

Die Demokratie ist Lüge, ist Unterdrückung, ist in Wirklichkeit Oligarchie, das heißt Regierung Weniger zum Vorteil einer privilegierten Klasse. *Wir* jedoch können sie im Namen der Freiheit und der Gleichheit bekämpfen, nicht etwa diejenigen, die etwas Schlimmeres an ihre Stelle gesetzt haben oder setzen wollen.

Wir sind nicht für die Demokratie, unter anderem deshalb, weil sie früher oder später zu Krieg und Diktatur führt, wie wir auch nicht für die Diktatur sind, unter anderem deshalb, weil die Diktatur die Demokratie herbeiwünschen lässt, deren Rückkehr bewirkt und auf diese Weise dazu führt, das Hin- und Herschwanken der menschlichen Gesellschaften zwischen offener und roher Gewaltherrschaft und einer vermeintlichen Freiheit, die jedoch falsch und trügerisch ist, zu verewigen.

Krieg also der Diktatur und Krieg der Demokratie.

Doch was soll an ihrer Stelle stehen?

* * *

Nicht alle Demokraten sind wie die bisher beschriebenen, das heißt heuchlerisch und mehr oder weniger bewusst darauf aus, das Volk im Namen des Volkes zu beherrschen, auszubeuten und zu unterdrücken. Besonders unter den jungen Republikanern gibt es viele, die ernsthaft an die Demokratie glauben und sie als ein Mittel anstreben, allen Menschen vollständige Entwicklungsfreiheit zu garantieren. Diese Jugendlichen möchten wir ernüchtern und davor warnen, nicht eine Abstraktion, »das Volk«, mit der lebendigen Realität zu verwechseln, die aus den Menschen mit all ihren unterschiedlichen Bedürfnissen, Leidenschaften und oft widersprüchlichen Bestrebungen besteht.

Wir werden hier nicht zum wiederholten Male die Kritik am parlamentarischen System und all den ausgeklügelten Methoden bringen, mit deren Hilfe man nach Abgeordneten sucht, die tatsächlich dem Willen der Wähler entsprechen: diese Kritik wird nach fünfzig Jahren anarchistischer Aufklärungsarbeit mittlerweile auch von denjenigen akzeptiert und wiederholt, die unseren Ideen sonst die größte Verachtung entgegenbringen.

Wir werden uns daher darauf beschränken, diese unsere jungen Freunde aufzufordern, auf größere sprachliche Genauigkeit zu achten, denn wir sind überzeugt, dass sie selbst, haben sie die Worte erst einmal gründlich untersucht, ihre Inhaltslosigkeit erkennen werden.

»Regierung des Volkes«: nein, denn das würde etwas voraussetzen, was niemals geschieht, nämlich die Einstimmigkeit aller Einzelnen, die das Volk bilden.

Man kommt daher der Wahrheit näher, wenn man sagt: »Regierung der Mehrheit des Volkes«. Es lässt sich also bereits eine Minderheit vorhersehen, die sich entweder auflehnen oder dem Willen der anderen wird unterwerfen müssen.

Es geschieht jedoch nie, dass die von der Mehrheit des Volkes an die Macht Entsandten sich in allen Fragen einig sind; daher muss man erneut auf das Mehrheitssystem zurückgreifen, und wir nähern uns der Wahrheit noch etwas mehr, indem wir sagen: »Regierung der Mehrheit der von der Mehrheit der Wähler Gewählten«.

Und das beginnt bereits stark einer Minderheitsregierung zu ähneln.
Und wenn man dann noch die Art ansieht, wie die Wahlen durchgeführt werden, wie die politischen Parteien und parlamentarischen Fraktionen entstehen und wie die Gesetze ausgearbeitet, verabschiedet und angewandt werden, dann versteht man leicht, was die allgemeine geschichtliche Erfahrung schon längst bewiesen hat, dass nämlich auch in der allerdemokratischsten der Demokratien immer eine kleine Minderheit herrscht und mit Gewalt ihren Willen und ihre Interessen durchsetzt.
Wer also wirklich die »Regierung des Volkes« in dem Sinne will, dass ein jeder seinen Willen, seine Ideen und seine Bedürfnisse geltend machen kann, der muss in einer Weise vorgehen, dass niemand, sei es Mehrheit oder Minderheit, über andere herrschen kann; das heißt er muss die Abschaffung der Regierung wollen, einer jeden zwangsmäßigen Organisation und ihre Ersetzung durch die freie Organisation aller, die gemeinsame Interessen und Ziele haben.

* * *

Diese Sache wäre sehr einfach, wenn jede Gruppe oder jedes Individuum sich isolieren, nach seinen eigenen Vorstellungen für sich selbst leben und unabhängig von den anderen für seine materiellen und moralischen Bedürfnisse sorgen könnte.
Doch das ist nicht möglich und wäre nicht einmal wünschenswert, da es die Rückkehr der Menschheit zu einem Zustand der Barbarei bedeuten würde.
Daher muss jedes Individuum, jede Gruppe einerseits entschlossen sein, die eigene Unabhängigkeit und Freiheit zu verteidigen, andererseits jedoch auch die Bande der Solidarität begreifen, die es mit der ganzen Menschheit verbinden und das Gefühl der Zuneigung und Liebe zu seinesgleichen genügend entwickelt haben, um freiwillig all die Opfer auf sich nehmen zu können, die für ein gesellschaftliches Zusammenleben nötig sind, das allen Menschen bei jeder Gelegenheit die größtmöglichen Vorteile sichert.

Vor allem jedoch muss man das Diktat einiger Weniger mit Hilfe materieller Gewalt unmöglich machen, die sich dann aus gerade der Masse rekrutiert, die unter dem Diktat leidet.
Schaffen wir den Gendarmen ab, das heißt die im Dienste des Despoten stehende Waffengewalt, und in der einen oder anderen Weise werden wir zur freien Vereinbarung gelangen, denn ohne – freie oder erzwungene – Vereinbarung ist kein Leben möglich.
Doch auch die freie Vereinbarung wird stets zum größeren Vorteil dessen ausgehen, der geistig und technisch am besten darauf vorbereitet ist. Und daher empfehlen wir unseren Freunden, allen, die wirklich das Wohl aller wollen, das Studium der dringendsten Probleme, die noch am gleichen Tag, an dem das Volk das Joch der Unterdrücker abschütteln wird, nach einer praktischen Lösung verlangen.

Revolutionärer Terror (1924)[1]

Es gibt ein allgemeines Problem revolutionärer Taktik, das man ständig neu diskutieren muss, weil von seiner Lösung das Schicksal der kommenden Revolution abhängen kann.

Ich möchte nicht davon sprechen, auf welche Weise die Gewaltherrschaft, die heute manches Volk besonders stark unterdrückt, bekämpft und niedergeworfen werden kann. Unsere Rolle besteht darin, für die Klärung der Ideen und die moralische Vorbereitung im Hinblick auf eine nahe oder ferne Zukunft zu arbeiten weil wir etwas anderes nicht tun können. Und hielten wir im Übrigen den Zeitpunkt effektiven Handelns für gekommen, so sprächen wir umso weniger darüber.

Ich werde mich daher nur - rein hypothetisch - mit der Zeit nach der siegreichen Insurrektion und mit den Gewaltmaßnahmen befassen, die einige gerne anwenden würden, um »der Gerechtigkeit zum Sieg zu verhelfen«, und andere für notwendig halten, um die Revolution vor den Angriffen ihrer Feinde zu schützen.

Lassen wir den allzu relativen Begriff »Gerechtigkeit« beiseite: er diente stets allen Formen der Unterdrückung und Ungerechtigkeit als Vorwand und bedeutet oft nichts anderes als Rache. Hass und Rachsucht sind unbezähmbare Gefühle die natürlich durch Unterdrückung geweckt und genährt werden; aber mögen sie auch eine nützliche Kraft darstellen, um das Joch abzuschütteln, so sind sie doch eine negative Kraft, wenn es gilt, Unterdrückung nicht durch eine neue Unterdrückung, sondern durch Freiheit und Brüderlichkeit unter den Menschen zu ersetzen. Und daher müssen wir uns bemühen jene höheren Gefühle zu wecken, die ihre Kraft aus der leidenschaftlichen Liebe zum Guten schöpfen, wobei wir uns jedoch gleichzeitig davor hüten müssen, das Ungestüm zu unterbinden, das zwar aus guten und auch aus schlechten Elementen besteht, aber für den Sieg erforderlich ist. Sollte es nötig sein, der

1 Veröffentlicht in der Zeitschrift *Pensiero e Volontà* (Rom, l. Oktober 1924). Die deutsche Übersetzung stammt von Elke Wehr und ist entnommen aus: Errico Malatesta: Gesammelte Schriften. Band 2. Berlin: Karin Kramer Verlag, 1980: 170-173.

Masse – um sie besser lenken zu können – Zügel in Gestalt einer neuen Gewaltherrschaft anzulegen, so lassen wir lieber zu, dass sie ihrem leidenschaftlichen Gefühl folgt, aber vergessen wir nie, dass wir Anarchisten weder Rächende noch Richtende sein können. Wir wollen Befreier sein und als solche muss unsere Aktion in Aufklärungsarbeit und beispielhaften Taten bestehen.

Befassen wir uns also hier mit der wichtigsten Frage: der Verteidigung der Revolution.

Es gibt noch immer Menschen, die von der Idee des Terrors fasziniert sind, denen Guillotine, Erschießungskommandos, Massaker, Deportationen, Galeeren (*Galgen und Galeeren*, wie mir kürzlich einer der bekanntesten Kommunisten sagte) machtvolle, unerlässliche Waffen der Revolution zu sein scheinen und nach deren Auffassung viele Revolutionen deshalb niedergeschlagen wurden und nicht zum erwarteten Ergebnis führten, weil die Revolutionäre in ihrer Güte und Schwäche die Gegner nicht genügend verfolgt, unterdrückt, massakriert haben.

Dies ist ein in gewissen revolutionären Kreisen verbreiteter Irrglaube, der seinen Ursprung in der Rhetorik und den Geschichtsfälschungen der Apologeten der Französischen Revolution hat und in der letzten Zeit von der bolschewistischen Propaganda verstärkt wurde. Aber das genaue Gegenteil ist wahr: Terror war stets Werkzeug der Gewaltherrschaft. In Frankreich diente er der finsteren Herrschaft Robespierres[2]. Er ebnete Napoleon[3] und der nachfolgenden Reaktion den Weg. In Russland verfolgte und tötete er Anarchisten und Sozialisten, massakrierte er rebellische Arbeiter und Bauern und bremste letzten Endes das Ungestüm einer Revolution, die doch für die Menschheit ein neues Zeitalter hätte bedeuten können.

Wer an die revolutionäre, befreiende Kraft von Repression und Grausamkeit glaubt, hat die gleiche rückschrittliche Mentalität wie die Juristen, die glauben, dass man Verbrechen durch harte Strafen verhindern und die Welt moralisch bessern könne.

---

2 Siehe Fußnote 7, S.40.

3 Siehe Fußnote 8, S.40.

Ebenso wie der Krieg erweckt Terror atavistische, tierische, noch nicht völlig vom Firnis der Zivilisation zugedeckte Gefühle zu neuem Leben und trägt auf seiner Woge die schlimmsten Elemente der Bevölkerung an die höchsten Stellen. Und anstatt zur Verteidigung der Revolution zu dienen, bringt er sie in Verruf, macht sie in den Augen der Massen verhasst und leitet zwangsläufig das ein, was man heute »Normalisierung« nennen würde, das heißt Legalisierung und Verewigung der Gewaltherrschaft. Ob nun die eine oder die andere Seite siegt, es kommt in jedem Fall zur Bildung einer starken Regierung, die den einen Frieden auf Kosten der Freiheit und den anderen Herrschaft ohne allzu viele Gefahren sichert.

Ich weiß genau, dass diejenigen Anarchisten, die für Terror sind (so gering ihre Zahl auch sein mag), jeglichen organisierten, auf Befehl einer Regierung und durch bezahlte Agenten durchgeführten Terror ablehnen: sie möchten, dass die Masse selbst ihre Feinde direkt angreift. Doch würde dies die Situation nur noch verschlimmern. Terror mag Fanatikern gefallen, doch steht er vor allem den wahrhaft Bösen an, denen es nach Geld und Blut gelüstet. Man darf die Masse nicht idealisieren und sie sich einzig aus guten Menschen bestehend vorstellen, die zwar Ausschreitungen begehen können, doch sich dabei stets von guten Absichten leiten lassen. Polizeischergen und Faschisten sind Diener der Bourgeoisie, doch kommen sie aus der Masse!

In Italien nahm der Faschismus zahlreiche Verbrecher in sich auf und reinigte so bis zu einem gewissen Grad vorsorglich das Milieu, in dem die Revolution stattfinden wird. Doch darf man nicht glauben, dass alle Duminis[4] und Cesarino Rossis[5] Faschisten sind. Unter ihnen gibt es welche, die aus irgendeinem Grund

---

4 Amerigo Dumini (1894-1967): In den USA geborener italienischer Faschist, Führer der für den Mord an dem Sozialistenführer Matteotti (1924) verantwortlichen Gruppe.

5 Cesare Rossi (1887-1967): Erst linker Sozialist, dann führende Figur in der von Anarchisten geprägten syndikalistischen *Unione Sindacale Italiana*, wurde er später eine zentrale Figur des frühen italienischen Faschismus.

nicht zu Faschisten werden wollten oder konnten, doch bereit sind, im Namen der »Revolution« das zu tun, was die Faschisten im Namen des »Vaterlandes« tun. Und so wie die Strauchdiebe aller Regimes immer bereit waren, sich in den Dienst der neuen Regimes zu stellen und deren eifrigste Werkzeuge zu werden, so werden die Faschisten von heute morgen bereit sein, sich zu Anarchisten oder Kommunisten oder was auch immer zu erklären, nur um weiterhin die Rolle der Herrschenden spielen und ihre schlechten Instinkte befriedigen zu können. Können sie dies nicht im eigenen Lande, weil sie bekannt und bloßgestellt sind, so werden sie anderswo nach Gelegenheiten suchen, sich gewalttätiger, »energischer« als die anderen zu zeigen und alle, die die Revolution als ein großes Werk der Güte und Liebe begreifen, als Gemäßigte, Feiglinge und Konterrevolutionäre behandeln.

Sicher muss sich die Revolution verteidigen und mit unerbittlicher Logik entwickeln, doch darf und kann man sie nicht mit Mitteln verteidigen, die im Widerspruch zu ihren Zielen stehen. Das Hauptmittel zur Verteidigung der Revolution besteht nach wie vor darin, der Bourgeoisie die ökonomischen Mittel der Herrschaft zu nehmen, alle zu bewaffnen (bis man alle dazu bringen kann, die Waffen fortzuwerfen, so wie man unnütze, gefährliche Gegenstände wegwirft) und die gesamte Masse der Bevölkerung am Sieg zu beteiligen.

Müsste man, um zu siegen, auf öffentlichen Plätzen Galgen errichten, so will ich lieber untergehen.

Gradualismus (1925)[1]

In den Auseinandersetzungen unter den Anarchisten über die beste Taktik zur Verwirklichung oder Annäherung an die Anarchie - diese Auseinandersetzungen sind nützlich, ja notwendig, wenn sie mit gegenseitiger Toleranz und gegenseitigem Vertrauen geführt werden und nicht in abscheuliche persönliche Zwistigkeiten ausarten - geschieht es oft, dass die einen die anderen in vorwurfsvollem Tone als *Gradualisten* bezeichnen und diese die Bezeichnung zurückweisen, als wäre sie eine Beleidigung.

Und doch ist es so, dass wir alle Gradualisten im eigentlichen Sinne des Wortes sind, dass wir alle es - wenn auch in unterschiedlicher Weise - gerade aufgrund der Logik unserer Grundsätze sein müssen.

Allerdings verändern bestimmte Begriffe, besonders in der Politik, ständig ihre Bedeutung, und nehmen oft schließlich einen der ursprünglichen, logischen und natürlichen Bedeutung entgegengesetzten Sinn an.

So das Wort *Possibilist*. Welcher geistig gesunde Mensch würde allen Ernstes behaupten, das Unmögliche zu wollen? Und doch wurde *possibilistisch* in Frankreich die spezielle Bezeichnung für eine bestimmte Sektion innerhalb der sozialistischen Partei. Diese Gruppierung unter Führung des einstigen Anarchisten Paul Brousse neigte mehr als alle anderen dazu, den Sozialismus aufzugeben, um einer unmöglichen Zusammenarbeit mit der bürgerlichen Demokratie hinterherzulaufen.[2]

---

1 Veröffentlicht in der Zeitschrift *Pensiero e Volontà* (Rom, 1. Oktober 1925). Die deutsche Übersetzung stammt von Elke Wehr und ist entnommen aus: Errico Malatesta: Gesammelte Schriften. Band 2. Berlin: Karin Kramer Verlag, 1980: 77-82. Der mit eckigen Klammern [...] umrandete Abschnitt wurde - weil in der Kramer-Ausgabe nicht vorhanden - in Abgleich mit der Ausgabe von Davide Turcato (Hg.): The Method of Freedom. Oakland: AK Press, 2014: 469-474, eingefügt.

2 Paul Brousse (1844-1912): Ursprünglich Anarchist, im Umkreis der Schweizer Juraföderation aktiv und mit Kropotkin in Kontakt stehend; wandte sich in den 1880er Jahren vom Anarchismus ab und

[Das ist auch bei dem Wort *Opportunist* der Fall. Wer will schon ein »Un-Opportunist« sein und als solcher die sich ergebenden Gelegenheiten entgehen lassen. Doch in Frankreich wird der Ausdruck *Opportunist* nun besonders auf die Anhänger von Gambetta angewandt und wird noch immer in seiner pejorativen Bedeutung gebraucht, indem er eine Person oder Gruppierung ohne eigene Ideen oder Prinzipien bezeichnet, die von niedrigen und kurzfristigen Interessen geleitet wird.]

Und so auch das Wort *Transformist*. Wer wollte leugnen, dass auf der Welt und im Leben sich alles entwickelt, sich alles verändert? Wer ist heute nicht Transformist? Und dennoch diente das Wort dazu, jene korrumpierte Politik ohne Ideale zu bezeichnen, deren Vorläufer der Italiener Depretis[3] war.

Es wäre nützlich, dieser Gewohnheit, die Begriffe abweichend von ihrem ursprünglichen Sinn zu gebrauchen, was eine Quelle zahlreicher Verwirrungen und Missverständnisse ist, Einhalt zu gebieten. Doch wem könnte dies gelingen, zumal dies dem Interesse entspringt, dass die Politikanten daran haben, ihre niederträchtigen Ziele mit schönen Worten zu verdecken?

Es wäre daher möglich, dass das Wort *Gradualist*, auf die Anarchisten angewandt, letztlich wirklich jene bezeichnet, die unter der Entschuldigung, die Dinge graduell, das heißt schrittweise, bewerkstelligen zu wollen, schließlich in der Stagnation verharren oder aber sich in eine der Anarchie entgegengesetzte Richtung bewegen. Und in diesem Fall wäre die Bezeichnung zurückzuweisen. Trotzdem würde es nach wie vor zutreffen, dass alles in der Natur und im Leben schrittweise vor sich geht und dass, auf unseren Fall angewandt, die Anarchie nur allmählich kommen kann.

* * *

---

der parlamentarischen Politik zu. Anfang des 20.Jahrhunderts unterstützte seine Partei die sozialistische Regierungsbeteiligung.

3 Agostino Depretis (1813-1887): Neunmaliger Ministerpräsident Italiens zwischen 1876 und 1887, der sein Kabinett mehrere Male nach kurzfristigen Kriterien auswechselte, dabei mit Personen der Linken wie Rechten zusammenarbeitend.

Der Anarchismus muss, so sagte ich, zwangsläufig gradualistisch sein.
Man kann die Anarchie als die absolute Perfektion auffassen und es ist gut, dass diese Auffassung uns stets als ein Ideal, ein Licht gegenwärtig ist, das unsere Schritte lenkt. Aber es ist klar, dass dieses Ideal nicht mit einem Mal verwirklicht werden kann, indem man mit einem Schritt aus der gegenwärtigen Hölle in das ersehnte Paradies eintritt.
Die autoritären Parteien, das heißt jene, die es für moralisch und nützlich halten, mit Gewalt eine bestimmte Gesellschaftsordnung durchzusetzen, mögen hoffen (allerdings vergeblich), dass sie nach Eroberung der Macht kraft Gesetzen, Verordnungen... und *Gendarmen* alle Menschen dauerhaft ihrem Willen unterwerfen können. Solch eine Hoffnung und solch ein Wille sind unvorstellbar bei den Anarchisten, die nichts durchsetzen wollen außer der Achtung der Freiheit, die für die Verwirklichung ihrer Ideale nur auf die Kraft der Überzeugung und die bewährten Vorteile der freien Kooperation zählen.
Das heißt nicht, dass ich glaube (wie es mir aus polemischen Gründen von einer wenig informierten oder wenig gewissenhaften reformistischen Zeitung in den Mund gelegt wurde), dass man für die Verwirklichung der Anarchie warten muss, bis *alle* Menschen Anarchisten geworden sind. Ich glaube dagegen - und deshalb bin ich Revolutionär -, dass unter den gegenwärtigen Verhältnissen nur eine kleine, durch besondere Umstände begünstigte Minderheit imstande sein kann, eine Vorstellung der Anarchie zu entwickeln, und es ein Hirngespinst wäre, wollte man die Hoffnung auf eine allgemeine Meinungsänderung setzen, wenn zuvor nicht die Umwelt verändert wird, in der Autorität und Privilegien gedeihen. Und genau aus diesem Grund glaube ich, dass man so bald wie möglich, das heißt so bald ausreichende Freiheit errungen sein und an einem gegebenen Ort ein Kern von Anarchisten bestehen wird, der an Zahl und Fähigkeiten stark genug ist, sich selbst zu genügen und um sich herum seinen Einfluss zu vergrößern, sich organisieren muss, um die Anarchie oder das Wenige an Anarchie, was allmählich möglich wird, zu praktizieren.

Da man die Menschen nicht mit einem Schlag bekehren kann und sich aus Lebensnotwendigkeit und im Interesse der Propaganda nicht isolieren kann, muss man nach der Möglichkeit suchen, soviel Anarchie wie möglich inmitten von Menschen zu verwirklichen, die keine Anarchisten oder es in unterschiedlichem Maße sind.
Das Problem liegt also nicht darin, ob man schrittweise vorgehen soll oder nicht, sondern darin, herauszufinden, welcher Weg am schnellsten und sichersten zur Verwirklichung unserer Ideale führt.

* * *

In allen Ländern der Welt ist heute der Weg von den Privilegien versperrt, die im Verlauf einer langen Geschichte von Gewalttaten und Irrtümern von bestimmten Klassen errungen wurden, die außer über die geistige und technische Vorherrschaft, die ihnen aus diesen Privilegien entsteht, auch über die rohe Gewalt verfügen, die sie zu ihrer Verteidigung aus den unterworfenen Klassen rekrutieren und die sie, wenn nötig, ohne Skrupel und ohne Einschränkung einsetzen.
Daher ist eine Revolution erforderlich, die den Zustand der Gewalt beendet, in dem wir heute leben, und die friedliche Entwicklung zu immer größerer Freiheit, Gerechtigkeit und Solidarität möglich macht.

* * *

Welcher Taktik müssten die Anarchisten nun vor, während und nach der Revolution folgen?
Was vor der Revolution notwendig wäre, um sie vorzubereiten und durchzuführen, lässt uns die Zensur hier wahrscheinlich nicht sagen; in jedem Fall ist dies ein Thema, das man nicht gut in Gegenwart des Feindes behandelt. Doch ist es erlaubt zu sagen, dass wir immer wir selbst bleiben müssen, so weit wie möglich unsere Reihen vergrößern und Aufklärung betreiben müssen, jeden Vergleich mit dem Feind meiden und uns – zumindest geistig – bereit halten müssen, sämtliche Gelegenheiten zu ergreifen, die sich bieten können.

* * *

Während der Revolution?

Sagen wir als erstes, dass wir die Revolution nicht allein machen können; von der Frage der materiellen Stärke einmal abgesehen, wäre es auch nicht einmal wünschenswert, dass wir sie alleine machen. Würden sich nämlich nicht alle geistigen Kräfte des Landes und mit ihnen alle offenen oder verborgenen Interessen und Bestrebungen des Volkes in Bewegung setzen, dann wäre die Revolution eine Missgeburt. Und im wenig wahrscheinlichen Fall, dass wir allein siegen sollten, würden wir uns in der absurden Lage befinden, entweder uns durchzusetzen, Befehle zu erteilen, die anderen zu zwingen und damit aufhören, Anarchisten zu sein und die Revolution mit unserem Autoritarismus töten oder aber »aus Gründen der Feigheit die große Verweigerung zu praktizieren«, das heißt uns zurückziehen und es anderen überlassen, von unserem Werk für die Ziele, die den unsrigen widersprechen, zu profitieren.

Man muss also gemeinsam mit allen vorhandenen fortschrittlichen Kräften, mit allen avantgardistischen Parteien vorgehen, die großen Massen für die Bewegung gewinnen, sie aufrühren und interessieren und es geschehen lassen, dass die Revolution, bei der wir nur ein Faktor unter vielen sein werden, hervorbringt, was sie hervorzubringen vermag.

Deshalb dürfen wir nicht auf unser besonderes Ziel verzichten, im Gegenteil: wir müssen uns untereinander eng zusammenschließen und von den anderen abgrenzen, um für unser eigenes Programm zu kämpfen: Beseitigung der politischen Macht und Enteignung der Kapitalisten. Und wenn sich trotz unserer Anstrengungen eine neue Macht bilden sollte, die die Initiative des Volkes behindern und ihren Willen durchsetzen will, dann dürfen wir nicht daran teilhaben, sie niemals anerkennen, müssen das Volk veranlassen, dass es ihr die Mittel zum Regieren, das heißt Soldaten und Steuern, versagt, müssen versuchen, sie ständig in einem Zustand der Schwäche zu halten ... bis zu dem Tag, an dem sie mit einem Mal zerschlagen werden kann.

In jedem Fall müssen wir - notfalls mit Gewalt - unsere volle Unabhängigkeit, das Recht und die Mittel fordern, uns nach unseren eigenen Grundsätzen zu organisieren und unsere eigenen Methoden zu erproben.

* * *

Und nach der Revolution, nach dem Sturz der herrschenden Macht und dem endgültigen Sieg der aufständischen Kräfte?

Hier tritt nun der Gradualismus auf den Plan.

Alle praktischen Probleme des Lebens müssen untersucht werden: Produktion, Tausch, Kommunikationsmittel, Beziehungen zwischen den anarchistischen Gruppierungen und denen, die einer Autorität unterstehen, zwischen kommunistischen Gemeinschaften und denen, die in einer individualistischen Ordnung leben, Verhältnis von Stadt und Land, Nutzung sämtlicher natürlicher Kräfte und Rohstoffe zum Vorteil aller, Verteilung der Industrien und Agrikulturen je nach den natürlichen Bedingungen der verschiedenen Länder, öffentliche Bildung, Fürsorge für Kinder und Arbeitsunfähige, hygienische und medizinische Versorgung, Schutz vor den gewöhnlichen und den sehr viel gefährlicheren Verbrechern, die immer noch versuchen sollten, die Freiheit der anderen zum Vorteil einzelner oder von Parteien zu unterdrücken usw. usw. Und bei jedem Problem ist die Lösung vorzuziehen, die nicht nur in ökonomischer Hinsicht die günstigste ist, sondern auch das Bedürfnis nach Gerechtigkeit und Freiheit am meisten befriedigt und am ehesten den Weg für zukünftige Verbesserungen offen lässt. Im Zweifelsfall sind Gerechtigkeit, Freiheit, Solidarität den ökonomischen Vorteilen vorzuziehen.

Es ist nicht nötig, alles zerstören zu wollen in dem Glauben, dass die Dinge sich dann von selbst regeln werden. Die gegenwärtige Zivilisation ist Ergebnis einer tausendjährigen Entwicklung und hat das Problem des Zusammenlebens von Millionen und Abermillionen Menschen, oftmals auf kleinstem Raum zusammengedrängt, das Problem der Befriedigung ständig wachsender und komplizierterer Bedürfnisse - wie auch immer - gelöst. Die Vorteile werden jedoch durch die Tatsache vermindert - und für die große Masse so gut wie aufgehoben –, dass die Entwicklung sich unter dem Druck der Autorität und im Interesse der Herrschenden vollzogen hat. Werden Autorität und Vorrechte jedoch beseitigt, so bleiben immer noch die errungenen Fortschritte, die Siege des Menschen über die widrigen Kräfte der Natur, die von den vergangenen Generationen angehäuften Erfahrungen, die im langen Zusammenleben und in den bewährten Vorteilen der gegenseitigen Unterstützung erworbenen Gewohnheiten des Gemeinschaftslebens: es wäre töricht und im Übrigen unmöglich, auf all dies zu verzichten.

Wir müssen daher Autorität und Vorrechte bekämpfen, aber auch von allen Vorteilen der Zivilisation profitieren. Nichts darf zerstört werden, was - und sei es auch unzulänglich - ein menschliches Bedürfnis befriedigt, es sei denn, wir hätten etwas Besseres an die Stelle zu setzen.

Unnachgiebig gegenüber jedem Diktat und jeglicher kapitalistischer Ausbeutung, müssen wir tolerant gegenüber allen gesellschaftlichen Vorstellungen sein, die in den verschiedenen Gruppierungen der Menschen vorherrschend sind, vorausgesetzt, sie verletzen nicht die Freiheit und das gleiche Recht der anderen. Wir müssen uns damit begnügen, schrittweise vorzugehen in dem Maße, wie sich das sittliche Niveau der Menschen hebt und die materiellen und geistigen Mittel der Menschheit anwachsen, wobei wir - was sich von selbst versteht - so viel wie möglich durch Studium, Arbeit und Propaganda dazu tun müssen, um die Entwicklung zu immer höheren Idealen zu beschleunigen.

* * *

Ich habe in den obigen Zeilen eher Probleme dargelegt als Lösungen angeboten. Doch ich meine, dass ich kurz die Kriterien aufgezeigt habe, von denen wir uns bei der Suche nach und der Anwendung von Lösungen leiten lassen müssen. Diese werden sicherlich unterschiedlich und je nach den Umständen veränderbar sein, doch müssen sie stets, soweit es von uns abhängt, den Grundprinzipien des Anarchismus entsprechen: kein Befehl des Menschen über den Menschen, keine Ausbeutung des Menschen durch den Menschen.

Für alle Genossen gilt die Aufgabe, zu denken, zu studieren, sich vorzubereiten - und dies sorgfältig und intensiv, denn es herrschen »bewegte« Zeiten und man muss sich bereithalten für das, was geschehen kann.

Kommunismus und Individualismus
(Kommentar zu einem Artikel von Nettlau) (1926)[4]

Nettlaus Artikel[5], der vom Geist der Freiheit und der Solidarität und von brennender Liebe für die Sache des Anarchismus erfüllt ist, verdient und erfordert einige Anmerkungen.

Nettlau geht davon aus, dass der Grund, oder zumindest einer der Gründe dafür, dass der Anarchismus nach so vielen Jahren der Propaganda, der Kämpfe, der Opfer noch nicht die großen Massen mobilisieren und zur Erhebung bringen konnte, darin zu suchen ist, dass die Anarchisten beider Tendenzen, nämlich Individualisten und Kommunisten, jeweils eine eigene ökonomische Theorie als einzige Lösung der sozialen Frage vorgebracht haben und es ihnen daher nicht gelungen ist, die Leute von der Durchführbarkeit ihrer Ideen zu überzeugen.

In Wirklichkeit, glaube ich, liegt der wesentliche Grund unseres geringen Erfolges in der allgemeinen Tatsache, dass in der gegenwärtigen Gesellschaft, das heißt unter den gegebenen materiellen und moralischen Verhältnissen, in denen sich die Masse der Arbeiter und alle, die zwar keine produktiven Arbeiter, aber doch Opfer der gleichen Gesellschaftsordnung sind, befinden, unsere Propaganda nur von begrenzter Tragweite sein kann und in bestimmten, benachteiligteren Regionen und bestimmten Schichten der Bevölkerung, die mehr als andere unter dem physischen und moralischen Elend leiden, sogar auf wenig oder nichts zusammenschrumpft. Und ich glaube, dass nur in dem Maße, wie sich die Umwelt verändert und uns günstig wird (was besonders in

---

4 Veröffentlicht in der Zeitschrift *Pensiero e Volontà* (Rom, 1. April 1926). Die deutsche Übersetzung stammt von Elke Wehr und ist entnommen aus: Errico Malatesta: Gesammelte Schriften. Band 2. Berlin: Karin Kramer Verlag, 1980: 197-202.

5 Malatestas Ausführungen lag ein Artikel zugrunde, von dem er dachte, dass Nettlau ihn neu verfasst hatte, der jedoch schon auf das Jahr 1914 datierte. Die Entgegnung Nettlaus auf Malatesta, sowie eine weitere Antwort von Malatesta findet sich in: Errico Malatesta: Gesammelte Schriften. Band 2. Berlin: Karin Kramer Verlag, 1980: 34-48.

revolutionären Zeiten und durch unseren Ansporn geschehen kann), unsere Ideen eine ständig größere Anzahl von Anhängern und wachsende Möglichkeiten der Verwirklichung finden können. Die Spaltung zwischen Kommunisten und Individualisten spielt nur eine geringe Rolle, denn sie betrifft nur diejenigen, die bereits Anarchisten sind und jene kleine Minderheit, die in der Lage ist, es zu werden.

Doch trotzdem bleibt es wahr, dass die Polemiken zwischen Individualisten und Kommunisten oft einen Großteil unserer Energien beansprucht haben, dass sie eine offene und brüderliche Zusammenarbeit zwischen allen Anarchisten auch dann verhindert haben, wenn sie möglich war und viele von uns ferngehalten haben, die, hätten sie uns alle vereint gesehen, sich von unserer leidenschaftlichen Freiheitsliebe angezogen gefühlt hätten. Und daher tut Nettlau gut daran, wenn er Eintracht propagiert und dabei beweist, dass, wenn es Freiheit, das heißt Anarchie, wirklich geben soll, die Möglichkeit der Wahl bestehen muss und jeder sein eigenes Leben nach seinem Gutdünken einrichten können muss, was die kommunistische oder die individualistische Lösung oder jede andere Stufe oder Mischform zwischen beiden mit einschließt.

Nettlau irrt sich jedoch meiner Meinung nach, wenn er glaubt, dass der Gegensatz zwischen Anarchisten, die sich als kommunistisch bezeichnen und denen, die sich individualistisch nennen, wirklich auf der Vorstellung beruht, die jeder vom ökonomischen Leben (Produktion und Verteilung der Produkte) in einer anarchistischen Gesellschaft hat. Dies sind letztendlich Fragen, die die ferne Zukunft betreffen. Und wenn es zutrifft, dass das Ideal, das Endziel es ist, das dem Verhalten der Menschen als Wegweiser dient oder dienen sollte, dann trifft es umso mehr zu, dass Einstimmigkeit oder Uneinigkeit mehr als von allem anderen davon abhängen, was man heute macht und machen will und nicht davon, was man morgen zu tun gedenkt. Im Allgemeinen versteht man sich am besten, hat man das größte Interesse an einer Verständigung mit denjenigen, die den gleichen Weg gehen, obwohl sie an einen anderen Ort wollen und nicht mit denen, die zwar behaupten, sie wollten dorthin, wo auch wir hinwollen, sich dann aber auf die entgegen gesetzte Straße begeben! So kam es, dass Anarchisten der unterschiedlichsten Richtungen sowohl im praktischen Leben als auch in der Propaganda in heftigem Gegensatz standen, obwohl sie im Grunde das gleiche wollten.

Geht man vom Grundprinzip des Anarchismus aus, dass niemand den Willen und die Möglichkeit haben darf, die anderen zu unterwerfen und zu zwingen, für sich zu arbeiten, dann ist klar, dass zum Anarchismus ausschließlich all jene Lebensweisen gehören, die die Freiheit achten und jedem das gleiche Recht zuerkennen, in den Genuss der natürlichen Güter und der eigenen Arbeit zu kommen.

Unbestreitbar ist für die Anarchisten das konkrete, reale Wesen, das Wesen, das ein Bewusstsein hat, das fühlt, genießt und leidet, das Individuum, und die Gesellschaft, die bei weitem nicht etwas Übergeordnetes ist, für die das Individuum nur Werkzeug und Sklave ist, darf nur die Gemeinschaft von Menschen sein, die sich zum größten Wohl eines jeden assoziieren. Und so gesehen, könnte man sagen, dass wir alle Individualisten sind.

Um aber Anarchist zu sein, genügt es nicht, die eigene Befreiung zu wollen, genügt es nicht, sich gegen Unterdrückung aufzulehnen, man muss sich weigern, selbst Unterdrücker zu sein; man muss die Bande der - natürlichen oder willentlichen - Solidarität erkennen, die die Menschen miteinander verbinden, man muss seinesgleichen lieben, am Leid der anderen leiden, sich nicht glücklich fühlen, wenn man weiß, dass andere unglücklich sind. Und das ist keine Frage ökonomischer Ordnungen: es ist eine Frage des Gefühls oder, wie man theoretisch sagt, eine Frage der Ethik.

Ausgehend von diesen Grundsätzen und diesen Gefühlen, die trotz unterschiedlicher Sprache allen Anarchisten gemeinsam sind, geht es darum, für die praktischen Probleme des Lebens Lösungen zu finden, die den menschlichen Willen am meisten achten und die Gefühle der Liebe und Solidarität am meisten befriedigen.

Die Anarchisten, die sich als Kommunisten bezeichnen (und dazu zähle ich auch mich selbst), sind nicht deshalb Kommunisten, weil sie den anderen ihre spezielle Sichtweise aufzwingen wollen oder weil sie glauben, dass es außerhalb dieser kein Heil gibt, sondern weil sie bis zum gegenteiligen Beweis überzeugt sind, dass Wohlstand und Freiheit eines jeden umso größer sind, je mehr die Menschen sich verbrüdern und je enger sie in ihrem Streben nach dem Wohle aller assoziierten Menschen zusammenarbeiten. Auch wenn der Mensch, so meinen sie, von der Unterdrückung durch den Menschen befreit ist, bleibt er doch stets den widrigen Kräften der Natur ausgesetzt, die er allein nicht besiegen kann, aber mit Unterstützung der anderen Menschen beherrschen und in Mittel des eigenen Wohlstands verwandeln kann. Ein Mensch, der für seine materiellen Bedürfnisse sorgen wollte, indem er alleine arbeitet, wäre Sklave seiner Arbeit. Ein Bauer zum Beispiel, der allein sein Stück Boden bearbeiten wollte, würde auf alle Vorteile der Kooperation verzichten und sich zu einem elenden Leben verurteilen: er könnte sich keine Ruhezeiten gönnen, keine Reisen, Studien, Kontakte mit dem vielfältigen Leben der verschiedenen menschlichen Gruppierungen... und würde nicht einmal immer seinen Hunger stillen können.

Es ist grotesk zu denken, dass Anarchisten, die sich als Kommunisten bezeichnen und Kommunisten sind, wie in einem Kloster leben wollen, unter dem Zwang allgemeiner Regeln, gleichförmiger Nahrung und Kleidung usw. Genauso absurd wäre es jedoch, zu meinen, dass sie nur tun wollen, was ihnen gefällt, ohne die Bedürfnisse der anderen, das Recht aller auf die gleiche Freiheit zu berücksichtigen. Alle wissen, dass Kropotkin zum Beispiel, der unter den Anarchisten einer der leidenschaftlichsten und eloquentesten Verfechter der kommunistischen Ordnung war, gleichzeitig auch großer Verfechter der individuellen Unabhängigkeit war und voller Leidenschaft dafür eintrat, dass alle frei ihre künstlerischen Neigungen entwickeln und befriedigen können, sich wissenschaftlichen Forschungen widmen, Hand- und Kopfarbeit harmonisch miteinander verbinden können, um Menschen im höheren Sinne des Wortes zu werden.[6]

---

6 Siehe hierzu z.B. das Kapitel »Geistige Arbeit und körperliche Arbeit« in Kropotkins *Landwirtschaft, Industrie und Handwerk* (1898).

Außerdem glauben die (anarchistischen) Kommunisten, dass es aufgrund der natürlichen Unterschiede in Bezug auf Fruchtbarkeit, Qualität und Lage des Bodens unmöglich wäre, jedem individuell gleiche Arbeitsbedingungen zu garantieren und, wenn auch nicht Solidarität, so doch Gerechtigkeit zu verwirklichen. Doch gleichzeitig sind sie sich über die ungeheuerlichen Schwierigkeiten im Klaren, diesen freiwilligen, universellen Kommunismus, den sie als das höchste Ideal der befreiten und verbrüderten Menschheit betrachten, vor einer langen Zeit freier Entwicklung zu praktizieren. Und so kommen sie schließlich zu einem Schluss, den man mit folgender Formel ausdrücken könnte: ein Höchstmaß an Kommunismus, um ein Höchstmaß an Individualismus zu verwirklichen, das heißt ein Höchstmaß an Solidarität, um ein Höchstmaß an Freiheit zu genießen.

Auf der anderen Seite haben die Individualisten (ich spreche natürlich stets von den Anarchisten) als Reaktion auf den autoritären Kommunismus, der in der Geschichte die erste Vorstellung des menschlichen Geistes von einer rationalen und gerechten Gesellschaftsordnung war, die mehr oder weniger alle *Utopien* und alle revolutionären Versuche beeinflusst hat, angesichts der Tatsache, dass dieser autoritäre Kommunismus im Namen der Gleichheit die menschliche Persönlichkeit einschränkt, ja nahezu zerstört, der abstrakten Idee der Freiheit allergrößte Bedeutung beigemessen und erkannten nicht oder betonten nicht genügend, dass die konkrete Freiheit, die reale Freiheit von Solidarität, Brüderlichkeit und freiwilliger Kooperation abhängt. Es wäre allerdings ungerecht zu glauben, sie wollten auf die Vorteile der Zusammenarbeit verzichten und sich zu einer unmöglichen Isolierung verurteilen. Und sie sind sich sicherlich darüber im Klaren, dass isolierte Arbeit Ohnmacht bedeutet und dass der Mensch, um sich ein menschliches Leben zu sichern und materiell und moralisch in den Genuss sämtlicher Errungenschaften der Zivilisation zu kommen, entweder direkt oder indirekt fremde Arbeit ausbeuten und seinen Wohlstand auf dem Elend der Arbeiter aufbauen muss oder aber sich mit Seinesgleichen assoziieren und mit ihnen die Freuden und Leiden des Lebens teilen muss.

Und da sie als Anarchisten nicht die Ausbeutung des Menschen durch den Menschen zulassen können, müssen sie zwangsläufig übereinkommen, dass man irgendeine Stufe und Form von freiwilligem Kommunismus akzeptieren muss, um frei zu sein und als Menschen leben zu können.[7]

Was die ökonomische Frage anbetrifft, die ja anscheinend die Spaltung der Anarchisten in Kommunisten und Individualisten bewirkt, so wäre die Versöhnung sehr rasch vollzogen, indem man gemeinsam für Bedingungen wirklicher Freiheit kämpft und es dann der Erfahrung überlässt, die praktischen Probleme des Lebens zu lösen. Und dann wären die Diskussionen, Untersuchungen, Hypothesen, die heute möglichen Versuche und sogar die Gegensätze zwischen den unterschiedlichen Tendenzen allesamt nützliche Dinge, die uns helfen, uns selbst auf unsere zukünftigen Aufgaben vorzubereiten.

Wenn jedoch die Unterschiede in der ökonomischen Frage wirklich mehr dem Schein nach als tatsächlich bestehen und in jedem Fall leicht zu überwinden sind, warum dann dieser ewige Streit, diese Verbissenheit, die manchmal in wahre Feindschaft zwischen Menschen ausartet, die, wie Nettlau sagt, einander doch nah und von den gleichen Leidenschaften und Idealen beseelt sind?

Das liegt daran, dass, wie ich schon sagte, der Unterschied zwischen den Plänen und Hypothesen in Bezug auf die zukünftige ökonomische Organisation der herbeigesehnten Gesellschaft nicht der wahre Grund für die anhaltende Spaltung ist: diese ist Folge bedeutenderer und vor allem aktuellerer moralischer und politischer Meinungsverschiedenheiten.

Ich werde hier nicht von denen sprechen, die sich zwar als anarchistische Individualisten bezeichnen, aber voller Verachtung

---

7 Max Stirner (1806-1856), einer der zentralen Referenzautoren des individualistischen Anarchismus, hatte betont: »Es ist (...) immer fördersam, dass Wir Uns über die *menschlichen* Arbeiten einigen, damit sie nicht, wie unter der Konkurrenz, alle unsere Zeit und Mühe in Anspruch nehmen. Insoweit wird der Kommunismus seine Früchte tragen.« (Der Einzige und sein Eigentum (1844). Freiburg/München: Verlag Karl Alber, 2009: 272)

für die Menschheit, voller Gefühllosigkeit gegenüber dem Leid anderer und voller Herrschsucht sind, also äußerst bürgerliche Gefühle an den Tag legen. Ich werde auch nicht von denen sprechen, die sich als anarchistische Kommunisten bezeichnen und im Grunde genommen nur Autoritäre sind, die glauben, im Besitz der absoluten Wahrheit zu sein und sich das Recht nehmen, sie den anderen aufzuzwingen.

Kommunisten und Individualisten haben oft das Unrecht begangen, in ihre Reihen Personen aufzunehmen und als Genossen zu akzeptieren, die mit ihnen nichts weiter als einige verbale Ausdrücke und äußerliche Erscheinungen gemeinsam hatten.

Ich möchte also nur von denen sprechen, die ich als wahre Anarchisten betrachte. Diese sind in vielen wichtigen und aktuellen Fragen geteilter Meinung und bezeichnen sich - im allgemeinen aus Tradition - als Kommunisten oder Individualisten, ohne dass die Dinge, die sie tatsächlich voneinander trennen, etwas mit den Fragen der zukünftigen Gesellschaft zu tun haben.

Unter den Anarchisten gibt es Revolutionäre, die glauben, dass man mit Gewalt die Gewalt zerschlagen muss, die die gegenwärtige Ordnung aufrechterhält, um eine Gesellschaft zu schaffen, in der die freie Entwicklung der Individuen und der Gemeinschaften möglich ist - und es gibt die Erziehungsgläubigen, die meinen, dass man die Veränderung der Gesellschaft nur erreichen kann, wenn man zuvor die Menschen mittels erzieherischer Aufklärung und Propaganda verändert. Es gibt die Verfechter der Gewaltlosigkeit oder des passiven Widerstandes, die die Gewalt fliehen, auch wenn sie dazu dient, sich gegen Gewalt zur Wehr zu setzen, und es gibt jene, die die Notwendigkeit der Gewalt gelten lassen, aber wiederum geteilter Meinung in Bezug auf Art, Umfang und Grenzen der erlaubten Gewalt sind. Es gibt Meinungsverschiedenheiten in der Haltung der Anarchisten gegenüber dem Syndikalismus, Differenzen in Bezug auf Organisation oder Nicht-Organisation der Anarchisten, ständige oder gelegentliche Meinungsverschiedenheiten über die Beziehungen der Anarchisten zu den anderen revolutionären Parteien.

Über diese und andere Fragen gilt es sich zu einigen, oder wenn, wie es den Anschein hat, eine Verständigung nicht möglich ist, sich gegenseitig zu tolerieren. Man muss gemeinsam arbeiten, wenn man sich einig ist und wenn nicht, jedem die Freiheit lassen, nach eigenem Gutdünken zu handeln, ohne sich gegenseitig zu behindern.

Denn alles in allem betrachtet, kann niemand absolut sicher sein, im Besitz der Wahrheit zu sein, ist niemand stets im Recht.

Zerstörung – und was kommt dann? (1926)[1]

Im Zusammenhang mit der Rezension des Buches von Galleani: *Das Ende des Anarchismus?*, die ich in der Nummer 9 von *Pensiero e Volontà* veröffentlicht habe[2], schreibt mir Genosse Benigno Bianchi:

Ich glaube, es wird Dir nicht missfallen, wenn ich Dir schreibe, um Dich auf eine Äußerung in Deiner Rezension aufmerksam zu machen, die unangenehme Missverständnisse erzeugen könnte. Ich beziehe mich auf den zweiten Absatz der in Deinem Artikel zitierten Worte Galleanis.

An dieser Stelle spricht er von der Notwendigkeit, für unsere Nachkommen das Terrain von Vorurteilen, Privilegien, Kirchen, Gefängnissen, Kasernen, Freudenhäusern usw. freizumachen. Und daher sei es nötig zu zerstören, nicht jedoch aufzubauen.

Darauf antwortest Du naiv, dass »es lächerlich sei - und tödlich, wenn es wirklich dazu kommen sollte -, alle gesundheitsschädlichen Backöfen, unwirtschaftlichen Getreidemühlen und rückständigen Anbaumethoden zu zerstören und den Nachkommen die Sorge zu überlassen, bessere Methoden für den Getreideanbau, die Mehlherstellung und das Brotbacken herauszufinden und anzuwenden.«

---

1 Veröffentlich in der Zeitschrift *Pensiero e Volontà* (Rom, 16. Juni 1926). Die deutsche Übersetzung stammt von Elke Wehr und ist entnommen aus: Errico Malatesta: Gesammelte Schriften. Band 2. Berlin: Karin Kramer Verlag, 1980. S.142-148.

2 Die Rezension erschien unter dem Titel »›La fine dell'Anarchismo?‹ di Luigi Galleani«. Luigi Galleani (1861-1931): Insurrektionalistischer kommunistischer Anarchist, der lange im us-amerikanischen Exil lebte und sehr populär war. Die Gruppen der Galleani-Anhänger und Malatesta-Anhänger bildeten wohl mit die größten »Fraktionen« in der anarchistischen Bewegung Italiens. Das Buch Galleanis, das Malatesta hier rezensierte, geht selbst auf eine Auseinandersetzung von Galleani mit einem alten Freund Malatestas, dem ehemaligen Anarchisten Saverio Merlino (1856-1930), Anfang des 20. Jahrhunderts zurück. Galleanis Buch liegt in englischer Übersetzung vor: Luigi Galleani: The End of Anarchism? (1925) London: Elephant Editions, 2012.

Ach, guter Errico, das Backen des Brotes ist in der einen oder anderen Weise unerlässlich, ebenso wie der Anbau und das Mahlen des Getreides: die Zerstörung dieser wie auch anderer Mittel wäre nicht so sehr lächerlich als ein wahrer Irrsinn!
Diese Dinge werden sich also erneuern, sich umgestalten, sich vervollkommnen, aber ich möchte in keinem Fall die Gefängnisse, Kirchen, Kasernen, Freudenhäuser und nicht einmal die Monopole und Privilegien, von denen bei Galleani die Rede war, erneuern und vollkommnen.
Mir scheint, dass der Vergleich nicht standhält, und infolgedessen fällt das ganze Gebäude dieses kritischen Artikels in sich zusammen.
Die Seriosität der Zeitschrift und die Autorität Deines Wortes vertragen sich schlecht mit diesen polemischen Verdrehungen.

* * *

Natürlich missfallen mir diese Bemerkungen des Genossen Bianchi keineswegs. Im Gegenteil, ich danke ihm dafür, dass er mir die Gelegenheit bietet, auf eine Frage zurückzukommen, die meiner Ansicht nach für die Entwicklung und den Erfolg unserer Bewegung von lebenswichtiger Bedeutung ist.
Lassen wir Galleani beiseite. Wenn ich ihn falsch verstanden habe, dann kann er dies besser als jeder andere sagen, und ich bin bereit, Buße dafür zu tun. Befassen wir uns jetzt mit dem Thema als solchem.
Das von mir gewählte Beispiel des Brotes ist nach Bianchis Auffassung eine polemische Wortverdrehung: mir dagegen scheint es treffend zu sein. Ich habe die Angewohnheit (ich weiß nicht, ob es ein Vorteil oder ein Fehler ist), stets nach elementaren, einfachen, ich möchte fast sagen groben Beispielen zu suchen, da diese bar aller rhetorischen Kunstgriffe sind und den Kern des Problems freilegen.
Die Mittel für die Brotherstellung sind unerlässlich und daher, so meint Bianchi, wäre es ein Irrsinn, würde man an ihre Zerstörung anstatt an ihre Vervollkommnung denken. Aber das Brot ist nicht die einzige unerlässliche Sache; ich behaupte sogar, dass es sehr

schwierig wäre, unter den gegenwärtigen Institutionen - selbst unter den schlechtesten, wie Gefängnisse, Freudenhäuser, Kasernen, Privilegien, Monopolen - irgendeine zu finden, die nicht direkt oder indirekt einem gesellschaftlichen Bedürfnis entspricht und die man wirklich und auf Dauer zerstören kann, ohne etwas an ihre Stelle zu setzen, das das Bedürfnis, das diese Institution erzeugt hat, besser befriedigt.

Fragt mich nicht, sagte einmal ein Genosse, was wir an die Stelle der Cholera setzen werden: sie ist ein Übel, und das Übel muss zerstört, nicht ersetzt werden. Das stimmt, doch das Unglück ist, dass die Cholera fortdauert und wiederkehrt, wenn nicht bessere hygienische Bedingungen an die Stelle der Bedingungen treten, die das Entstehen und die Ausbreitung der Infektion ermöglichen.

Brot ist eine notwendige Sache, einverstanden. Doch die Frage des Brotes ist viel komplizierter als es jemandem scheinen mag, der in einer kleinen landwirtschaftlichen Siedlung wohnt und vielleicht sogar selbst das für seine Familie nötige Korn produziert. Alle mit Brot zu beliefern, ist ein Problem, das die gesellschaftliche Organisation umfasst: die Form des Eigentums und der Bearbeitung des Bodens, die Tauschmittel, die Transportmittel, den Getreideimport, sofern das im Land angebaute Getreide unzureichend ist, die Verteilung unter die verschiedenen bewohnten Gebiete und dann unter die einzelnen Verbraucher. Das heißt, dass dieses Problem Lösungen erfordert für die Fragen des Eigentums, des Wertes, des Geldes, des Handels usw.

Heute erfolgen Herstellung und Verteilung des Brotes in einer Weise, dass die Arbeiter ausgebeutet und erniedrigt bleiben, die Verbraucher betrogen werden und auf beider Kosten ein ganzes Heer von Parasiten gedeihen kann. Wir wollen dagegen, dass das Brot zum größten Nutzen aller hergestellt und verteilt wird, ohne Vergeudung von Kräften und Material, ohne irgendjemandes Unterdrückung, ohne Parasitentum, mit Gerechtigkeit und Güte. Und wir müssen nach einer Möglichkeit suchen, wie wir unser Ziel verwirklichen oder ihm so nahe wie möglich kommen können. Unsere Nachkommen werden es sicherlich einmal besser machen als wir, doch wir müssen tun, was wir können und wozu wir fähig sind, und zwar sofort, am Tag der Krise selbst, denn sollten die großen Städte durch die Unterbrechung des Eisenbahnverkehrs oder die Manöver der Ofen- und Mühlenbesitzer oder das heimliche Hamstern der Produkte Mangel an Brot (und anderen lebenswichtigen Gütern) leiden, dann wäre die Revolution verloren und es würde die Reaktion in Form der Restauration oder der Diktatur triumphieren.

Zerstören wir die Monopole: einverstanden. Doch die Monopole – es sei denn, es handle sich um die Monopole für die Herstellung von Hemdknöpfen oder Lippenstiften für gewisse junge Damen – die großen Monopole (Wasser, Elektrizität, Kohle, Verkehr auf dem Land- und Seeweg usw.) entsprechen stets einem notwendigen Dienst an der Öffentlichkeit, und diese Monopole können nicht zerstört werden, wenn nicht genau in dem Augenblick, wo man die Monopolisten fortschickt, der Dienst nicht nur weitergeführt, sondern, wenn möglich, besser geführt wird als es unter ihrem Befehl der Fall war.

Man muss die Gefängnisse abschaffen, diese finsteren Orte des Leidens und der Korruption, wo die Gefangenen schmachten, während gleichzeitig ihre Bewacher grausam und schlimmer noch als die Bewachten werden: einverstanden. Aber wenn man einem *Lüstling* auf die Spur kommt, der kleine Kinder schändet und quält, dann muss man doch dafür sorgen, dass er außerstande ist, weiterhin Schaden anzurichten, wenn man nicht will, dass er weitere Opfer findet und schließlich von der Menge gelyncht wird. Werden die Nachkommen dafür sorgen? Nein, wir müssen uns darum kümmern, denn diese Dinge geschehen heute. In der Zukunft, so hoffen wir, werden die Fortschritte der Wissenschaft und die veränderte soziale Umwelt diese Ungeheuerlichkeiten unmöglich machen.

Zerstörung der Freudenhäuser, jener Schande der Menschheit – schändlicher für die Außenstehenden als für die Unglücklichen, die sich darin befinden – gewiss. Doch das Freudenhaus wird sofort, öffentlich oder geheim, wiederentstehen, solange es Frauen gibt, die keine geeignete Arbeit und damit kein würdiges Leben finden. Daher die Notwendigkeit einer Arbeitsorganisation, in

der Raum für alle ist und einer Organisation des Verbrauchs, in der alle ihre Bedürfnisse befriedigen können.
Abschaffung des *Gendarmen*, der mit Gewalt alle Privilegien schützt und lebendiges Symbol des Staates ist: absolut einverstanden. Um ihn jedoch für immer abschaffen zu können und nicht unter anderem Namen und in anderer Uniform erneut entstehen zu sehen, muss man imstande sein, ohne ihn zu leben, das heißt ohne Gewalt, ohne Übergriffe, ohne Ungerechtigkeiten, ohne Privilegien.
Beseitigung der Unwissenheit: einverstanden. Es liegt jedoch auf der Hand, dass man aufklären und erziehen muss und zuvor noch die gesellschaftlichen Bedingungen schaffen muss, die alle in die Lage versetzen, in den Genuss von Erziehung und Bildung zu kommen.

›Den Nachkommen eine Erde ohne Privilegien, ohne Kirchen, ohne Gerichte, ohne Freudenhäuser, ohne Kasernen, ohne Unwissenheit, ohne törichte Ängste hinterlassen.‹ Ja, das ist unser Traum, und für seine Verwirklichung kämpfen wir. Aber das bedeutet, dass man ihnen eine neue gesellschaftliche Organisation, neue und bessere moralische und materielle Bedingungen hinterlassen muss. Man kann das Terrain nicht freimachen und es leer lassen, wenn darauf Menschen leben sollen: man kann das Böse nicht zerstören, ohne an seine Stelle das Gute oder zumindest etwas weniger Schlechtes zu setzen.
Es geht nicht darum, unseren Nachkommen etwas aufzuzwingen. Es ist zu hoffen – ich sage es nochmals –, dass sie es einmal besser machen werden als wir: wir müssen jedoch heute alles in unseren Kräften und unserem Vermögen Stehende tun, und zwar sowohl für unser eigenes Leben als auch um unseren Nachkommen etwas mehr als schöne Worte und verschwommene Vorstellungen zu hinterlassen.

* * *

Trotz umfassender gegenteiliger Propaganda trifft man bei vielen Genossen eine Geisteshaltung an, die man meiner Meinung nach dringend ändern müsste.

Die Überzeugung - der auch ich anhänge -, dass eine Revolution erforderlich ist, um die materiellen Kräfte zu beseitigen, die die Privilegierten schützen und jeden wirklichen sozialen Fortschritt verhindern sollen, hat dazu geführt, dass viele ihre ganze Aufmerksamkeit auf die Tatsache der Insurrektion konzentriert haben, ohne an das zu denken, was zu tun ist, damit die Insurrektion nicht ein nutzloser Akt der Gewalt bleibt, auf den dann mit einem weiteren Akt reaktionärer Gewalt geantwortet werden würde. Für diese Genossen sind alle praktischen Fragen, die Fragen der Organisation, die Versorgung mit dem täglichen Brot, heute müßige Fragen: es sind Probleme, so sagen sie, die sich von selbst lösen oder von der Nachwelt gelöst werden.

Ich erinnere mich noch an das Jahr 1920, als ich mit der Leitung der *Umanità Nova* betraut war. Es war dies die Zeit, in der alle Sozialisten versuchten, die Revolution zu verhindern, und leider gelang ihnen dies, indem sie behaupteten, dass im Falle einer Aufstandsbewegung die Verbindungen mit dem Ausland unterbrochen würden und wir alle aus Mangel an Getreide Hungers sterben würden. Einige behaupteten sogar, dass man keine Revolution machen könne, weil man in Italien keinen Kautschuk produziere! Ich war gerade mit dieser wichtigen Ernährungsfrage beschäftigt und überzeugt davon, dass dem Getreidemangel durch die Nutzung sämtlichen verfügbaren Bodens für den Anbau rasch wachsender, nahrhafter Pflanzen und Früchte abgeholfen werden könne. So bat ich unseren Genossen Doktor Giovanni Rossi[3], einen erfahrenen Agronomen, zum Zweck der Information eine Reihe von Artikeln zu praktischen Begriffen der Agrikultur zu verfassen. Rossi erklärte sich freundlicherweise dazu

3 Giovanni Rossi (1856-1943): Italienischer Anarchist und Agronom, der vor allem aktiv in der Siedlungsbewegung war und Ende des 20.Jahrhudert versuchte, anarchistische Kolonien zu gründen. Siehe hierzu: Giovanni Rossi: Utopie und Experiment. Berlin: Karin Kramer Verlag, 1979.

bercit. Dies war natürlich äußerst nützlich, doch war es etwas Praktisches, was daher nicht allen gefiel. Ein Genosse, der wütend war, weil ich ihm die Veröffentlichung eines Gedichtes oder einer Erzählung - genau erinnere ich mich nicht mehr - verweigert hatte, sagt in schroffem Ton zu mir: ›Aha, du ziehst es vor, wenn in der *Umanità Nova* von Pflügen, Kichererbsen, Bohnen, Kohl uns anderem Unsinn die Rede ist!‹

Und ein anderer Genosse, der sich damals als Oberanarchist gebärdete, zog unbewusst den logischen Schluss aus dieser Haltung. In einer Diskussion ähnlich der hier angesprochenen mit dem Rücken an die Wand gedrängt, antwortete er mir: ›Aber das sind Dinge, die mich nicht betreffen. Für das Brot und den ganzen Rest werden die Führer sorgen!‹

Der Schluss daraus ist klar: Entweder denken wir alle an die Neuorganisation, denken die Arbeiter sofort, während sie das Alte zerstören, an die Neuorganisation, und es wird eine menschlichere, gerechtere, für alle zukünftigen Fortschritte offenere Gesellschaft entstehen; oder aber die ›Führer‹ werden daran denken, und dann werden wir eine neue Regierung haben, die das tun wird, was alle Regierungen stets getan haben, nämlich die Masse für ihre kärglichen, schlechten Dienste bezahlen lassen, ihr die Freiheit nehmen und sie von Parasiten und Privilegierten aller Art ausbeuten lassen.

Ein Projekt anarchistischer Organisation (1927)[1]

Zufällig (wie man weiß, kann im heutigen Italien [1927] die nichtfaschistische Presse nicht frei in Umlauf gebracht werden) fiel mir eine Flugschrift in Französisch mit dem Titel »Organisationsplattform der Allgemeinen Anarchistischen Union (Entwurf)« in die Hände.[2]

Es handelt sich um einen Entwurf für eine anarchistische Organisation, der im Namen einer »Gruppe russischer Anarchisten im Ausland« veröffentlicht wurde, und insbesondere an die russischen Genossen gerichtet zu sein scheint. Er beschäftigt sich jedoch mit Themen, die für alle Anarchisten von gleichem Interesse sind; und im Übrigen ist klar, auch wegen der Sprache, in der er verfasst wurde, dass der Entwurf die Unterstützung von Genossen in allen Ländern sucht. Es ist auf alle Fälle sinnvoll zu

---

1 Veröffentlicht unter dem Titel »Un progretto die organizzazione anarchica« in *Il Risveglio Anarchico*, Supplement der Zeitschrift *Le Réveil Anarchiste* (Genf) Nummer 728 (1. Oktober 1927) und Nummer 729 (15. Oktober 1927). Übersetzung aus dem Italienischen von Tina Duespohl.

2 1926 hatten die aus Russland geflohenen Anarchisten um Nestor Machno und Peter Arschinoff – in Reaktion auf die ihrer nach Meinung bestehenden Probleme der anarchistischen Bewegung, und aufgrund ihrer Erfahrung mit den Bolschewiki –, die Idee einer »Organisationsplattform der Allgemeinen Anarchistischen Union« vorgeschlagen. Der Vorschlag, mit dem sich auch gegen andere russische Exilanarchisten um Volin gewandt wurde, plädierte für eine »generelle taktische und politische Linie im Anarchismus«, um »dem kläglichen Zustand der anarchistischen Bewegung« zu beheben. Die Ausführungen, von Arschinoff verfasst, erregten einiges Aufsehen und führten dazu, dass den »Plattformisten« von vielen Anarchisten der Vorwurf gemacht wurde, sich in Taktik und Organisationsvorstellungen an den Bolschewismus anzulehnen. Auch Malatesta vertrat diese Position. Ein darauffolgender Briefwechsel zwischen Machno und Malatesta findet sich in: Errico Malatesta: Gesammelte Schriften. Band 2. Berlin: Karin Kramer Verlag, 1980: 67-76. Eine große Anzahl an Debattenbeiträge kann – zum Teil auch auf deutscher Sprache – eingesehen werden unter: http://www.nestormakhno.info/index.htm.

untersuchen, sowohl für die Russen als auch für alle anderen, ob der gemachte Vorschlag mit anarchistischen Prinzipien in Einklang steht und ob seine Umsetzung der anarchistischen Sache wirklich nutzen würde.

Die Intentionen der Genossen Entwurfsverfasser sind hervorragend. Sie beklagen zurecht den Umstand, dass die Anarchisten bis heute auf politische oder soziale Geschehnisse weder einen Einfluss hatten und haben, der im Verhältnis zum theoretischen und praktischen Wert ihrer Lehren steht, noch zu ihrer Anzahl, ihrem Mut und dem Geist der Selbstaufopferung. Sie glauben, dass der Hauptgrund für diesen relativen Misserfolg das Fehlen einer weitreichenden, ernstzunehmenden und tatkräftigen Organisation ist.

Bis hierhin könnte ich, im Prinzip, einverstanden sein.

Die Organisation, die weiter nichts anderes ist als die Praxis der Kooperation und der Solidarität, ist natürliche, notwendige Bedingung des gesellschaftlichen Lebens: sie ist eine unumstößliche Tatsache, die sich allen aufdrängt, in der menschlichen Gesellschaft im Allgemeinen genauso wie in irgendeiner Gruppe von Personen, die ein gemeinsam zu erreichendes Ziel haben.

Da der Mensch nicht isoliert leben will oder kann, da er vielmehr nicht wirklich Mensch werden und seine materiellen wie moralischen Bedürfnisse nicht anders als in Gesellschaft und in Kooperation mit seines Gleichen erfüllen kann, passiert es fatalerweise, dass jene, die nicht die Mittel oder ein genügend entwickeltes Bewusstsein haben, um sich frei mit Menschen gleicher Interessen und Gefühle zu organisieren, die Organisation erdulden müssen, die von anderen Individuen – im Allgemeinen als führende Klasse oder Gruppe zusammengeschlossen – zu dem Zweck gestaltet ist, die Arbeit der anderen zum eigenen Vorteil auszunutzen. Die tausendjährige Unterdrückung der Massen von Seiten einer kleinen Zahl Privilegierter ist immer die Folge der Unfähigkeit des Großteils der Individuen gewesen, sich zu einigen, sich mit anderen Werktätigen hinsichtlich der Produktion, der Nutznießung und der eventuellen Verteidigung gegen den, der sie ausnutzen oder unterdrücken will, zu organisieren.

Um diesen Zustand zu beheben, ist der Anarchismus entstanden, dessen grundlegendes Prinzip die freie Organisation ist, gestaltet und erhalten durch den freien Willen der Verbündeten ohne jegliche Art von Autorität, d.h. ohne dass jemand das Recht hat, den anderen seinen Willen aufzudrängen. So ist es natürlich, dass die Anarchisten versuchen, in ihrem Privatleben und der Partei dasselbe Prinzip anzuwenden, auf dem ihrer Meinung nach die gesamte menschliche Gesellschaft gegründet sein sollte.

Einige Polemiken können den Anschein erwecken, dass es Anarchisten gibt, die gegenüber jeglicher Organisation resistent sind. Auch wenn die vielen, ja zu vielen Diskussionen unter uns über dieses Argument von begrifflichen Streifragen verdunkelt oder von persönlichen Auseinandersetzungen vergiftet werden, betreffen sie tatsächlich im Grunde die Art und Weise und nicht das Prinzip der Organisation. So geschieht es, dass Genossen, die mit ihren Worten die heftigsten Gegner der Organisation sind, sich wie die anderen und sogar oft besser organisieren, wenn sie wirklich etwas tun wollen. Die Frage betrifft, ich wiederhole es, allein die Art und Weise.

Ich könnte also nur mit Sympathie die Initiative jener russischen Genossen betrachten, überzeugt wie sie sind, dass eine allgemeinere, eine eingespieltere, eine beständigere Organisation als die bisher von Anarchisten organisierten zweifelsohne ein wichtiges Element für die Stärke und den Erfolg wäre, ein mächtiges Mittel, um unsere Ideen geltend zu machen - auch wenn es ihr nicht gelänge, alle Fehler und alle Unzulänglichkeiten zu beseitigen, die vielleicht unvermeidlich sind in einer Bewegung wie der unseren, die um einiges der Zeit voraus ist und die daher zwischen Unverstehen, Gleichgültigkeit und oft Feindseligkeit der Mehrheit zappelt.

Vor allem halte ich es für notwendig, ja dringlich, dass die Anarchisten sich möglichst viel und möglichst gut verständigen und organisieren, um auf ihrem Weg die Massen in ihren Kämpfen für Verbesserungen und die Emanzipation zu beeinflussen.

Heute ist die größte Kraft gesellschaftlicher Veränderung die Arbeiterbewegung (gewerkschaftliche Bewegung), und von ihrer

Orientierung hängt ein großer Teil des Laufs ab, den die Ereignisse nehmen werden, und das Ziel, das die nächste Revolution erreichen wird. Mithilfe der zur Verteidigung ihrer Interessen gegründeten Organisationen erwerben die Werktätigen das Bewusstsein über die Unterdrückung, in der sie sich befinden, und über den Antagonismus, der sie von ihren Chefs trennt. Sie beginnen, nach einem besseren Leben zu streben, sie gewöhnen sich an den kollektiven Kampf und an die Solidarität; und sie können es schaffen, die Verbesserungen zu erobern, die mit dem Fortbestand des kapitalistischen und staatlichen Regimes vereinbar sind. Danach, wenn der Konflikt unüberwindbar wird, kommt entweder die Revolution oder die Reaktion. Die Anarchisten müssen den Nutzen und die Wichtigkeit der gewerkschaftlichen Bewegung anerkennen, sie müssen ihre Entwicklung fördern und aus ihr einen der Hebel ihrer Aktion machen, indem sie alles ihnen Mögliche tun, damit diese Bewegung zusammen mit anderen bestehenden Kräften des Fortschritts in einer gesellschaftlichen Revolution mündet, die zur Aufhebung der Klassen, zur vollkommenen Freiheit, zur Gleichheit, zum Frieden und zur Solidarität unter allen Menschen führt. Aber es wäre eine große und tödliche Illusion zu glauben, wie es viele tun, dass die Arbeiterbewegung aus sich selbst heraus, als Folge ihres eigenen Wesens, zu einer solchen Revolution führen könne oder müsse. Im Gegenteil: Wenn der Gärstoff, der Anschub oder das abgestimmte Werk von Menschen mit Ideen fehlt, die kämpfen und sich im Blick auf eine ideale Zukunft opfern, neigen fatalerweise alle auf materiellen und unmittelbaren Interessen gegründeten Bewegungen (und auf anderen Grundlagen kann man keine breite Bewegung gründen) dazu, sich den Umständen anzupassen. Sie schüren den Geist der Konservation und Angst vor Veränderung in jenen, denen es gelingt, bessere Konditionen zu erreichen, und sie enden oft damit, neue privilegierte Klassen zu schaffen und dazu zu dienen, das System, das man bekämpfen möchte, zu ertragen und zu festigen.

Daher besteht die dringliche Notwendigkeit rein anarchistischer Organisationen, die inner- und außerhalb der Gewerkschaften für die vollständige Verwirklichung des Anarchismus kämpfen

und alle Keime von Degenerierung oder Reaktion zu ersticken versuchen.[3]
Offensichtlich ist jedoch, dass zum Erlangen ihrer Ziele die anarchistischen Organisationen in ihrer Verfassung und in ihrem Funktionieren in Einklang mit den Prinzipien des Anarchismus stehen müssen, das heißt, dass sie in keiner Weise von autoritärem Geist verschmutzt sind, dass sie es verstehen, die freie Aktion der Individuen mit der Notwendigkeit und Freude an der Zusammenarbeit zu vereinbaren, dass sie dazu dienen, das Bewusstsein und die Fähigkeit zur Initiative ihrer Mitglieder zu entwickeln, und dass sie ein erzieherisches Mittel in ihrer Umgebung und eine moralische wie materielle Vorbereitung auf die Zukunft sind, die wir begehren.
Entspricht der zur Diskussion stehende Entwurf diesen Erfordernissen?
Mir scheint es nicht so. Anstatt bei den Anarchisten ein größeres Verlangen zu wecken, sich zu organisieren, scheint meiner Meinung nach der Entwurf absichtlich dazu gemacht, die Vorurteile derjenigen Genossen zu bekräftigen, die glauben, dass sich zu organisieren bedeute, sich Chefs unterzuordnen und einem autoritären, zentralistischen Organismus beizutreten, der jegliche freie Initiative erstickt. Tatsächlich werden im Entwurf genau jene Vorstellungen formuliert, die einige beharrlich allen als Organisatoren bezeichneten Anarchisten zuschreiben - entgegen der offensichtlichen Wahrheit und trotz unserer Proteste.[4]

* * *

Prüfen wir. Vor allem scheint mir die Idee falsch - und in jedem Fall nicht zu verwirklichen -, alle Anarchisten in einem »Allgemei-

---

3 Siehe hierzu auch seinen »Redebeitrag auf dem Internationalen anarchistischen Kongress in Amsterdam« (1907) und seinen Text »Syndikalismus und Anarchismus« (1922) in diesem Band.

4 Hier spielt Malatesta darauf an, dass er selbst über Jahre hinweg von organisationsfeindlichen Anarchisten als autoritär kritisiert wurde - und zugleich auf seine Bemühungen, sich gegen diesen Vorwurf zu wehren. Siehe hierzu z.B. den Text »Die Organisation« (1897) in diesem Band.

nem Bund« zu vereinen, will heißen, wie es der Entwurf sagt, in einer *einzigen tätigen und revolutionären Kollektivität*.

Wir Anarchisten können uns alle von der gleichen Partei nennen, wenn man unter diesem Wort das *Ensemble* all jener versteht, die auf der gleichen Seite stehen, die die gleichen allgemeinen Bestrebungen hegen und die auf die eine oder andere Weise für das gleiche Ziel gegen gemeinsame Gegner und Feinde kämpfen. Doch das meint nicht, dass das Vereinen aller in einem klar bestimmten Bündnis möglich, vielleicht noch nicht mal wünschenswert ist. Zu zahlreich sind die Unterschiede im Umfeld und so in den Kampfbedingungen, zu vielfältig die möglichen Aktionsformen, die der eine oder andere bevorzugt, zu viele auch die Unterschiede im Temperament und die persönlichen Unvereinbarkeiten, als dass eine *Generalunion*, wenn man sie ernst nimmt, nicht ein Hindernis für die individuelle Aktivität und vielleicht auch der Grund für recht schroffe interne Konflikte würde - anstatt ein Mittel, die Kräfte aller zu koordinieren und zu addieren. Zum Beispiel: Wie könnte man in der gleichen Weise und mit den gleichen Leuten ein öffentliches Bündnis zur Agitation inmitten der Massen organisieren und einen durch die politische Situation des Landes erzwungenen Geheimbund, in dem man daran arbeitet, die eigenen Absichten, Mittel und Leute vor dem Feind zu verstecken? Wie könnten die *Erziehungsverfechter*, welche glauben, es genüge Werbung und das Beispiel weniger, um schrittweise die Individuen und so die Gesellschaft zu verändern, und die *Revolutionäre*, welche von der Notwendigkeit überzeugt sind, mit Gewalt einen Zustand der Dinge, der sich durch physische Zwänge erhält, niederzuschlagen und gegen die Gewalt der Unterdrücker die notwendigen Bedingungen für eine freie Ausübung der Agitation und der praktischen Anwendung der ideellen Errungenschaften zu schaffen, dieselbe Taktik anwenden?

Wie soll man Personen zusammenhalten, die sich aus speziellen Gründen nicht mögen und nicht wertschätzen und die dennoch gleichermaßen gute und nützliche Kämpfer des Anarchismus sein können?

Andererseits erklären dieselben Autoren des Entwurfs (*plateform*) die Idee, eine Organisation zu schaffen, die die Vertreter verschiedener Richtungen des Anarchismus vereint, als »untauglich«. Eine solche Organisation, so sagen sie, »wäre nur ein mechanischer Mischmasch (*assemblage*) von Individuen, die alle die anarchistische Bewegung betreffenden Fragen in unterschiedlicher Weise begreifen, und die sich unfehlbar spaltete, sobald sie von den Tatsachen und dem realen Leben auf die Probe gestellt würde, weil sie theoretisch und praktisch heterogene Elemente eingemeindet.«

Recht so. Doch dann, wenn sie die Existenz von Anarchisten mit anderen Tendenzen anerkennen, werden sie ihnen wohl das Recht lassen müssen, sich ihrerseits zu organisieren und für den Anarchismus in der Weise, die sie für die bessere halten, zu arbeiten. Oder werden sie verlangen, all jene, die ihr Programm nicht akzeptieren, vor die Tür des Anarchismus zu setzen, sie zu exkommunizieren? Sie sagen ja, dass sie in einer einzigen Organisation alle *gesunden* Elemente der libertären Bewegung zusammenführen wollen; natürlich werden sie dazu neigen als gesund nur jene zu beurteilen, die wie sie denken. Doch was machen sie mit den anderen nicht gesunden Elementen?
Sicherlich gibt es unter denen, die sich Anarchisten nennen, wie in jeder menschlichen Kollektivität Elemente von unterschiedlichem Wert; und was noch schlimmer ist, wenn es jemanden gibt, der im Namen der Anarchie Ideen in Umlauf bringt, die zum Anarchismus eine recht zweifelhafte Affinität besitzen. Aber wie ist das zu vermeiden? Die *anarchistische Wahrheit* kann und darf nicht das Monopol eines Individuums oder eines Komitees werden, noch darf sie von Entscheidungen tatsächlicher oder erdachter Mehrheiten abhängen.[5] Es ist bloß notwendig – und das reicht

5 Dies erinnert an Bakunins Position während der Auseinandersetzungen mit Marx in der Internationale: »Den Anspruch zu erheben, daß eine Gruppe von Leuten, selbst wenn sie die gescheitesten und von den besten Absichten beseelt wären, imstande seien, Gedanke, Seele, leitender und einigender Wille der revolutionären Bewegung und der ökonomischen Organisation des Proletariats aller Länder zu werden,

aus –, dass alle die umfangreichste Freiheit zur Kritik innehaben und ausüben, und dass jeder die eigenen Ideen vertreten und sich die eigenen Genossen wählen kann. Die Tatsachen werden dann in letzter Instanz urteilen und dem Recht geben, der es hat.

* * *

Lassen wir also die Idee, alle Anarchisten in einer Organisation zu vereinen, beiseite und betrachten wir diese *Generalunion*, die uns die Russen vorschlagen, nach dem, was sie wirklich wäre, also die Union einer gewissen Fraktion von Anarchisten. Schauen wir, ob die vorgeschlagene Organisationsweise mit den anarchistischen Prinzipien und Methoden übereinstimmt, und ob sie daher dem Triumph der Anarchie nützt.

Noch einmal, mir scheint das nicht der Fall.

Ich bezweifele aufrichtige anarchistische Absichten jener russischen Genossen nicht: sie wollen den anarchistischen Kommunismus verwirklichen und suchen die Weise, ihn schnellstmöglich zu erreichen. Doch es reicht nicht, eine Sache zu wollen: es ist auch nötig, die angebrachten Mittel zu benutzen, genauso wie wenn man an einen Ort gehen möchte, man den Weg nehmen muss, der dorthin führt, ansonsten kommt man ganz woanders an. In

---

ist eine solche Ketzerei gegen den gesunden Menschenverstand und die geschichtliche Erfahrung, daß man sich erstaunt fragt, wie ein so intelligenter Mann wie Herr Marx auf diese Idee kommen konnte? Die Päpste hatten wenigstes die Entschuldigung, daß sie durch die Gnade des heiligen Geistes die absolute Wahrheit in Händen zu halten erklärten, an die sie, wie man annahm, glaubten. Herr Marx hat keine solche Entschuldigung, und ich werde ihn nicht mit der Annahme beleidigen, daß er sich einbildet, mit Hilfe der Wissenschaft etwas erfunden zu haben, das sich der absoluten Wahrheit nähert. Sobald aber das Absolute nicht existiert, kann es für die Internationale kein unfehlbares Dogma geben, folglich keine offizielle politische oder ökonomische Theorie, und unsere Kongresse dürfen nie die Rolle ökumenischer Konzilien beanspruchen, die für alle Anhänger und Gläubigen obligatorische Prinzipien verkünden.« (Michael Bakunin: An die Redaktion der *Liberté* (1872), in: Wolfgang Eckhardt (Hg.): Michael Bakunin. Konflikt mit Marx. Teil 2: Texte und Briefe ab 1871. Ausgewählte Schriften. Band 6. Berlin: Karin Kramer Verlag, 2011: 879-913. Hier: S.880)

gleicher Weise kann ihre Organisation, da sie typisch autoritär ist und weit davon entfernt den Triumph des anarchistischen Kommunismus, nach dem sie streben, zu erleichtern, nur den anarchistischen Geist verfälschen und zu ihren Absichten entgegengesetzten Konsequenzen führen.

Tatsächlich bestünde ihre Generalunion aus vielen Teilorganisationen, die Sekretariate hätten, die ihre politische und technische Arbeit ideologisch lenkten. Um die Aktivität aller Teilorganisationen zu koordinieren, gäbe es ein *Exekutivkomitee der Union*, beauftragt mit der Ausführung der von der Union getroffenen Entscheidungen und mit »der ideologischen und organisatorischen Leitung der Organisationen entsprechend der Ideologie und der allgemeinen taktischen Linie der Union«.

Ist das anarchistisch? Das ist meiner Meinung nach eine Regierung und eine Kirche. Es fehlen, das ist wahr, die Polizei und die Bajonette, so wie die Anhänger fehlen, die bereit sind, die diktierte Ideologie zu akzeptieren. Doch das bedeutet einfach, dass ihre Regierung eine machtlose und unmögliche Regierung wäre, dass ihre Kirche eine Brutstätte von Spaltungen und Häresien wäre. Der Geist, die Neigung bleibt autoritär und der erzieherische Effekt wäre stets antianarchistisch.

Hört, ob es nicht stimmt.

»Das Exekutivorgan der allgemeinen libertären Bewegung – die anarchistische Union – führt in ihren Reihen das Prinzip der kollektiven Verantwortung ein: die gesamte Union wird für die revolutionäre und politische Aktivität jedes Mitglieds verantwortlich sein; jedes Mitglied wird für die revolutionäre und politische Aktivität der Union verantwortlich sein.«

Nach alldem, was die absolute Negation jeglicher individueller Unabhängigkeit und freier Initiative und Aktion bedeutet, erinnern sich die Entwurfsverfasser, Anarchisten zu sein, nennen sich Föderalisten und tönen gegen die Zentralisierung, »die unvermeidlich zur Verknechtung und Mechanisierung des sozialen und des Parteilebens führt«, wie sie sagen.

Doch wenn die Union für das verantwortlich ist, was jedes Mitglied tut, wie kann sie dann den einzelnen Mitgliedern und

den verschiedenen Gruppen die Freiheit lassen, das gemeinsame Programm in der Weise umzusetzen, die sie für die beste halten? Wie kann man für eine Handlung verantwortlich sein, wenn man nicht die Befugnis hat, sie zu verhindern? Folglich müsste die Union, und für diese das *Exekutivkomitee*, die Aktion der einzelnen Mitglieder überwachen und ihnen vorschreiben, was sie zu tun haben oder nicht; daher kann die Missbilligung nach der Tat die vorweg übernommene Verantwortung nicht ausgleichen; niemand könnte etwas tun, bevor er nicht das Einverständnis oder die Erlaubnis des Komitees erhalten hätte. Kann ein Individuum andererseits die Verantwortung für Aktionen einer Kollektivität übernehmen, bevor es weiß, was diese tun wird, und wenn es diese nicht daran hindern kann, das zu tun, was es missbilligt?
Zudem sagen die Autoren des Entwurfs, dass es »die Union« ist, welche will und bestimmt. Aber wenn man Wille der Union sagt, meint man vielleicht den Willen aller ihrer Mitglieder? In diesem Fall wäre es nötig, dass alle immer und zu allen Fragen die gleiche und übereinstimmende Meinung hätten, damit die Union funktionieren könnte. Nun, auch wenn es natürlich ist, dass alle in den allgemeinen und grundlegenden Prinzipien übereinkommen, weil man sonst nicht vereint wäre oder bliebe, kann man nicht davon ausgehen, dass alle denkenden Wesen immer die gleiche Einschätzung darüber haben, was unter all den unterschiedlichen Umständen angebracht ist zu tun, und welche Personen, denen man die ausführenden und leitendenden Funktionen anvertraut, zu wählen sind.
In Wirklichkeit kann man – wie es aus demselben Text des Entwurfs hervorgeht – den Willen der Union nur als den Willen der Mehrheit verstehen, ausgedrückt mittels der Kongresse, die das Exekutivkomitee nominieren und kontrollieren und die über alle wichtigen Fragen entscheiden. Die Kongresse wären, natürlich, aus gewählten Vertretern der Mehrheiten in den zugehörigen Gruppen zusammengesetzt, und diese Vertreter entschieden über das Vorgehen, immer nach Stimmenmehrheit. Im besten der Fälle würden die Entscheidungen also von einer Mehrheit der Mehrheit getroffen, die nun aber sehr wohl nur eine Minderheit

repräsentieren kann, vor allem wenn die gegenteiligen Meinungen mehr als zwei sind.

Darüber hinaus ist zu beobachten, dass angesichts der Bedingungen, in denen die Anarchisten leben und kämpfen, ihre Kongresse auch real weniger repräsentativ sind als die gleichen bürgerlichen Parlamente, und dass ihre Kontrolle über die Exekutivorgane, wenn diese autoritäre Machtbefugnisse besitzen, kaum prompt und effizient gelingt. Zu den anarchistischen Kongressen kommt, in der Praxis, wer will und wer kann, wer das nötige Geld hat oder findet und nicht von Polizeimaßnahmen gehindert wird; es kommen sowohl welche, die nur sich selbst oder eine kleine Gruppe von Freunden vertreten, als auch diejenigen, die tatsächlich die Meinungen und Bedürfnisse einer zahlreichen Kollektivität mitbringen. Außer den Vorsichtsmaßnahmen, die gegen Verräter und Spione zu treffen sind, oder vielmehr wegen dieser nötigen Vorsichtsmaßnahmen selbst ist eine ernsthafte Überprüfung der Mandate und ihrer Gültigkeit unmöglich.

In jedem Fall sind wir mitten im Mehrheitssystem, mitten im Parlamentarismus.

Es ist bekannt, dass die Anarchisten keine Mehrheitsregierung (*Demokratie*) zulassen, genauso wenig wie eine Regierung der Wenigen (*Aristokratie*, *Oligarchie* oder Diktatur der Klasse oder Partei), noch die eines Einzelnen (*Autokratie*, *Monarchie* oder Diktatur einer Person).

Die Anarchisten haben tausendmal die sogenannte Mehrheitsregierung kritisiert, die dann übrigens in der praktischen Anwendung stets zur Herrschaft einer kleinen Minderheit führt.

Ist es nötig, sie erneut für unsere russischen Genossen zu formulieren? Sicher erkennen die Anarchisten im Leben in einer Gemeinschaft, dass es oft notwendig ist, dass sich eine Minderheit der Einschätzung der Mehrheit fügt. Wenn es einen Bedarf oder einen offensichtlichen Nutzen gibt, dass eine Sache getan wird und es die Unterstützung aller dazu braucht, müssen die Wenigen die Notwendigkeit empfinden, sich dem Wollen der Mehreren anzupassen. Im Allgemeinen ist es notwendig, dass alle von einem Geist der Harmonie, der Toleranz und der Nachgiebigkeit beseelt sind, um friedlich und in Gleichheit zusammenzuleben. Doch muss diese Anpassung eines Teils der Bündnispartner an den anderen gegenseitig sein, freiwillig, rührend aus einem Bewusstseins über die Notwendigkeit und aus dem guten Willen eines jeden, nicht mit seiner Hartnäckigkeit das soziale Leben stillzustellen; und eben nicht als Prinzip oder Norm im Statut vorgeschrieben. Vielleicht ist dies ein Ideal, das in der Praxis des allgemeinen sozialen Lebens als Absolutes schwierig zu erreichen ist. Sicher ist jedoch, dass man der Anarchie in jeder menschlichen Gruppierung umso näher ist, je freier und ungezwungener die Übereinkunft zwischen Mehrheit und Minderheit ist, und je mehr jeglicher Zwang, der nicht aus der Natur der Dinge resultiert, fehlt.

Also: Wenn die Anarchisten der Mehrheit das Recht in der allgemeinen menschlichen Gesellschaft zu regieren abstreiten, in der das Individuum auch gezwungen ist, gewisse Einschränkungen zu akzeptieren, weil es sich nicht isolieren kann, ohne auf die Bedingungen eines menschlichen Lebens zu verzichten, und wenn sie wollen, dass alle in freier Übereinkunft handeln, wie wäre es dann bloß möglich, dass eben diese Anarchisten die Mehrheitsregierung in ihren wesenhaft freien und freiwilligen Bündnissen anwenden und dass sie anfangen zu erklären, dass man sich den Entschlüssen der Mehrheit unterstelle, ohne noch zu wissen, welche das sein werden?

Man versteht, dass die Nichtanarchisten meinen, dass die Anarchie, das heißt die freie Organisation ohne Herrschaft der Mehrheit über die Minderheit oder andersherum, eine nicht zu verwirklichende oder nur in ferner Zukunft realisierbare Utopie ist. Doch ist es unbegreiflich, dass derjenige, der sich zu anarchistischen Ideen bekennt und die Anarchie leben oder sich zumindest ernsthaft ihrer Verwirklichung eher heute als morgen nähern möchte, die grundlegenden Prinzipien des Anarchismus verleugnet – im selben Zug, in dem er sich vornimmt, für seinen Triumpf zu kämpfen.

* * *

Eine anarchistische Organisation muss meiner Meinung nach auf recht anderen Grundlagen gegründet werden als denen, die jene russischen Genossen vorschlagen.

Volle Autonomie, volle Unabhängigkeit und folglich volle Verantwortung der Individuen wie der Gruppen; freie Übereinkunft zwischen jenen, die es für nützlich halten, sich für ein Ziel zur Zusammenarbeit zu vereinen; moralische Verpflichtung, die übernommenen Aufgaben zu wahren und nichts zu tun, was dem akzeptierten Programm widerspricht. Auf diesen Grundlagen fügen sich dann die Formen der Praxis, die angemessenen Instrumente, um der Organisation ein reales Leben zu verschaffen. Also Gruppen, Föderationen von Gruppen, Föderationen von Föderationen, Zusammenkünfte, Kongresse, mit der Korrespondenz beauftragte Komitees oder anderes. Aber all dies muss frei geschehen, in einer Weise, die nicht den Gedanken und die Initiative der Einzelnen hemmt, und um den Anstrengungen eine größere Reichweite zu geben, die isoliert unmöglich oder von kleiner Wirkung wären.

In dieser Weise zwingen die Kongresse in einer anarchistischen Organisation den anderen die eigenen Beschlüsse nicht auf, auch wenn sie als repräsentative Gebilde unter allen Unvollkommenheiten leiden, die aber nicht die Regel sind. Sie dienen dazu, die persönlichen Beziehungen zwischen den aktivsten Genossen zu erhalten und zu vermehren, die programmatischen Studien über Wege und Mittel der Aktion zusammenzufassen und voranzutreiben, die Situationen in verschiedenen Regionen und die dringlichste Aktion in jeder von ihnen allen bekannt zu machen, die unterschiedlichen unter den Anarchisten verbreiteten Meinungen zu formulieren und aus ihnen einen Art Statistik zu erheben. Ihre Entscheidungen sind keine verpflichtenden Regeln, sondern Anregungen, Ratschläge, allen Interessierten zu unterbreitende Vorschläge, und sie werden nicht verbindlich und Handlungsauftrag, außer für jene, die sie akzeptieren, und solange diese sie akzeptieren. Die Verwaltungsorgane, die die Kongresse ernennen – Korrespondenzkommission, etc. – haben keinerlei Verfügungsgewalt, sie unternehmen keine Initiative, wenn nicht im Interesse desjenigen, der diese Initiativen anregt oder billigt, und sie haben keine Autorität, die eigenen Sichtweisen durchzusetzen, die sie natürlich in Gruppen von Genossen aufstellen und propagieren können, aber nicht als offizielle Meinung der Organisation vorstellen. Sie veröffentlichen die Resolutionen der Kongresse und die Meinungen und Vorschläge, die ihnen Gruppen und Individuen mitteilen. Sie dienen denjenigen, die sich ihrer bedienen wollen, dazu, die Verbindungen zwischen den Gruppen und die Zusammenarbeit zwischen denen, die sich über verschiedene Initiativen einig sind, zu erleichtern: frei steht, direkt mit wem man will zu korrespondieren, oder sich anderer ernannter Komitees als spezieller Gruppierungen zu bedienen.

In einer anarchistischen Organisation können die einzelnen Mitglieder alle Meinungen vertreten und alle Taktiken benutzen, die nicht im Gegensatz zu den anerkannten Prinzipien stehen und die nicht der Aktivität der anderen schaden. In jedem Fall währt eine gegebene Organisation solange wie die Gründe für ein Bündnis stärker sind als die Gründe für einen Dissens: andernfalls löst sie sich auf und lässt den Platz anderen einheitlicheren Gruppierungen.

Sicher ist die Dauer, das Bestehen einer Organisation, Bedingung für den Erfolg im langen Kampf, den wir zu bestreiten haben, und andererseits ist es natürlich, dass jegliche Institution aus Instinkt danach strebt, auf unbestimmte Zeit zu währen. Aber die Dauer einer libertären Organisation muss die Konsequenz aus der geistigen Affinität ihrer Komponenten und aus der Anpassungsfähigkeit ihrer Verfassung an die fortwährenden Veränderungen der Umstände sein: wenn sie nicht mehr in der Lage ist, eine nützliche Mission zu erfüllen, ist es besser, sie stirbt.

* * *

Jene russischen Genossen werden vielleicht finden, dass eine Organisation, wie ich sie begreife und wie man sie, mehr oder weniger gut, in verschiedenen Epochen realisierte, wenig effizient ist. Das verstehe ich. Jene Genossen sind von dem Erfolg der Bolschewisten in ihrem Land besessen und möchten, nach Art der

Bolschewisten, die Anarchisten in einer Art diszipliniertem Heer vereinigen, das unter der ideologischen und praktischen Führung weniger Chefs geschlossen zum Sturm auf die gegenwärtigen Regimes marschiert und das dann nach dem materiell errungenen Sieg die Errichtung der neuen Gesellschaft leitet. Vielleicht stimmt es, dass sich mit diesem System, wenn es möglich wäre, dass sich die Anarchisten ihm anschlössen und die Chefs geniale Männer wären, unsere materielle Effizienz erhöhte. Doch mit welchen Folgen? Würde mit dem Anarchismus nicht das passieren, was in Russland mit dem Sozialismus und Kommunismus passierte?

Jene Genossen können den Erfolg nicht erwarten - genau wie wir. Doch ist es nicht nötig, auf die Überzeugungen im Leben zu verzichten und den Charakter eines eventuellen Sieges zu entstellen.

Wir wollen kämpfen und siegen, doch als Anarchisten - für die Anarchie!

Einige Betrachtungen über die Eigentumsverhältnisse nach der Revolution (1929)[1]

Um das Prinzip des Privateigentums zu rechtfertigen, behaupten unsere Gegner - Verfechter und Begünstigte der herrschenden Gesellschaftsordnung - gewöhnlich, dass Eigentum Bedingung und Garant der Freiheit sei.

Und wir stimmen ihnen zu. Sagen wir nicht ständig, dass, wer arm, ein Sklave ist?

Aber warum sind wir dann Gegner?

Der Grund liegt auf der Hand: das Eigentum, das sie verteidigen, ist das kapitalistische Eigentum, jenes Eigentum also, das es ermöglicht, von der Arbeit anderer zu leben und daher eine Klasse von Enterbten und Besitzlosen voraussetzt, die gezwungen sind, ihre Arbeitskraft den Besitzenden zu einem unter ihrem Wert liegenden Preis zu verkaufen.

In der Tat ist heute in allen Ländern der Welt der Großteil der Bevölkerung für sein Überleben gezwungen, Arbeit von denen zu erbetteln, die den Boden und die Arbeitswerkzeuge monopolisieren, und erhält er Arbeit, dann wird ihm ein Lohn bezahlt, der stets unter dem Wert des Produktes liegt und oftmals kaum ausreicht, nicht Hungers zu sterben. Das bedeutet für die Arbeiter eine Art Sklaverei, die zwar mehr oder weniger hart sein kann, in jedem Fall jedoch soziale Minderwertigkeit, materiellen Mangel und moralische Zerrüttung mit sich bringt. Im Grunde ist dies die erste Ursache sämtlicher Übel der gegenwärtigen Gesellschaftsordnung.

Damit alle frei sein können, damit jeder in voller Freiheit die größtmögliche moralische und materielle Entwicklung erfahren

1 Ursprünglich veröffentlicht unter dem Titel »Qualche Considerazione sul Regime della Proprietà dopo la Rivoluzione«, in: *Il Risveglio Anarchico* (Genf), Nummer 784 (30. November 1929). Die deutsche Übersetzung ist von Elke Wehr und findet sich in: Errico Malatesta. Gesammelte Schriften. Band 2. Berlin: Karin Kramer Verlag, 1980: 148-155.

und alle Vorteile von Natur und Arbeit genießen kann, müssen alle Eigentümer sein, müssen also alle Recht auf ein Stück Land, auf Rohstoffe und Arbeitswerkzeuge haben, die notwendig sind, um zu arbeiten und zu produzieren, ohne ausgebeutet und unterdrückt zu sein. Und da man nicht hoffen kann, dass die besitzende Klasse freiwillig auf die usurpierten Vorrechte verzichtet, müssen die Arbeiter sie enteignen, muss alles zum Eigentum aller werden.

Dies müsste die Aufgabe der bevorstehenden Revolution sein, und darauf müssen unsere Bemühungen abzielen. Aber da das gesellschaftliche Leben keine Unterbrechungen gestattet, muss man gleichzeitig daran denken, wie die Gemeinbesitz gewordenen Güter praktisch genutzt und wie allen Mitgliedern der Gesellschaft der Genuss gleicher Rechte garantiert werden kann.

Das Problem der Eigentumsverhältnisse wird sich somit genau in dem Augenblick stellen, in dem die Enteignung vorgenommen wird.

Natürlich kann man weder verlangen noch hoffen, dass man mit einem Schlag vom gegenwärtigen System zu anderen, vollkommenen und definitiven Systemen gelangt. Im Akt der Revolution, wenn es vor allem gilt, schnell zu handeln, um sofort die unaufschiebbaren Bedürfnisse zu befriedigen, wird man tun, was man kann, je nach dem Willen der Betroffenen und den tatsächlichen Verhältnissen, die diesen Willen bestimmen und ihm die Grenzen setzen. Aber es ist nützlich, von Anbeginn an eine Vorstellung dessen zu haben, was man tun will, um die Dinge so weit wie möglich auf dieses Ziel hin auszurichten.

Soll das Eigentum individuell oder kollektiv sein? Wird die Gemeinschaft, die Eigentümerin der ungeteilten Güter ist, eine lokale Gruppe, eine funktionale Gruppe, eine ideell verwandte Gruppe, eine familiäre Gruppe sein – oder wird sie die Angehörigen einer ganzen Nation und schließlich der ganzen Menschheit umfassen?[2]

---

2 Hier listet Malatesta gewissermaßen verschiedene anarchistische Ansätze auf: die auf den kommunalen Raum fokussierte Gruppen (lokale Gruppe), die auf die Berufsgruppen fokussierten Ansätze (funktionale

Welche Formen werden Produktion und Handel annehmen? Wird der *Kommunismus* (assoziierte Produktion und freie Konsumtion für alle), der *Kollektivismus* (assoziierte Produktion und Verteilung der Produkte entsprechend der Arbeit eines jeden) oder der *Individualismus* (jedem individuellen Besitz der Produktionsmittel und Genuss des vollständigen Produkts der eigenen Arbeit) den Sieg davontragen oder aber werden sich andere, kombinierte Formen durchsetzen, die individuelles Interesse und gesellschaftliches Bedürfnis, auf Erfahrung gestützt, nahelegen können?
Wahrscheinlich werden alle möglichen Formen des Eigentums und der Nutzung der Produktionsmittel und alle Möglichkeiten der Verteilung der Produkte gleichzeitig an einem oder an verschiedenen Orten erprobt werden, sich miteinander verflechten und vermischen, bis die Praxis gelehrt haben wird, welches die beste oder die besten Formen sind.
Indessen wird sich, wie ich bereits sagte, aus der Notwendigkeit, die Produktion nicht zu unterbrechen, und aus der Unmöglichkeit, den Verbrauch der lebensnotwendigen Dinge einzustellen, ergeben, dass in der Zeit der Enteignungsmaßnahmen Vereinbarungen getroffen werden müssen, die zur Fortführung des gesellschaftlichen Lebens erforderlich sind. Man wird das Mögliche tun, und wenn nur die Entstehung neuer Privilegien verhindert wird, wird man Zeit haben, nach den besten Wegen zu suchen.

* * *

Welche ist nun die Lösung, die mir die beste zu sein scheint und der man sich zu nähern versuchen sollte?
Ich bezeichne mich als Kommunisten, weil der Kommunismus mir als Ideal erscheint, dem die Menschheit sich in dem Maße annähern wird, wie die Liebe unter den Menschen und der Überfluss in der Produktion sie von der Angst vor dem Hunger befreien und so das hauptsächliche Hindernis für ihre Verbrüderung zerstören werden. Doch wichtiger als die praktischen Formen

---

Gruppe), die Affinitätsgruppen (ideelle Gruppe) und die auf Siedlung ausgehenden Gruppen (familiäre Gruppe).

der ökonomischen Organisation, welche sich zwangsläufig den Umständen anpassen müssen und sich in ständiger Entwicklung befinden werden, ist der Geist, der diese Organisationen beseelt und die Methode, mit der man das Ziel verwirklicht: wichtig ist, dass sie sich vom Geist der Gerechtigkeit und vom Wunsch nach dem Wohl aller leiten lassen und dass man sie stets frei und freiwillig verwirklicht.
Herrschen wirklich Freiheit und brüderliche Gesinnung, dann haben alle diese Formen den gleichen Zweck, nämlich Befreiung und Besserstellung des Menschen, und werden sich schließlich miteinander in Einklang bringen lassen und sich vermischen. Fehlt dagegen die Freiheit und das Streben nach dem Wohl aller, dann können alle Organisationsformen zu Ungerechtigkeit, Ausbeutung und Gewaltherrschaft führen.

* * *

Werfen wir einen Blick auf die wichtigsten Systeme, die sich für die Lösung dieser Frage anbieten.
Es gibt zwei grundlegende ökonomische Systeme, die sich im Lager der Anarchisten das Feld streitig machen: den *Individualismus* (damit meine ich den Individualismus als Form der Verteilung des Reichtums, ohne mich mit philosophischen Spitzfindigkeiten abzugeben, die hier nicht von Interesse sind) und den *Kommunismus*.
Der *Kollektivismus*, von dem heute nur noch wenig die Rede ist, ist eine Mischform, die die Vorteile und Mängel der beiden genannten Systeme in sich vereinigt und vielleicht gerade deshalb zumindest in der Übergangsphase zwischen der alten und der neuen Gesellschaft weite Anwendung finden wird. Doch ich werde hier nicht näher auf ihn eingehen, denn ihm gegenüber können die Einwände sowohl gegen den Individualismus als auch gegen den Kommunismus geltend gemacht werden.
Der vollständige Individualismus würde in der Aufteilung des Bodens und der anderen Reichtümer unter alle Beteiligten in fast gleiche oder gleichwertige Teile bestehen, so dass alle Menschen vom Beginn ihres Lebens an mit gleichen Mitteln versehen wären

und jeder die Entwicklung nehmen könnte, die seine Fähigkeiten und seine Tätigkeit ihm gestatten. Um diese von Anfang an bestehende Gleichheit zu erhalten, müsste man die Erbschaft abschaffen und periodisch neue Aufteilungen vornehmen, um mit der veränderten Bevölkerungszahl Schritt zu halten.
Dieses System wäre natürlich unökonomisch, das heißt, es würde nicht der bestmöglichen Ausnutzung des Reichtums entsprechen und mag zwar in kleinen, primitiven Agrargemeinschaften anwendbar sein, nicht jedoch in einer ausgedehnten Gemeinschaft und fortgeschrittenen agrar-industriellen Gesellschaft, in der ein beträchtlicher Teil der Bevölkerung nicht direkt den Boden bearbeitet und Arbeitswerkzeuge anwendet, um materielle Güter zu produzieren, sondern arbeitet, um nützliche und für alle notwendige Dienste zu leisten. Und wie ist es außerdem möglich, den Boden mit zumindest relativer Gerechtigkeit zu teilen, da der Wert der verschiedenen Parzellen hinsichtlich Produktivität, Qualität und Lage so sehr unterschiedlich ist? Und wie sollte man die großen Industrieunternehmen teilen, die von der gleichzeitigen Arbeit einer großen Anzahl Arbeiter abhängen, um funktionieren zu können? Und wie soll man den Wert der Dinge bestimmen und den Tausch praktizieren, ohne gleichzeitig in die Missstände der Konkurrenz und des Hamsterns zurückzufallen?
Es trifft zu, dass der Fortschritt der Chemie und der Technik Produktivität und Qualität der verschiedenen Bodenparzellen tendenziell einander angleicht; dass die Entwicklung der Transportmittel - Auto und Flugzeug - schließlich alle geographischen Lagen gleichermaßen vorteilhaft machen wird; dass der elektrische Motor die Dezentralisierung der Industrie gestattet und Einzelpersonen oder kleine Gruppen in die Lage versetzt, mit Maschinen zu arbeiten[3]; dass die Wissenschaft in jedem Landstrich die für die Arbeit erforderlichen Rohstoffe entdecken oder herzustellen vermag. Sind also diese und andere Fortschritte erst einmal erreicht, dann werden Problemlosigkeit und Überfluss der Produktion der ökonomischen Frage die vorrangige Bedeu-

3 Hier dürfte sich Malatesta an Kropotkins Ausführungen in *Landwirtschaft, Industrie und Handwerk* (1899) orientieren.

tung nehmen, die sie heute hat, und das gewachsene Gefühl der Brüderlichkeit wird die kleinlichen Berechnungen dessen, was dem einen oder dem anderen zusteht, überflüssig und abstoßend machen: dann wird automatisch, fast unmerklich, aufgrund des größeren Nutzens, der größeren Bedürfnisbefriedigung und der größeren tatsächlichen Freiheit der Individuen der Kommunismus an die Stelle des Individualismus treten.
Diese Dinge werden jedoch in einer mehr oder weniger fernen Zukunft geschehen, hier geht es dagegen um die Gegenwart und die nächste Zukunft. Heute wäre eine auf dem Privateigentum an den Produktionsmitteln gegründete Gesellschaftsordnung, die die Antagonismen und Rivalitäten zwischen den Produzenten und den Interessengegensatz zwischen Produzenten und Konsumenten aufrechterhält und immer wieder neu hervorbringt, stets der Gefahr einer Autorität, einer Regierung, ausgesetzt, die die beseitigten Privilegien wiederherstellen würde. Wie auch immer, würde diese Gesellschaft nicht von allen möglichen Formen freiwilliger Assoziation und Kooperation korrigiert und zusammengehalten, wäre sie nicht einmal von vorübergehendem Bestand.
Das Dilemma einer jeden Revolution heißt stets: entweder freiwillige Organisation zum Nutzen aller oder zwangsweise Organisation durch eine Regierung zum Nutzen einer herrschenden Klasse.

* * *

Kommen wir jetzt zum Kommunismus.
Der Kommunismus ist nach der Theorie das ideale System, der an die Stelle des zwischenmenschlichen Kampfes die Solidarität setzen, die natürlichen Reichtümer und die menschliche Arbeit in der bestmöglichen Weise nutzen und aus der Menschheit eine große Gemeinschaft von Brüdern machen will, bereit, sich gegenseitig zu unterstützen und zu lieben.
Aber ist dieses Ideal in den gegenwärtigen moralischen und materiellen Verhältnissen, in denen die Menschheit lebt, praktizierbar? In welchen Grenzen?

Der universelle Kommunismus, das heißt eine einzige Gemeinschaft aller Menschen, ist eine Zielsetzung, ein Ideal, dem es sich anzunähern gilt, das jedoch jetzt sicherlich keine konkrete Form ökonomischer Organisation sein kann. Das gilt natürlich nur für unsere Zeit und wahrscheinlich noch für einige Zeit nach uns: an diese ferne Zukunft werden die Nachkommen denken.

Für die heutige Zeit kann man nur zahlreiche Gemeinschaften unter benachbarten und ähnlichen Bevölkerungen in Betracht ziehen, die untereinander die verschiedensten, kommunistischen oder kommerziellen Beziehungen unterhalten würden. Doch auch schon in diesen Grenzen stellt sich stets das Problem eines möglichen Gegensatzes zwischen Kommunismus und Freiheit. Denn obwohl ich nach wie vor davon ausgehe, dass die Menschen durch die veränderten ökonomischen Bedingungen zu Brüderlichkeit und bewusster und gewollter Solidarität gelangen werden und wir versuchen müssen, soviel Kommunismus wie möglich zu praktizieren, glaube ich, dass, so wie der völlige Individualismus unökonomisch und unmöglich wäre, vorläufig auch der völlige Kommunismus unmöglich und anti-libertär wäre, besonders wenn er in einem ausgedehnten Gebiet praktiziert würde.

Um in großem Umfang eine kommunistische Gesellschaft zu organisieren, müsste eine radikale Umgestaltung des ökonomischen Lebens, das heißt der Produktions-, Tausch- und Konsumweisen, vorausgehen. Dies kann jedoch nur schrittweise geschehen, in dem Maße, wie die objektiven Umstände es gestatten und die Masse die Vorteile begreifen und selbst die Dinge in die Hand nehmen würde. Wenn es dagegen möglich wäre, mit einem Schlage, durch den Willen und die Übermacht einer Partei zu handeln, dann würden die Massen, gewohnt zu gehorchen und zu dienen, die neue Lebensweise wie ein neues, durch eine Regierung aufgezwungenes Gesetz akzeptieren und darauf warten, dass die höchste Macht einem jeden die Art der Produktion vorschreiben und die Menge des Konsums zumessen würde. Und da diese neue Macht die unendlich verschiedenen und oft widersprüchlichen Bedürfnisse und Wünsche nicht befriedigen könnte und da sie sich auch nicht als überflüssig erklären will, indem sie den Betroffenen die Freiheit lässt, zu handeln wie sie wollen und können, würde sie erneut einen Staat herstellen, der, wie alle Staaten, auf die Militär- und Polizeimacht gegründet wäre und - sollte er sich halten können - die alten Herren nur durch neue und fanatischere ersetzen würde. Unter dem Vorwand und vielleicht sogar mit der ehrlichen und aufrichtigen Absicht, die Welt durch ein neues Evangelium zu erneuern, würde man allen eine einzige Regel aufzwingen wollen, würde man jede Freiheit unterdrücken, jede freie Initiative ersticken. Und als Ergebnis hätte man die Entmutigung und Lähmung der Produktion, Schwarzmarkthandel oder Betrügereien, Anmaßung und Korruption der Bürokratie, allgemeines Elend und schließlich mehr oder weniger vollständige Rückkehr zu jenen Unterdrückungs- und Ausbeutungsverhältnissen, die die Revolution abschaffen wollte. Die Erfahrung in Russland darf nicht umsonst gewesen sein.

* * *

Abschließend möchte ich noch sagen, dass mir kein System lebensfähig und imstande zu sein scheint, die Menschheit tatsächlich aus der atavistischen Knechtschaft zu befreien, das nicht Ergebnis einer freien Entwicklung ist.

Sollen die menschlichen Gesellschaften eine Gemeinschaft freier Menschen sein, die zum größtmöglichen Wohl aller zusammenarbeiten, und nicht mehr Klöstern ähneln oder Tyranneien sein, die nur vom religiösen Aberglauben oder roher Gewalt zusammengehalten werden, dann können sie nicht die künstliche Schöpfung eines Menschen oder einer Partei sein. Sie müssen das Ergebnis der zusammentreffenden oder gegensätzlichen Bedürfnisse und Willensäußerungen aller ihrer Mitglieder sein, die durch ständiges Experimentieren schließlich diejenigen Institutionen finden, die zu einer bestimmten Zeit die bestmöglichen sind und diese in dem Maße entwickeln und ändern, wie Umstände und Wille der Menschen sich ändern.

Man kann daher dem Kommunismus, dem Individualismus, dem Kollektivismus oder irgendeinem anderen vorstellbaren System den Vorzug geben und mit Propaganda und beispielhaften Taten für den Sieg der eigenen Vorstellungen arbeiten; doch hüte man sich bei Strafe einer sicheren Katastrophe vor der Anmaßung, dass das eigene System das einzig mögliche und unfehlbare sei, richtig für alle Menschen, an allen Orten und zu allen Zeiten, dem anders als mit der aus der tatsächlichen Erfahrung heraus entstehenden Überzeugung zum Sieg verholfen werden soll.

Was wichtig und unerlässlich ist, in der Tat der wesentliche Ausgangspunkt sein muss: sicherzustellen, dass jede Person die Mittel hat, frei zu sein.

Ist die Regierung, die die Besitzenden schützt, zerschlagen oder wie auch immer zur Ohnmacht verurteilt, dann ist es Sache des ganzen Volkes und besonders derjenigen aus seiner Mitte, die über Initiativgeist und Organisationsvermögen verfügen, für die Befriedigung der unmittelbaren Bedürfnisse zu sorgen und die Zukunft vorzubereiten, indem sie die Privilegien und schädlichen Institutionen zerstören und die nützlichen Institutionen, die heute ausschließlich oder hauptsächlich den Interessen der herrschenden Klassen dienen, zum Nutzen aller umfunktionieren.

Den Anarchisten kommt die besondere Aufgabe zu, gegenüber allen Machtbestrebungen, auch gegenüber der möglichen Tyrannei der Mehrheiten, aufmerksame Wächter der Freiheit zu sein.

Die Anarchisten heute (1930)[1]

In einem Teil unserer Bewegung ist eine lebhafte Diskussion über die praktischen Probleme entbrannt, die die Revolution wird lösen müssen.

Das ist sehr gut, ist ein gutes Zeichen, mögen auch die bisher vorgeschlagenen Lösungen weder sehr zahlreich noch befriedigend sein.

Die Zeit ist vorbei, wo man meinte, dass die Insurrektion allein genügen würde und dass nach dem Sieg über Armee und Polizei und nach Zerschlagung aller bestehenden Gewalten das Übrige, das später Wichtige, von alleine geschehen würde.

Es genügt, so sagte man[2], dass sofort nach dem siegreichen Aufstand alle genug zu essen haben und gut untergebracht und gekleidet sind, um die Revolution auf unerschütterliche Grundlagen zu stellen und in Sicherheit zu immer höheren Idealen fortschreiten zu können. Und niemand dachte daran, sich zu vergewissern, ob die Dinge danach für alle ausreichen würden und ob das, was vorhanden war, auch dort vorhanden war, wo es am meisten benötigt wurde. Der Anblick der mit Waren angefüllten städtischen Geschäfte ließ die verhungerte und zerlumpte Menge hoffen und faszinierte sie, und die Agitatoren fanden in dieser Illusion - des Irrtums bewusst oder nicht - ein wirksames Propagandamittel. Heute weiß man jedoch, dass die Produktion zwar unbegrenzt ansteigen kann, wenn sie von allen zum Nutzen aller getragen wird und von den Fortschritten der Mechanik und Chemie profitieren kann, doch weiß man auch, dass die Kapitalisten im gegenwärtigen System grundsätzlich nur das produzieren lassen, was sie mit Profit verkaufen können und die Produktion dort einstellen,

1 Veröffentlicht unter dem Titel »Gli Anarchici nel Momento attuale« in der Zeitschrift *Vogliamo!* (Biasca, Schweiz), Nummer 6 (Juni 1930). Die deutsche Übersetzung stammt von Elke Wehr und findet sich in: Errico Malatesta: Gesammelte Schriften. Band 2. Berlin: Karin Kramer Verlag, 1980: 83-89.

2 Hier dürfte es sich um eine kritische Anspielung auf die Kropotkin'sche Revolutionsauffassung handeln.

wo der Profit zu steigen aufhört. Wird irrtümlicherweise oder infolge der zwischen den Kapitalisten herrschenden Konkurrenz mehr produziert, so kommt es zur Krise, die den Markt wieder zu jenem Zustand relativer Knappheit zurückführt, wie er für die Industriellen und Kaufleute am vorteilhaftesten ist. Somit wird verständlich, welche Gefahr darin liegt, glauben zu machen, dass alles reichlich vorhanden sei und es daher nicht dringend erforderlich sei, sich an die Arbeit zu machen.

Desgleichen ist auch die Zeit vorbei, wo man sagen konnte, dass unsere Aufgabe in der Zerstörung besteht, während unsere Kinder und Kindeskinder dann für den Wiederaufbau sorgen würden.[3] Das war eine bequeme Behauptung, die durchgehen konnte, solange die Wahrscheinlichkeit einer unmittelbar bevorstehenden Revolution nicht gegeben war und man nur beabsichtigte, Abneigung und Hass gegen alles Bestehende zu schüren, um den Wunsch nach einer Veränderung zu verstärken. Jetzt jedoch, wo die Situation in Europa voller revolutionärer Möglichkeiten ist und wir jeden Augenblick vor die Notwendigkeit gestellt werden können, von der Theorie zur Praxis, von der Propaganda zur Aktion überzugehen, muss man sich vor Augen halten, dass weder das Leben der Gesellschaft noch das der Einzelnen Unterbrechungen gestattet und dass wir und unsere Kinder jeden Tag essen und leben müssen, bevor unsere Nachkommen dafür sorgen können.

Wir stimmen also darin überein, dass außer dem Problem, den Sieg gegen die materiellen Kräfte des Gegners zu sichern, auch das Problem vorhanden ist, die Revolution nach dem Sieg am Leben zu erhalten. Wir stimmen darin überein, dass eine Revolution, die ein Chaos hervorbringen würde, nicht lebensfähig wäre.

Aber man darf auch nicht übertreiben: man darf nicht glauben, dass wir schon jetzt eine ideale Lösung für alle möglichen Probleme finden müssen. Man darf nicht zu sehr im voraus planen und bestimmen, sonst würden wir nicht die Anarchie vorbereiten, sondern unrealisierbare Träume haben oder aber in Autoritarismus verfallen und uns – bewusst oder unbewusst – vornehmen,

3 Hierbei mag Malatesta an Michael Bakunin gedacht haben.

wie eine Regierung zu handeln, die im Namen der Freiheit und des Volkswillens das Volk der eigenen Herrschaft unterwirft.
In der Tat lese ich bisweilen die seltsamsten Dinge: seltsam, wenn man bedenkt, dass sie von Anarchisten geschrieben wurden.
So schreibt zum Beispiel ein Genosse, dass »die Menge mit Recht gegen uns wettern würde, wenn wir ihr sagen würden – nachdem wir sie zu den schmerzhaften Opfern einer Revolution aufgefordert hätten: macht, was euer Wille euch eingibt, schließt euch zu Gruppen zusammen, produziert, lebt zusammen, wie es euch am besten gefällt«.
Wie denn! Haben wir selbst nicht der Menge gesagt, dass sie ihr Wohl weder von uns noch von den anderen erwarten dürfe, dass sie selbst es sich erringen müsse und dass sie nur das haben würde, was sie sich zu nehmen wüsste und nur das behalten würde, was sie zu verteidigen wüsste? Es ist richtig und natürlich, dass wir, die Initiatoren und treibenden Kräfte, die wir selbst Teil des Volkes sind, versuchen müssen, die Bewegung in die uns am besten scheinende Richtung zu treiben und daher so weit wie möglich auf die notwendigen Dinge vorbereitet sein müssen, doch bleibt stets das grundlegende Prinzip gültig, dass die Entscheidung dem freien Willen der Betroffenen überlassen ist.
Ich lese auch: »Wir werden eine Ordnung schaffen, die, wenn auch nicht völlig libertär, so doch von uns geprägt sein wird und den Weg zur fortschreitenden Verwirklichung unserer Forderungen eröffnen wird.«
Was ist denn das? Eine kleine Regierung, die darauf bedacht sein wird, sich so bald wie möglich selbst aus dem Weg zu räumen, um der Anarchie Platz zu machen?!!
Aber waren wir uns denn nicht schon einig darin, dass jede Regierung nicht die Tendenz hat, sich aus dem Weg zu räumen, sondern sich zu verewigen und stets despotischer zu werden? Und dass es Aufgabe der Anarchisten ist, jegliche nicht auf völlige Freiheit gegründete Ordnung zu bekämpfen, auch wenn sie gezwungen sind, sie zu ertragen? Und sagten wir nicht auch, dass die Anarchisten, wären sie an der Macht, sich nicht anders verhalten könnten als die anderen?

Ein anderer Genosse, der zu denen gehört, die sich eingehend mit der Notwendigkeit eines »Planes« befassen, und der seine Hoffnung im Grunde nur in die Arbeitergewerkschaften setzt, schreibt: »Bei der siegreichen Revolution wird der Arbeiterklasse – die von uns bereits zuvor zu dieser bedeutenden gesellschaftlichen Aufgabe erzogen wurde – die Verwaltung sämtlicher Produktions-, Verkehrs- und Tauschmittel usw. anvertraut.«

Von uns bereits zuvor zu dieser bedeutenden gesellschaftlichen Aufgabe erzogen! Aber in wie vielen Jahrhunderten will dieser Genosse denn diese Revolution machen? Wenn Jahrhunderte überhaupt ausreichen! Tatsache ist jedoch, dass man die Masse nicht erzieht, wenn sie nicht die Möglichkeit hat und die Notwendigkeit empfindet, selbst zu handeln, und dass sich die revolutionäre Organisation der Arbeiter, die nützlich und notwendig ist, solange man will, nicht unbegrenzt ausdehnen und dauern kann: wenn sie an einem gewissen Punkt nicht zur revolutionären Aktion übergeht, wird sie entweder von der Regierung abgewürgt, oder sie korrumpiert sich oder löst sich auf – und man muss wieder von vorne anfangen.

Wie wahr ist es doch, dass die »praktischen« Leute oft die naivsten Utopisten sind!

Sollte diese ganze Diskussion nicht vielleicht etwas Akademisches haben, wo es sich doch konkret um ein Land handelt, in dem die freie Organisation der Arbeiter zerstört und verboten ist, die Pressefreiheit, die Versammlungs- und Assoziationsfreiheit abgeschafft ist und die Propagandisten, Anarchisten, Sozialisten, Kommunisten, Republikaner entweder ins Ausland geflohen, auf die Inseln verbannt, im Gefängnis sind oder auf andere Art und Weise in eine Lage versetzt sind, in der sie weder sprechen, noch sich frei bewegen, ja nicht einmal atmen können?[4]

Kann man denn mit Recht hoffen, dass die bevorstehende Umwälzung in einem Land, das unter den eben beschriebenen Bedingungen zu leben gezwungen ist, eine soziale Revolution in dem umfassenden und tiefen Sinne sein wird, wie wir ihn diesem Wort

---

4 Dies dürfte sich auf den seinerzeitigen Zustand in Italien unter der faschistischen Herrschaft Mussolinis beziehen.

geben? Ist es nicht so, dass heute das Mögliche und Notwendige eher darin besteht, die Bedingungen zurückzuerobern, die für Propaganda und Organisation erforderlich sind?
Mir scheint, dass der Grund, aus dem man so viele Schwierigkeiten sieht und in so viele Unsicherheiten und Widersprüche verfällt, darin liegt, dass man entweder die Anarchie ohne die Anarchisten herbeiführen will oder weil man glaubt, dass die Propaganda ausreicht, die ganze Bevölkerung oder einen Großteil von ihr zur Anarchie zu bekehren, bevor die Umweltbedingungen grundlegend verändert sind.
Manche pflegen zu sagen, dass »die Revolution anarchistisch sein oder nicht sein wird«. Wieder einer jener wirkungsvollen Sätze, die, schaut man sie näher an, entweder nichts oder eine Dummheit bedeuten. Sagt man nämlich, dass die Revolution, wie wir sie wollen, anarchistisch sein müsse, so ist das nichts anderes als eine Tautologie, eine Umschreibung, die nichts zu erklären vermag, so als würde man zum Beispiel sagen, dass das weiße Papier weiß sein müsse. Wenn man dann noch hört, dass es keine andere Revolution als die anarchistische geben könne, dann ist dies eine Dummheit, denn es hat in der Geschichte der menschlichen Gesellschaften Bewegungen gegeben - und wird es sicher auch weiterhin geben -, die durch eine grundlegende Veränderung der herrschenden Verhältnisse der nachfolgenden Geschichte eine neue Richtung gegeben haben und daher die Bezeichnung revolutionär verdienen. Und ich könnte auch nicht gelten lassen, dass alle vergangenen Revolutionen, mochten sie auch nicht anarchistisch sein, unnütz gewesen sein sollen oder dass die zukünftigen unnütz sein werden, weil sie noch nicht anarchistisch sein werden. Ich bin sogar geneigt zu glauben, dass der vollständige Sieg der Anarchie eher als durch eine gewaltsame Revolution durch Evolution, schrittweise kommen wird, wenn eine oder mehrere vorangehende Revolutionen die größten militärischen und ökonomischen Hindernisse beseitigt haben werden, die sich der sittlich-moralischen Entwicklung der Bevölkerungen, der Steigerung der Produktion bis zur Höhe der Bedürfnisse und Wünsche und dem Ausgleich der gegensätzlichen Interessen entgegenstellen.

In Anbetracht unserer geringen Kräfte sowie der in der Masse vorherrschenden Neigungen müssen wir daher - wollen wir nicht unsere Wünsche für Wirklichkeit nehmen - darauf gefasst sein, dass die vielleicht unmittelbar bevorstehende Revolution nicht anarchistisch sein wird. Und daher ist das dringendste Erfordernis, dass wir überlegen, was wir in einer Revolution tun können und müssen, bei der wir nur eine relativ kleine und schlecht gewappnete Minderheit sein werden.

* * *

Einige Genossen, die vielleicht noch von den Prahlereien der Sozialisten und den Illusionen, die die russische Revolution entstehen ließ, beeindruckt sind, glauben, dass die Aufgabe der Autoritären leichter als unsere sei, weil diese einen »Plan« haben, nämlich den Plan, sich in den Besitz der Macht zu bringen und mit Gewalt ihre Ordnung durchzusetzen.

Das ist nicht wahr. Gewiss haben Sozialisten und Kommunisten den Wunsch, die Macht zu ergreifen, und unter bestimmten Umständen kann ihnen dies auch gelingen. Doch die Klügsten unter ihnen wissen sehr wohl, dass sie, wenn sie an der Macht sind, zwar das Volk tyrannisieren und es willkürlichen und gefährlichen Experimenten unterziehen und die gegenwärtige Bourgeoisie durch eine neue privilegierte Klasse ersetzen können, nicht jedoch den Sozialismus verwirklichen, ihren »Plan« durchführen könnten. So wie man niemals eine tausendjährige Gesellschaft mit Dekreten begründen kann, die von wenigen Menschen gemacht und mit Hilfe der Bajonette durchgesetzt werden! Und das ist der wahre Grund (mit den anderen, weniger ehrbaren Gründen will ich mich nicht befassen), warum in Italien Sozialisten und Kommunisten ihre Unterstützung verweigerten und die Revolution verhinderten, als diese möglich war. Sie spürten, dass sie die Lage nicht würden beherrschen können und daß sie entweder den Anarchisten das Feld würden überlassen oder sich zum Werkzeug der Reaktion würden machen lassen müssen. In den Ländern, wo sie dann an die Macht gelangt sind, weiß man, was sie getan haben.

Unsere Aufgabe - hätten wir nur die materielle Kraft, uns von der uns unterdrückenden materiellen Gewalt zu befreien - wäre um vieles leichter, denn wir verlangen von der Masse nur das, wozu sie fähig und bereit ist und beschränken uns darauf, alles in unseren Kräften Stehende zu tun, um diese ihre Fähigkeit und Bereitschaft zu entwickeln.

Wir müssen uns jedoch davor hüten, uns selbst von unseren anarchistischen Überzeugungen zu entfernen, weil die Masse für die Anarchie nicht bereit ist. Wenn die Masse eine Regierung will, dann werden wir wahrscheinlich nicht verhindern können, dass sich eine neue Regierung bildet, aber deshalb dürfen wir nicht nachlassen in unseren Bemühungen, die Leute zu überzeugen, dass die Regierung unnütz ist, und zu verhindern, dass die neue Regierung auch uns und alle anderen, die sie nicht wollen, unterdrückt. Wir müssen dafür sorgen, dass das Leben der Gesellschaft - vor allem in ökonomischer Hinsicht - ohne Eingreifen der Regierung weitergeht und besser funktioniert und daher so weit wie möglich auf die praktischen Probleme der Produktion und Distribution vorbereitet sein. Im Übrigen müssen wir davon ausgehen, dass am geeignetsten für die Organisation der Arbeit diejenigen sind, die sie tun, ein jeder in seinem eigenen Beruf.

* * *

Wir müssen versuchen, bei der Insurrektion aktiver und, wenn möglich, vorherrschender Teil zu sein. Sind jedoch die unterdrückerischen Kräfte, die das Volk in Knechtschaft gehalten haben, zerschlagen, sind Armee, Polizei, Justiz usw. aufgelöst, ist die ganze Bevölkerung bewaffnet, damit sie sich jeder offensiven Rückkehr der Reaktion widersetzen kann, haben Freiwillige die Organisation der öffentlichen Angelegenheiten und die gerechte Verteilung zur Befriedigung der dringendsten Bedürfnisse in die Hand genommen, indem sie sich sparsam der an den verschiedenen Orten vorhandenen Reichtümer bedienen, dann müssen wir dafür Sorge tragen, dass jede Verschwendung vermieden wird und dass jene Institutionen, Sitten, Gewohnheiten, Produktions-, Tausch- und Fürsorgesysteme geachtet und genutzt werden, die, wenn auch unzulänglich, notwendige Aufgaben erfüllen: dabei müssen wir durchaus versuchen, alle Spuren von Privilegien auszumerzen, aber auch davor auf der Hut sein, etwas zu zerstören, was noch nicht durch etwas ersetzt werden kann, das dem Wohl aller besser gerecht wird. Wir müssen die Arbeiter veranlassen, die Fabriken in Besitz zu nehmen, Föderationen zu bilden und auf Rechnung der Gemeinschaften zu arbeiten und die Bauern dazu bringen, den Boden und die von den Landherren usurpierten Produkte in Besitz zu nehmen und sich mit den Arbeitern über die notwendigen Tauschprozesse zu verständigen.

Können wir die Bildung einer neuen Regierung nicht verhindern, können wir sie nicht sofort zerschlagen, dann müssen wir ihr jede Unterstützung verweigern, Militärdienst ebenso wie Steuerzahlungen. Wir dürfen grundsätzlich nicht gehorchen, müssen jedem Diktat der Autoritäten bis zum Äußersten Widerstand leisten und uns absolut weigern, irgendeinen Befehlsposten zu übernehmen. Wenn wir den Kapitalismus nicht zerschlagen können, dann müssen wir für uns und alle, die es wollen, das Recht auf kostenlose Nutzung der Produktionsmittel fordern, die für ein unabhängiges Leben erforderlich sind.

Wir müssen beraten, wenn wir Ratschläge zu erteilen haben, lehren, wenn wir mehr als die anderen wissen, das Beispiel eines Lebens durch freie Vereinbarung geben, unsere Selbstständigkeit, wenn nötig und möglich auch mit Gewalt, gegenüber jeglicher Forderung der Regierung verteidigen... aber niemals Befehle erteilen.

Zwar werden wir auf diese Weise nicht die Anarchie verwirklichen, denn sie kann nicht gegen den Willen der Menschen gemacht werden, aber wir bereiten sie zumindest vor.

Fragen zur Taktik (1931)[1]

Die gegenwärtige ungewisse, unruhige und instabile politisch-soziale Situation Europas und der Welt, die zu allen Hoffnungen, aber auch zu allen Befürchtungen Anlass gibt, macht es mehr als je zuvor dringend erforderlich, sich für die mehr oder weniger bald bevorstehenden, jedoch unweigerlich eintretenden Veränderungen bereit zu halten. Aus diesem Grund belebt sich jetzt erneut die - im Übrigen stets aktuelle - Diskussion darüber, wie unsere ideellen Bestrebungen der jeweiligen Wirklichkeit der verschiedenen Länder angepasst werden können und wie man von der ideellen Aufklärungsarbeit zur praktischen Verwirklichung übergehen soll.

In einer Bewegung wie der unsrigen, die weder die Autorität von Menschen noch die von Theorien anerkennt und voll und ganz auf die freie Kritik gegründet ist, sind die Auffassungen darüber natürlich verschieden, ebenso wie die Taktik, der man sich verschrieben hat.

So widmen einige ihre gesamte Tätigkeit der Vervollkommnung und Propagierung der idealen Vorstellungen, ohne allzu sehr darauf zu achten, ob sie verstanden und befolgt werden und ob dieses Ideal beim gegenwärtigen Bewusstseinsstand des Volkes und mit den gegenwärtig vorhandenen materiellen Mitteln zu verwirklichen ist oder nicht. Mehr oder weniger ausdrücklich und in unterschiedlichem Ausmaß reduzieren sie die Aufgabe der Anarchisten heute auf die Zerstörung der bestehenden unterdrückerischen und repressiven Institutionen und morgen darauf, aufmerksam darüber zu wachen, dass keine neuen Regierungen und neuen Privilegien entstehen. Dabei vernachlässigen sie alles Übrige, nämlich gerade das komplizierte, unausweichliche und unaufschiebbare Problem der gesellschaftlichen Neuorganisation auf libertärer Grundlage. Was die Probleme des Wiederaufbaus betrifft, so glauben sie, dass alles sich spontan, ohne vorherige Vorbereitung und Pläne von selbst regeln wird, dank einer mystischen Fähigkeit der Masse oder kraft eines vorgeblichen Naturgesetzes, aufgrund dessen die Menschen - kaum sind staatliche Gewalt und kapitalistische Privilegien beseitigt - alle gut

1 Ursprünglich veröffentlicht im *Almanacco libertario pro vittime politiche* (Genf, 1931).

und verständig werden, die Interessengegensätze sofort verschwinden und Überfluss, Frieden und Harmonie unangefochten in der Welt herrschen würden.
Andere dagegen sind vor allem von dem Wunsch beseelt, praktisch zu sein oder zu scheinen, beschäftigen sich eingehend mit den vorhersehbaren Schwierigkeiten in der Situation unmittelbar nach der Revolution und sind sich der Notwendigkeit bewusst, die Zustimmung der großen Öffentlichkeit zu erringen oder zumindest ihre durch Unkenntnis unserer Absichten bedingte feindselige Haltung zu überwinden. Daher möchten sie ein Programm, einen vollständigen Plan für die gesellschaftliche Neuorganisation aufstellen, der allen Schwierigkeiten gerecht werden und diejenigen zufriedenstellen können sollte, die man - mit einem Ausdruck aus dem Englischen - als den »Mann auf der Straße« zu bezeichnen pflegt: damit ist der Durchschnittsmensch gemeint, der keine Partei ergriffen hat, keine bestimmten Vorstellungen hat und sich von Mal zu Mal entsprechend den Gefühlen und Interessen des jeweiligen Augenblicks verhält.
Ich für meinen Teil glaube, dass sowohl die einen als auch die anderen zu einem Teil Recht, zum anderen Unrecht haben und dass, gäbe es nicht die verhängnisvolle Tendenz zu Übertreibung und Ausschließlichkeitsanspruch, beide Auffassungen sich gegenseitig relativieren und ergänzen könnten, um unser Verhalten den Erfordernissen unseres Ideals und den Notwendigkeiten der Situation anzupassen und auf diese Weise die größtmögliche praktische Wirkung zu erzielen; gleichzeitig müssen wir jedoch unserem Programm völliger Freiheit und Gerechtigkeit unverbrüchlich die Treue halten.
Die Vernachlässigung sämtlicher Probleme des Wiederaufbaus einerseits und die vorherige Ausarbeitung vollständiger und einheitlicher Pläne andererseits sind zwei Irrtümer, zwei Extreme, die auf verschiedenen Wegen unsere Niederlage als Anarchisten und den Sieg neuer oder alter autoritärer Regierungen herbeiführen würden. Die Wahrheit liegt in der Mitte.

Es ist absurd zu glauben, dass, sind erst einmal die Regierungen zerschlagen und die Kapitalisten enteignet, »die Dinge sich von selbst regeln«, ohne dass Personen tätig werden, die eine Vorstellung davon haben, was zu tun ist und sich unverzüglich ans Werk machen. Dies wäre vielleicht möglich - und sogar vorzuziehen -, wenn man die Zeit hätte zu warten, dass die Menschen, alle Menschen, durch ständiges Experimentieren Mittel und Wege finden, ihre Bedürfnisse und Vorlieben in Übereinstimmung mit den Bedürfnissen und Vorlieben der anderen so gut wie nur möglich zu befriedigen. Doch das Leben der Gesellschaften, wie auch das der Individuen, gestattet keine Unterbrechungen. Sofort nach der Revolution, ja am Tage der Insurrektion selbst muss für die Lebensmittelversorgung und die anderen dringenden Bedürfnisse der Bevölkerung gesorgt werden. Daher muss die Fortführung der notwendigen Produktion (Brot usw.), die Organisation der wichtigsten öffentlichen Dienstleistungen (Wasser, Verkehr, Elektrizität usw.) und der ständige Austausch zwischen Stadt und Land gewährleistet sein.

Später werden die größten Schwierigkeiten verschwinden: die Arbeit, die direkt von denen organisiert werden wird, die wirklich arbeiten, wird leicht und voll Anziehungskraft sein[2], der Überfluss der Produktion wird jede Berechnung über das Verhältnis von erzeugten und konsumierten Produkten überflüssig machen, und ein jeder wird tatsächlich »aus dem Vollen schöpfen« können, was ihm gefällt. Die riesigen Städte werden sich auflösen, die Bevölkerung wird sich nach vernünftigen Kriterien auf das gesamte bewohnbare Land verteilen, und jede Ortschaft, jede Gruppierung wird zwar einerseits die Bequemlichkeit der großen Industrieunternehmen zum Vorteil aller beibehalten und vergrößern und mit der gesamten Menschheit in Sympathie und Solidarität verbunden bleiben, andererseits jedoch im allgemeinen sich selbst genügen können und nicht mehr den unterdrückerischen und kostspieligen Komplikationen des gegenwärtigen ökonomischen Systems ausgesetzt sein. Das und noch manches andere betrifft jedoch die Zukunft, während man jetzt dringend überlegen muss, wie man heute leben kann, in der Situation, die die Geschichte uns hinterlassen hat und die durch die Revolution, also durch einen Gewaltakt, nicht radikal von einem Tag zum anderen wie mit einem Zauberstab verändert werden kann. Und da man nun einmal, gut oder schlecht, leben muss,

2 Die Vorstellung, dass die Arbeit anziehend gemacht werden kann und muss, geht auf die Gedanken des »Frühsozialisten« Charles Fourier (1772-1837) zurück und spielte im Anarchismus eine gewichtige Rolle.

werden andere, deren Ziele und Ergebnisse den unseren entgegengesetzt sind, das Erforderliche tun, wenn wir nicht dazu imstande oder in der Lage sind.

Man darf den »Mann auf der Straße« nicht vernachlässigen, denn in allen Ländern macht er die Mehrheit der Bevölkerung aus und ohne seine Mithilfe ist keine Befreiung möglich. Aber man darf auch nicht zu sehr auf sein Verständnis und seine Handlungsfähigkeit vertrauen.

Der Durchschnittsmensch, dieser »Mann auf der Straße«, hat viele sehr gute Eigenschaften, er hat ungeheure Möglichkeiten, die mit Sicherheit hoffen lassen, dass er eines Tages die ideale Menschheit bilden wird, die wir herbeisehnen. Indessen hat er einen schweren Fehler, der zu einem großen Teil das Entstehen und Fortbestehen der Gewaltherrschaften erklärt: er liebt es nicht, nachzudenken, und auch bei seinen Befreiungsbemühungen folgt er stets am liebsten dem, der ihm die Mühe des Nachdenkens spart und die Verantwortung für Organisation, Führung und... Befehl übernimmt. Wenn man ihn nur nicht zu sehr in seinen Gewohnheiten stört, ist er zufrieden, wenn andere für ihn denken und ihm sagen, was er tun soll, mag ihm auch nichts als die Pflicht zur Arbeit und zum Gehorsam bleiben.

Diese Schwäche, diese Neigung der Masse, die Befehle dessen, der sich an ihre Spitze stellt, zu erwarten und zu befolgen, hat schon viele Revolutionen schlecht enden lassen und stellt weiterhin eine Gefahr für die bevorstehenden Revolutionen der Zukunft dar.

Handelt die Masse nicht - und sofort - von sich aus, dann ist es sehr wohl nötig, dass Personen guten Willens, die handlungs- und entscheidungsfähig sind, sich um das Notwendige kümmern. Und genau in diesem Punkt, das heißt in der Art und Weise, wie dies vonstatten geht, müssen wir uns deutlich von den autoritären Parteien unterscheiden.

Die Autoritären wollen das Problem lösen, indem sie sich als Regierung konstituieren und ihr Programm mit Gewalt durchsetzen. Sie mögen ohne weiteres in gutem Glauben handeln und aufrichtig glauben, das Wohl aller zu verwirklichen, doch in Wirklichkeit würden sie durch die Behinderung der freien Aktion des Volkes nichts anderes bewirken als die Entstehung einer neuen privilegierten Klasse, die am Fortbestand der neuen Regierung interessiert wäre, und letztlich eine Gewaltherrschaft durch eine andere ersetzen.

Zwar müssen sich die Anarchisten bemühen, den Übergang vom Zustand der Knechtschaft zum Zustand der Freiheit so wenig mühsam wie möglich zu gestalten, indem sie der Öffentlichkeit eine Großzahl praktischer und sofort anwendbarer Ideen liefern, doch müssen sie sich davor hüten, jene geistige Trägheit und Neigung, die anderen handeln zu lassen und zu gehorchen, zu fördern, die wir soeben beklagt haben.
Um wahrhaft befreiend zu sein muss die Revolution frei auf tausend verschiedene Arten durchgeführt werden, wie sie den tausend verschiedenen moralischen und materiellen Bedingungen der heute lebenden Menschen entsprechen, muss sie aus der freien Initiative aller und eines jeden entstehen. Und wir müssen soweit wie möglich die am ehesten unseren Idealen nahekommenden Lebensformen propagieren und verwirklichen, vor allem jedoch uns bemühen, in den Massen den Geist der Initiative und die Gewohnheit selbsttätigen Handelns zu wecken.
Wir müssen auch nur den Schein des Befehls vermeiden und mit Wort und Tat als Genossen unter Genossen handeln. Wir müssen uns ständig vor Augen halten, dass wir, sollten wir allzu sehr die Dinge in unserem Sinne forcieren und unseren Plänen zum Sieg verhelfen wollen, Gefahr laufen würden, der Revolution die Flügel zu beschneiden und mehr oder weniger unbewusst selbst die Funktion einer Regierung zu übernehmen, die wir bei den anderen so sehr anprangern.
Und als Regierung wären wir sicherlich nicht besser als die anderen. Wir wären vielleicht sogar eine noch größere Gefahr für die Freiheit, denn, überzeugt wie wir sind, Recht zu haben und das Richtige zu tun, wären wir als wahre Fanatiker geneigt, alle, die nicht wie wir denken und handeln würden, als Konterrevolutionäre und Feinde des Gemeinwohls zu betrachten.
Wäre nämlich das, was die anderen tun, nicht das, was wir wollten, so wäre das nicht von Bedeutung, wenn nur die Freiheit aller gewahrt bliebe.
Wirklich wichtig ist, dass die Menschen entsprechend ihrem Willen handeln, denn nur solche Errungenschaften sind gesichert, die das Volk mit eigenen Kräften macht, und nur solche Reformen sind endgültig, die vom Volk gefordert und durchgesetzt werden.

Zum Thema »Revisionismus« (1931)[1]

[...][2]

Ich möchte etwas zu den Gründen sagen, aus denen sich einige Genossen, die sicherlich von aufrichtigen Gefühlen und dem brennenden Wunsch nach dem Sieg der Anarchie erfüllt sind, veranlasst sehen, die Grundlagen des Anarchismus erneut zur Diskussion zu stellen.

Ähnliche Erscheinungen treten in sämtlichen Parteien nach einer Niederlage auf, und es wäre nichts Merkwürdiges daran, wenn das Gleiche in unserer Mitte geschehen würde. In unserem Fall scheint mir jedoch diese mühsame Suche nach neuen Wegen nicht so sehr eine Folge neuer, kühnerer und richtigerer Vorstellungen als das Ergebnis beharrlich anhaltender alter Illusionen zu sein, die diese Genossen trotz der langen Erfahrung immer noch sofort verwirklichen zu können glauben, so wie man in den Anfängen der Bewegung glaubte.

Es sind nun mehr als sechzig Jahre her, dass wir dachten, Anarchie und Kommunismus könnten als direkte, unmittelbare Folge aus einer siegreichen Insurrektion hervorgehen. Es geht nicht darum, so sagten wir, eines Tages zur Anarchie und zum Kommunismus zu gelangen, sondern die soziale Revolution mit der Anarchie und dem Kommunismus zu beginnen. Am Abend desselben Tages, so wiederholten wir in unseren Manifesten, an dem die Regierungskräfte geschlagen sein werden, muss ein jeder

1 Ursprünglich veröffentlicht unter dem Titel »L'Adunata de Refrattari«, in: *L'Adunata dei Refrattari* (New York), Nummer 28 (1. August 1931). Die deutsche Übersetzung stammt von Elke Wehr und ist entnommen aus: Errico Malatesta: Gesammelte Schriften. Band 2. Berlin: Karin Kramer Verlag, 1980: 94-98.

2 Ohne dies kenntlich zu machen, fehlt in der Kramer-Ausgabe der erste Teil des Artikels, in dem sich Malatesta mit einer Kritik des Anarchisten Pardaillan (d.i. R. Tavani) an seinen Positionen auseinandersetzt. Der komplette Artikel findet sich, in englischer Übersetzung, in: Davide Turcato (Hg.): The Method of Freedom. Oakland: AK Press, 2014: 523-530.

in vollem Umfang seine wesentlichen Bedürfnisse befriedigen können und unverzüglich die Wohltaten der Revolution zu spüren bekommen.

Es war im Großen und Ganzen die Vorstellung, die sich Kropotkin etwas später zu eigen machte und verbreitete und die dann praktisch als endgültiges Programm des Anarchismus festgeschrieben wurde.[3]

Unser Vertrauen und unser allzu jugendlicher Übermut hatten ihren Ursprung in einigen Irrtümern.

Zunächst einmal glaubten wir, da wir uns wie die meisten Menschen von den vollen Kornspeichern und von unverkauften Waren überquellenden Geschäften täuschen ließen, dass alles zum Leben Notwendige im Überfluss vorhanden sei und man nur die Hand auszustrecken brauche, um alles Nötige zu finden.

Auf der anderen Seite waren wir auch davon überzeugt, dass das Volk in seinem sehnlichen Wunsch nach Freiheit und Gerechtigkeit auch die Fähigkeit besäße, sich spontan zu organisieren und selbst für seine eigenen Interessen zu sorgen.

Unserer Meinung nach genügte es, die materiellen Hindernisse zu beseitigen, das heißt der bewaffneten Gewalt, die die Besitzenden verteidigt, eine Niederlage zu bereiten, woraufhin sich alles andere von selbst regeln würde.

Und so bemühten wir uns vor allem, unser Ideal zu vervollkommnen, wobei wir uns der Illusion hingaben, dass die Masse uns folge, ja dass wir nur die Ausführenden der verborgensten Instinkte eben dieser Masse seien.

Wir waren nur wenige, doch wir hatten unbegrenztes Vertrauen in die Wirksamkeit der Propaganda. Unsere Überlegungen waren von größter Naivität: wenn, so dachten wir, aus zehn durch Propaganda in einem Monat zwanzig geworden sind, werden wir jetzt, wo wir zwanzig sind, in einem weiteren Monat vierzig sein, dann achtzig usw. Durch die Verdoppelung unserer Zahl von

3 Siehe hierzu Kropotkins einflussreiche Grundlagentexte: die Textsammlung *Worte eines Rebellen* (1885) und das Buch *Die Eroberung des Brotes* (1892).

Monat zu Monat hätten wir sehr bald die nötige Stärke gehabt, um die Revolution zu machen.

Die unverzügliche Organisation der Berufsstände und der Geist der Solidarität unter den für die Befreiung kämpfenden Unterdrückten würden unserer Meinung nach alle schwierigen Probleme lösen. Die Internationale Arbeiterassoziation, die damals gerade auf dem Höhepunkt ihrer Entwicklung war, schien schon bereit, ihre Organisation an die Stelle der bürgerlichen Gesellschaft zu setzen.

Angesichts dieser Vorstellung ist es klar, dass wir glauben mussten, dass die Anarchie unmittelbar bevorstehe, dass sie spontan, durch den Willen und die Fähigkeit der gesamten Bevölkerung oder zumindest des bewussten und aktiven Teils der Bevölkerung entstehen würde, sobald diese von der rohen Gewalt befreit wäre, die sie in Unterwerfung hielt.

Doch im Laufe der Zeit zeigten uns Studium und mehr noch die harten Erfahrungen, dass viele unserer Überzeugungen nur Ergebnis unserer Wünsche und Hoffnungen waren und den wirklichen Tatsachen nicht gerecht wurden.

In der Tat stellten wir fest, dass die verfügbaren Produkte aufgrund des kapitalistischen Produktionssystems normalerweise unzureichend waren und zudem derart ungleich unter den verschiedenen ländlichen und städtischen Gebieten und Ortschaften verteilt, dass eine auch nur kurzfristige Desorganisation der Transporte und Tauschprozesse in den am meisten bevölkerten Zentren zu Mangelzuständen und Hunger geführt hätte.

Und schließlich mussten wir - was noch schlimmer war - feststellen, dass die Masse nicht die Tugenden hatte, die wir ihr zuschrieben. Sie war zu einem Teil - in einigen Gegenden war es die große Mehrheit - durch Elend und Religion abgestumpft und so in den Händen der Unterdrücker zu einem blinden und unbewussten Werkzeug gegen sich selbst und gegen alle, die sich gegen die Unterdrückung auflehnten, geworden. Und der andere, fortgeschrittenere Teil, der günstigere Verhältnisse für sich beanspruchen konnte und am ehesten unserer Propaganda zugänglich war, besaß im allgemeinen weder geistige

Unabhängigkeit noch hatte er den brennenden Wunsch nach Freiheit: gewöhnt zu gehorchen, wollte er selbst noch bei seinen revolutionären Bestrebungen und Anstrengungen geführt, gelenkt, kommandiert werden; unfähig, die Initiative zu ergreifen, zog dieser Teil der Bevölkerung es vor, darauf zu warten, dass *die Führer* sagten, was zu tun sei, anstatt sich der Mühe und der Gefahr auszusetzen, frei zu denken und zu handeln und rührte sich nicht oder war verwirrt, wenn die Führer träge, unfällig oder Verräter waren.

Gewiss gab es in der Masse auch solche, die fähig waren, gute Anarchisten zu werden und Aufgabe der Propaganda war es, diese ausfindig zu machen und heranzubilden. Doch leider hatte die Propaganda nicht die mächtige Kraft, wie wir es im Rausch der ersten raschen Erfolge geglaubt hatten. Die Tatsachen bewiesen uns, dass in einer bestimmten ökonomischen, politischen und sittlich-moralischen Umwelt eine gewisse Anzahl durch besondere Bedingungen vorherbestimmter Personen überzeugt werden konnte, doch dann wurde es immer schwieriger und schließlich fast unmöglich, neue Anhänger zu gewinnen, bis irgendwelche ökonomischen und politischen Ereignisse neue Möglichkeiten schufen. An einem gewissen Punkt angelangt, war ein zahlenmäßiges Wachstum nicht mehr möglich, ohne das Programm abzuschwächen und zu verfälschen, wie es bei den demokratischen Sozialisten geschah, denen es gelang, beeindruckende Massen um sich zu sammeln, wofür sie jedoch aufhören mussten, wirkliche Sozialisten zu sein.

* * *

Was war angesichts dieser Situation zu tun? Sollte man den Kampf aufgeben, skeptisch und gleichgültig werden oder auf die Anarchie verzichten und einer autoritären Partei beitreten?

Einige taten dies[4], doch die meisten von uns, jene, die das »heilige Feuer«[5] in sich hatten, waren mehr als je zuvor von der er-

4 Als Beispiele von Anarchisten, mit denen Malatesta zur Zeit der Ersten Internationale zu tun hatte, und die sich dann vom Anarchismus abwandten, können genannt werden: Paul Brousse (1844-1912), Jules Guesde (1845-1922) oder - für Malatesta und die italienische anarchistische Bewegung besonders verheerend - Andrea Costa (1851-1910). Zu Letzterem schrieb Malatesta an seinem Lebensende, als er die Frühzeit der anarchistischen Bewegung Italiens Revue passieren ließ: »Das Bestehen einer anderen sozialistischen Partei [i.S. von Gruppierung, Anm. P.K.] mit von der italienischen Internationale abweichenden Tendenzen wäre kein großes Unglück gewesen, ja hätte sogar von Vorteil sein können, denn es hätte dem Sozialismus viele Anhänger zugeführt, die zwar die Notwendigkeit einer radikalen gesellschaftlichen Neugestaltung erkannten, jedoch aus Veranlagung und Überzeugung keine Revolutionäre sein konnten und niemals zu uns gekommen wären. Das Unglück war jedoch, daß diejenigen, die in Italien eine neue Richtung begründeten (...) gerade aus unseren eigenen Reihen kamen. Einige der einflußreichsten und beliebtesten Mitglieder der Internationale (ich kann nicht umhin, den Namen Andrea Costas zu nennen) bevorzugten, beeindruckt von den scheinbaren Erfolgen des Sozialismus in Deutschland [der Sozialdemokratischen Arbeiterpartei, Anm. P.K.], überdrüssig eines Kampfes, der ohne unmittelbare Ergebnisse war oder zu sein schien und vielleicht der Verfolgungen müde, die nunmehr sehr viel heftiger geworden waren, gegen ihre frühere Genossen und gegen ihre ganze Vergangenheit jetzt eine Taktik [den Parlamentarismus, Anm. P.K.], die relative Ruhe und rasche persönliche Sicherheit versprach.« (Vorwort zu ›Bakunin und die Internationale in Italien‹ von Max Nettlau‹ (1928), in: Errico Malatesta: Gesammelte Schriften. Band 2. Berlin: Karin Kramer Verlag, 1980: 17-32. Hier: S.30)

5 Die Rede vom »heiligen Feuer« ist erkennbar der Sprache Bakunins entlehnt, der immer wieder diesen und ähnliche Ausdrücke verwandte: »Und nicht nur in Frankreich, Genossen, ist die Bourgeoisie verfault, moralisch und geistig vernichtet, sie ist dies überall in Europa, und in allen Ländern Europas hat nur das Proletariat das heilige Feuer bewahrt. Nur das Proletariat hält heute die Fahne der Menschheit hoch.« (Michael Bakunin: Drei Vorträge vor den Arbeitern des Tals von St.-Imier im Schweizer Jura, Mai 1871 (1871), in: ders.: Gesammelte Werke. Band 2. Berlin: Karin Kramer Verlag, 1975: 236-266. Hier: S.265) Auf Bakunin kommt Malatesta in diesem Zusammenhang an anderer Stelle direkt zu sprechen: »[V]or allem dies war Bakunins großes Verdienst: den Glauben, das Fieber der Aktion und des Opfermuts all jenen zu

habenen Größe der Aufgaben beseelt, die die Anarchisten sich gestellt hatten. Sie waren weiterhin davon überzeugt, dass das Streben nach völliger Freiheit (das man als den Geist des Anarchismus bezeichnen könnte) stets die Ursache jedes individuellen und gesellschaftlichen Fortschritts gewesen ist, dass dagegen alle politischen und ökonomischen Privilegien (die nur verschiedene Aspekte der gleichen Unterdrückung sind) die Menschheit in die finsterste Barbarei zurücktreiben, wenn sie nicht in einem mehr oder weniger bewussten Anarchismus ein entsprechendes Hindernis finden. Sie begriffen, dass die Anarchie nur schrittweise kommen konnte, in dem Maße, wie die Masse imstande ist, sie zu begreifen und zu wünschen, dass sie jedoch nie kommen würde, wenn der Anstoß durch eine mehr oder weniger bewusst anarchistische Minderheit fehlen würde, die durch ihre Taten die nötigen gesellschaftlichen Bedingungen vorbereitet.

Dem Anarchismus treu bleiben, unter allen Umständen als Anarchisten handeln, blieb die von uns frei gewählte und übernommene Pflicht.

* * *

Ich habe weiter oben gesagt, dass meiner Meinung nach die sogenannten Revisionisten, noch unter dem Einfluss bestimmter Fehleinschätzungen des anfänglichen Anarchismus, die Illusion haben, Kommunismus und Anarchie mit einem Schlage verwirklichen zu können. Aber da auch sie begreifen, dass die Masse noch nicht bereit ist, verfallen sie in den absurden Irrtum, sie mit autoritären Methoden vorbereiten zu wollen. Sie drücken sich zwar nicht sehr deutlich aus – womöglich sind sie sich selbst nicht genau im Klaren –, aber mir scheint folgendes klar zu sein:

---

verleihen, die das Glück hatten, in seine Nähe zu kommen. Er selbst pflegte zu sagen, daß man den Teufel im Leib haben müsse (*le diable au corps*), und er hatte ihn wirklich, im Leib und in der Seele, den rebellischen Satan der Mythologie, der keine Götter kennt und keine Herren und niemals im Kampf gegen alles, was Denken und Handeln hemmt, innehält.« (Michail Bakunin (1926), in: Errico Malatesta: Gesammelte Schriften. Band 2. Berlin: Karin Kramer Verlag, 1980: 49-51. Hier: S.50) sie wollen den Kommunismus verwirklichen, indem sie die Freiheit auf später verschieben und das Volk mittels Gewaltherrschaft zur Freiheit erziehen.

Mir scheint - und ich glaube, dass dies nunmehr die Meinung nahezu aller Anarchisten ist -, dass die Revolution nicht mit dem Kommunismus beginnen kann oder dieser wäre, wie in Russland, ein Kommunismus nach Art einer Kaserne und eines Gefängnisses, schlimmer noch als selbst der Kapitalismus. Die Revolution muss sofort das verwirklichen, was ihr möglich ist: für den Anfang würde es genügen, wenn man mit allen zur Verfügung stehenden Mitteln die politische Autorität und die ökonomischen Privilegien angreift, die Armee und sämtliche Polizeitruppen auflöst, die ganze Bevölkerung bewaffnet, zum Vorteil aller die Nahrungsmittel beschlagnahmt, die Fortdauer der Versorgung sicherstellt und die Masse, ganz besonders die Masse, dazu bringt, zu handeln, ohne auf Befehle von oben zu warten. Auch darf nur das zerstört werden, was durch etwas Besseres ersetzt werden kann. Dann erst wird man zur Organisation des freiwilligen Kommunismus oder anderer, wahrscheinlich unterschiedlicher und vielfältiger Formen gesellschaftlichen Zusammenlebens schreiten können, denen die Arbeiter dann aufgrund ihrer Erfahrung den Vorzug geben werden.

* * *

Wollten die Anarchisten allein als Regierung auftreten (wozu sie im Übrigen nicht die erforderliche Stärke hätten) oder, schlimmer noch, sich autoritären Parteien anschließen, um Zwangsgesetze und -vorschriften zu diktieren, täten sie nichts anderes, als Verrat an sich selbst und an der Revolution zu begehen. Und damit würden sie, ob sie nun wollen oder nicht, dazu beitragen, dem Volk die Errungenschaften zu entreißen, die es in der Zeit der Insurrektion erkämpft haben würde, anstatt mit Propaganda und beispielhaftem Verhalten die Entwicklung zur Anarchie voranzutreiben; kurz, sie würden genau das tun, was stets sämtliche Regierungen getan haben.

Personenregister